新编高职高专旅游管理类专业规划教材
谢彦君　总主编

CANYIN FUWU YU GUANLI

餐饮服务与管理

（第2版）

张水芳　主　编
王焕宇　副主编

北京·旅游教育出版社

新编高职高专旅游管理类专业规划教材编委会

主　任　谢彦君
委　员　（按音序排列）
　　　　狄保荣　　韩玉灵　　计金标
　　　　姜文宏　　罗兹柏　　王昆欣
　　　　张广海　　张新南　　朱承强

总 序

  经过将近三年的策划与组织,旅游教育出版社的"新编高职高专旅游管理类专业规划教材"终于要整体付梓印行了。本套丛书不管是在编写宗旨的确立还是在撰著者的遴选方面,都经历了一个较为严谨而细致的过程,这也为保证丛书的质量奠定了一个良好的基础。

  中国的高等旅游教育和旅游产业发展,已经度过了三十多个春秋。从20世纪70年代末的筚路蓝缕到今天已蔚为大观的局面,这当中包含了几代学人和业者共同努力、共同创业的艰辛。在今天看来,尽管在这个知识和行业共同体中曾经并依然存在着观点、思想和认识上的碰撞和摩擦,但一路前行的步伐却始终没有停止过。这也是中国旅游教育界、旅游产业界呈现于世人的最令人鼓舞的风貌和景观。

  在整个高等旅游教育体系中,职业教育的发展只是在最近的十几年中才真正被政府纳入到大力发展的战略框架当中,并在今天形成了占据旅游高等教育半壁江山的势头。如果站在整个旅游高等教育的视野来审视旅游职业教育和普通教育在整个旅游高等教育中的局面,大家会有一个基本的共识:旅游高等职业教育在人才培养方面,无疑更加体现了专业细分、供需对接、学为所用的人才培养效率和效果,并不像旅游本科教育那样,每年的毕业生有70%以上流入其他行业或领域,从而造成社会教育资源的极大浪费。这个问题学界多有认识、阐述和呼吁,并一致认为,其根源在一定程度上是由本科专业目录管理过于僵化的行政机制所造成。值得欣慰的是,最新的本科专业目录调整方案中,已经增设了饭店管理专业,这一举措借鉴了旅游专业高等职业教育按照旅游大类进行专业细化的成功方面,昭示了旅游大类下设专业(二级学科)进一步有限度地细化的趋势。

不过，尽管旅游专业的高等职业教育有其成功的地方，但也不是没有问题。在专业格局有了科学规划的前提下，人才培养的质量就取决于具体的人才培养方案了。在这当中，各个学校所拥有的教学资源、师资队伍、教材、教学方法等方面的准备，就成为关键的教育因素。如果仔细盘点目前我国旅游专业高等职业教育在这一方面的家底，其实还很不容乐观。在我看来，由于我们对职业教育在认识上还不够成熟，准备上还不够充分，操作上还有待完善，加之旅游职业教育向来多以接待服务为教育的主体内容，缺乏硬技术、高门槛，因此，中国的旅游职业教育，依然显得离岗位培训距离不远、差异不大。在知识体系和职业技能的衔接方面，始终没有找到最好的途径和策略。因此，旅游职业教育在培养人的职业深度发展空间方面，始终有浅薄无力的缺欠。这是一个需要警觉，同时也是一个需要时间才能加以解决的问题。

旅游教育出版社在策划本套丛书的初期，就曾意识到这个问题，并有努力解决这一问题的想法。在本套丛书的书目确定、作者遴选、写作宗旨的厘定等方面，都试图对上述问题做出回应。从各位作者所做的努力来看，本套丛书还是在一定程度上解决了这个问题。整套丛书中，不乏在这方面做得很好的，也有在其他方面展现了充分特色的著作。因此，希望本套丛书的面世能够给旅游职业教育提供一套比较适用的教材资源。

本套丛书的作者都来自职业教育工作的教学与科研第一线，他们在各自所长的学科领域也都多有建树。作为本丛书的主编，我十分感谢他们在编写过程中所作出的巨大努力以及展现出来的合作与奉献精神。

由于水平所限，加之本人对旅游职业教育的理解缺乏深度，因此，本套丛书还是会存在总体架构、基本思想和具体编写工作方面的诸多不足甚至错谬。希望广大读者和其他人士对本书的缺欠不吝赐教，以图再版时予以修正，避免贻误学生。

是为序。

谢彦君
2011 年 7 月 22 日于灵水湖畔

前言

本教材是专门针对高职高专酒店管理和旅游管理专业学生编写的,是酒店管理专业必修的职业能力核心课程,被浙江省教育厅列为重点教材。

本书在体例和内容上都有一定的创新之处,特色主要表现在以下三个方面。

(1)内容体现职业性、应用性和实践性。在教材编写过程中,按照餐饮企业的生产实际和岗位职业能力需求,将全书设计为入职篇、技能篇、业务篇、管理篇四大模块。同时参考了国家职业资格餐饮高级工、中级工的鉴定标准和国家旅游局星级评定标准中对餐饮的要求。既体现了高职教育模块化的发展趋势,也体现了工学结合、课证结合、紧跟行业的教学理念。

(2)结构体现模块化、渐进性。四大模块循序渐进:第一模块引领入职,讲述基础知识、培养服务意识、了解发展趋势。第二模块训练动手能力,掌握技能技巧、培养职业兴趣。第三模块梳理工作标准,掌握接待流程、熟悉操作规范。第四模块传授管理要点,树立管理意识、掌握管理技巧。

(3)理念反映前瞻性、灵活性。比如随着意大利经济学家帕累托"二八原则"的深入人心,餐饮企业普遍开始重视VIP客户的管理,在以往的教材中,还没有这方面的内容。本书专门安排一章讲述VIP客户的管理,既反映行业新动向,也为餐饮企业提供迫切需要的参考资料。而对于餐饮市场营销的内容,考虑到很多学校都开设"饭店市场营销"课程,内容有重复之嫌,所以本书不再专门安排章节。

本次修订工作根据行业发展需要,主要更新了部分知识、案例、数据、资料等内容。

本书由浙江旅游职业学院张水芳主编,负责设计大纲和编写体例,并完成全书的统稿、定稿工作;辽东学院王焕宇任副主编。各章执笔人员如下:浙江旅游职业学院张晶编写第一章、第四章;张水芳编写第二章、第三章;浙江旅游职业学院方敏编写第五章、第十章;渤海船舶职业学院杜甜甜编写第六章、第九章;王焕宇编写第七章、第八章。

由于编者水平有限,书中难免有疏漏和不妥之处,敬请广大读者批评指正。

编者
2016年8月8日

目 录

第一模块　入职篇

第一章　餐饮部概况 ·· 3
　第一节　餐饮概述 ·· 3
　第二节　餐饮部概述 ·· 11
　第三节　餐饮发展现状及趋势 ·· 20

第二模块　技能篇

第二章　餐饮服务技能与技巧 ·· 29
　第一节　托盘 ·· 29
　第二节　餐巾折花 ·· 32
　第三节　斟酒 ·· 40
　第四节　摆台 ·· 47
　第五节　菜肴服务 ·· 51
　第六节　其他技能 ·· 54

第三模块　业务篇

第三章　零点服务 ·· 61
　第一节　中餐零点服务流程与规范 ·· 61
　第二节　西餐零点服务流程与规范 ·· 72
　第三节　其他服务流程与规范 ·· 86

第四章　宴会服务 ·· 93
　第一节　宴会概述 ·· 93

第二节　宴会预订 …………………………………………………… 101
第三节　宴会准备工作 ………………………………………………… 112
第四节　宴会服务流程设计 …………………………………………… 121
第五节　其他宴会服务 ………………………………………………… 130

第四模块　管理篇

第五章　原材料管理 ……………………………………………………… 143
　第一节　原材料采购管理 …………………………………………… 143
　第二节　原材料验收管理 …………………………………………… 159
　第三节　原材料库存管理 …………………………………………… 166

第六章　厨房管理 ………………………………………………………… 184
　第一节　厨房组织结构及岗位职责 ………………………………… 185
　第二节　厨房的设计与布局的要求 ………………………………… 195
　第三节　厨房业务管理 ……………………………………………… 204

第七章　菜单管理 ………………………………………………………… 220
　第一节　菜单概述 …………………………………………………… 220
　第二节　菜肴选择与定价 …………………………………………… 232

第八章　餐饮成本控制 …………………………………………………… 246
　第一节　餐饮成本概述 ……………………………………………… 246
　第二节　餐饮成本控制 ……………………………………………… 250

第九章　餐饮服务质量控制 ……………………………………………… 258
　第一节　餐饮服务质量 ……………………………………………… 258
　第二节　餐饮服务质量的控制 ……………………………………… 262

第十章　客户关系管理 …………………………………………………… 270
　第一节　客户及客户关系管理 ……………………………………… 270
　第二节　VIP 界定与管理 …………………………………………… 282

参考文献 ………………………………………………………………… 299

第一模块
入职篇

第一章 餐饮部概况

引 言

俗话说:民以食为天。现代的中国饭店,虽已是集住宿、餐饮、休闲、商务、会议、展销、购物等于一体的综合性公共场所,但提供吃、住依然是其不可或缺的两大功能。餐饮部作为饮食提供部门,是饭店不可缺少的一个主要部门,其经营的好坏不仅直接关系到饭店的经济收益,而且还直接关系到饭店的品牌和竞争力。本章主要阐述餐饮及餐饮部的相关概念。

学习目标

1. 了解餐饮概况,熟悉中外餐饮发展历程,了解饭店餐饮发展趋势。
2. 了解餐饮部组织机构,岗位职责,从业素质要求。

第一节 餐饮概述

尽管世界上存在着不同的种族,各有不同的肤色和语言,但对于维持生存的饮食需求都是一致的。随着世界经济、文化的发展,人们生活水平不断提高,人际交往日益增多,人们已越来越重视饮食。全世界因食品原料、烹调方法、饮食习惯等的不同,形成了丰富多样的饮食种类。宾客希望通过品尝具有异国风情的美酒佳肴,领略具有异国情调的饮食文化,这不仅能使人得到必要的营养补充,也能从中受到饮食艺术感染,从而获得精神上的享受。

一、餐饮

西方的先哲,如苏格拉底、柏拉图、亚里士多德,或是康德、黑格尔,似乎都不谈有关饮食的问题。然而中国的先哲,几乎个个都要谈及这个话题。如老子说:"食色,性也。"《礼记·礼运》称:"饮食男女,人之大欲存焉。"孔子提出过"食不厌精,脍不厌细"的观点,足以证明他对吃极其重视。所有这些关于吃的论述,充分证明了饮食在中国历史文化中占据着重要的地位和特殊的分量。

(一) 餐饮的概念

餐饮一词在《辞海》中的解释是:餐为"饭食",饮为"饮料",餐饮就是"吃食物,喝饮料(含酒水)"。中国古代餐饮通称"饮食",是最恰当不过的了。又据说"餐饮"来源于西方的餐馆(Restaurant)一词,按照法国百科大辞典的解释,是使人恢复精神与力气的意思。而可以帮助人恢复精神并消除疲劳的方法往往就是进食和休息。于是人们以"Restaurant"冠名提供食物和饮料,使客人得以充分休息,恢复精神和体力的特定场所。由餐饮的上述两种解释,得出餐饮的两层含义:一是指饮食,包括吃的和喝的;二是指提供餐饮的行业或者机构,即从事餐饮业的组织(如餐厅、酒店、食品加工厂)或个人,通过对食品进行加工处理,餐厅和酒店还需提供相应的餐饮服务,以满足食客的饮食需要,从而获取相应的服务报酬。

(二) 饭店餐饮的地位和作用

1. 餐饮是现代饭店的重要组成部分

饭店餐饮部所管辖的范围包括各类餐厅、酒吧等传统的经营场所,如今大多数饭店的餐饮管辖范围已扩展至娱乐、会展等。餐饮部是客人经常活动的地方,是客人在饭店的活动中心。因此,餐饮部是现代饭店的重要组成部分。

2. 餐饮服务直接影响饭店声誉

餐饮部工作人员,特别是餐厅服务人员直接为客人提供面对面的服务,其服务态度、服务技能都会在客人心目中产生深刻的印象。客人可以根据餐饮部为他们提供的餐饮产品的种类、质量以及服务态度等来判断饭店服务质量的优劣及管理水平的高低。因此,餐饮服务的优劣不仅直接关系到饭店的声誉和形象,而且直接影响饭店的客源和经济效益。

3. 餐饮为饭店创造可观的经济效益

向消费者提供餐饮服务是饭店重要的营利手段之一,我国饭店的餐饮收入一般占饭店总收入的1/3,但不同规模、档次的饭店,餐饮收入所占的比例也有所不同。餐饮经营规模大、功能齐全,餐饮收入所占比例就高;反之则低。同时,餐饮收入还受经营理念、经营方式、饭店位置、饭店内外部环境、经营品种、设备设施条件等诸多因素的影响,特别是当餐饮客源结构发生根本性转变以后,餐饮收入的多少以及其在饭店总收入中所占比例的大小都会发生变化。如今,餐饮业已步入微利时代,而通过扩大宣传促销、开发创新有特色的餐饮产品、增加服务项目、严格控制餐饮成本和费用、增收节支等手段,可为饭店创造较高的经济效益。

4. 餐饮是提高饭店竞争力的关键要素

(1)餐饮的营销活动是饭店营销活动的主体。饭店要想在竞争激烈的市场中占据一席之地,必须依赖有效的营销活动,而餐饮的营销活动则是饭店整体营销活动中的重中之重。因为对顾客来说,饭店最基本的产品之一就是餐饮,而餐饮不仅销售面广、影响大,其产品差异也比较大,所以,饭店餐饮的营销常常成为饭店营销活动的先锋。

(2)餐饮品牌是饭店品牌的基础。当今社会是一个品牌竞争的社会,饭店经营也进入品牌经营时代。饭店品牌可以分为产品品牌和企业品牌。产品品牌是企业品牌的基础,餐饮产品是饭店的主要产品,而且它具有技术性强、专业程度高、对客人影响大等特点。因此,餐饮品牌往往是一家饭店能否扩大影响、提高知名度和美誉度的重要基础。

(三)餐饮的特点

1. 餐饮生产特点

(1)餐饮产品规格多,每次生产批量小。只有当客人进入餐厅点菜后,餐饮企业才能组织菜肴的生产与销售。这就意味着餐饮产品的生产与销售基本同步,而不能先生产后销售。因此,餐饮产品生产与工业产品大批量、统一规格的生产是明显不同的,这给餐饮产品的统一标准与质量管理带来了许多问题。

(2)餐饮生产历时短。餐饮产品的生产、销售与客人的消费几乎同时进行,因此,客人从点菜到消费的时间相当短暂。这对厨师的经验与技术是一个很大的考验,对服务员的直接推销和对客服务能力也是一大挑战。

(3)生产量难以预测。就餐客人何时来、来多少、消费什么餐饮产品等一直是困扰餐饮管理者的问题。大多数客人不通过预订而是直接上门来消费的,因此,客人的消费需求很难准确预估,产量的随机性强,且难以预测。

(4)餐饮原料及产品容易变质。相当一部分餐饮产品是用鲜活的餐饮原料制作的,具有很强的时间性和季节性,若处理不当极易腐烂变质,因此,必须加强原料管理才能保证产品质量并控制餐饮成本。

(5)餐饮产品生产过程环节多,管理难度大。餐饮产品的生产从餐饮原料的采购、验收、储存、加工、烹制,餐厅服务到收款,整个生产过程的业务环节较多,任何环节的差错都会影响餐饮产品的质量及企业的效益,因此,餐饮产品生产过程的管理难度较大。

2. 餐饮销售特点

(1)餐饮销售量受餐位数量的限制。餐饮企业接待的客人数量受营业面积大小、餐位数多少的限制。在餐位全部满座的情况下餐厅不能扩大销售量。因此,餐饮企业必须改善就餐环境,提高餐位利用率,增加就餐客人的人均消费额。

(2)餐饮销售量受进餐时间的限制。人们的就餐时间有一定的规律。就餐时间一到,餐厅高朋满座,而就餐时间一过,餐厅则门可罗雀。餐饮的销售具有明显的间歇性。因此,餐饮企业应通过增加服务项目、延长营业时间等方法来努力提高餐饮销售量。

(3)餐饮固定成本及变动费用较高。餐饮企业的各种餐厨设备、用品的投资较大,且人力资源费用、能源费用、原料成本等的支出也较高。因此,餐饮企业应想方设法努力控制固定成本与变动费用,以提高企业的经济效益。

(4)餐饮经营的资金周转较快。餐饮企业的经营毛利率较高,且相当一部分餐饮销售收入以收取现金为主,而大部分餐饮原料为当天采购、当天销售,因此,餐饮企业的资金周转较快。

3. 餐饮服务特点

餐饮服务是餐饮企业的员工为就餐客人提供餐饮产品的一系列活动。餐饮服务可分为直接对客的前台服务和间接对客的后台服务。前台服务是指餐厅、酒吧等餐饮营业点面对面为客人提供的服务,而后台服务则是指仓库、厨房等客人视线不能触及的部门为餐饮产品的生产、服务所做的一系列工作。前台服务与后台服务相辅相成,后台服务是前台服务的基础,前台服务是后台服务的继续与完善。

(1)无形性。无形性是服务产品的共性。尽管餐饮产品是具有实物形态的产品,但它仍具有服务的无形性特点,即看不见、摸不着,且不能数量化。餐饮服务的无形性是指就餐客人只有在购买并享用餐饮产品后,才能凭借其生理与心理满足程度来评估其优劣。

事实上,大多数餐饮消费者选择一家餐厅时,往往只凭他们所得到的有关这家餐厅的信息,如通过了解广告或亲朋好友的正面口碑宣传做出购买的决定。至于他们的选择正确与否,只能在他们亲临餐厅、亲自享用之后,凭生理、心理的满足度来评估、判断。

正因为服务的这一特性决定了餐饮产品无专利性的命运,因此,餐饮企业必须明确餐饮产品的革新、创新之重要意义,餐饮管理者也应充分认识到餐饮产品的生命周期是极其短暂的。

(2)一次性。餐饮服务的一次性是指餐饮服务只能当次享用,过时则不能再使用。这与航班的座位、饭店的客房、电影院的座位一样。当飞机空着一半位子起飞、饭店一天的客房出租率为30%、夜场电影准时放映而偌大的电影院却只来了十几位观众,那么,该飞机的空位、该饭店的空房、该电影院的空位便成了无法挽回的损失。因为它们未实现的销售永远无法弥补回来,即使第二天客满也无济于事。这就要求餐饮企业应接待好每一位客人,提高每一位就餐客人的满意程度,才能使他们一再光临。

(3)直接性。餐饮服务的直接性是指餐饮产品的生产、销售、消费几乎是同步进行的,即企业的生产过程就是客人的消费过程。这意味着餐厅既是餐饮产品的生产场所,也是餐饮产品的销售场所,这就要求餐饮企业既要注重服务过程,也要重视就餐环境。

(4)差异性。餐饮服务的差异性主要表现在两个方面:一方面,不同的餐饮服务员由于年龄、性别、性格、受教育程度及工作经历的差异,为客人提供的服务水平肯定不尽相同;另一方面,同一服务员在不同的场合、不同的时间,其服务态度、服务效果等也会有一定的差异。这就要求餐饮企业应制定服务标准,并加强对服务过程的监管。

二、中外餐饮发展历程

(一)中国餐饮发展历程

1.先秦时期

在新石器时代,由于没有文字,对当时饮食演变的概况我们只能依靠出土文物、神话传说以及后世史籍的追记进行推断。这个时代的饮食烹饪好似初出娘胎的婴儿,既弱小、幼稚,又充满生命活力,为夏商周三代饮食文明的兴盛奠定了良好的基石。到夏商周三代,随着生产力的提高,饮食变得丰富多样起来。具体体现在以下四点:

(1)烹调原料显著增加。习惯于以"五"命名。如"五谷"(稷、黍、麦、菽、麻籽),"五菜"(葵、藿、头、葱、韭),"五畜"(牛、羊、猪、犬、鸡),"五果"(枣、李、栗、杏、桃),"五味"(米醋、米酒、饴糖、姜、盐)等。总之,原料能够以"五"命名,说明了当时食物资源已比较丰富,人工栽培的食材成了主体,它们是当时烹饪原料中的佼佼者。当时的人们在选料方面也积累了一些经验。

(2)炊饮器皿革新,轻薄精巧的青铜食具登上了烹饪舞台。我国现已出土的商周青铜器物有4000余件,其中多为炊餐具。青铜食器不仅利于传热,提高了烹饪功效和饮食质量,还可以显示礼仪,装饰筵席,展现出奴隶主贵族饮食文化的特殊气质。

(3)菜品质量飞速提高,推出著名的"周代八珍"。由于原料充足和炊具改进,这时的烹调技术有了长足进步。一方面,饭、粥、糕、点等饭食品种初现雏形,肉酱制品和羹汤菜品多达百种,花色品种大大增加;另一方面,可以较好运用烘、煨、烤、烧、煮、蒸、渍糟等十多种烹饪技法,烹出熊掌、乳猪、大龟、天鹅之类高档菜式,产生影响深远的"周代八珍"。

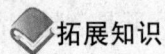 拓展知识

周代八珍

"周代八珍"又叫"珍用八物",是专为周天子准备的宴饮美食。它由二饭六菜组成,具体名称是:"淳熬"(肉酱油浇大米饭)、"淳母"(肉酱油浇黍米饭)、"炮豚"(煨烤炸炖乳猪)、"炮牂"(煨烤炸炖母羊羔)、"捣珍"(合烧牛、羊、鹿的里脊肉)、"渍"(酒糟牛羊肉)、"熬"(类似五香牛肉干)、"肝"(烧烤肉油包狗肝)。"周代八珍"推出后,历代争相仿效。元代的"迤北(塞北)八珍"和"天厨八珍",明清的"参翅八珍"和"烧烤八珍",还有"山八珍"、"水八珍"、"禽八珍"、"草八珍"(主要是指名贵的食用菌)、"上八珍"、"中八珍"、"下八珍"、"素八珍"、"清真八珍"、"琼林八珍"(科举考试中的美宴)、"如意八珍"等,都由此而来。

(4)在饮食制度等方面也有新的建树。如从夏朝起,宫中首设食官,配置御厨,迈出了食医结合的第一步,并重视帝后的饮食保健,这一制度一直延续到清末。再如筵宴,也按尊卑分级设置。

此外,在民间,屠宰、酿造、炊制相结合的早期饮食业也应运而生,大梁、燕城、邯郸、咸阳、临淄、郢都等都邑的酒肆兴盛。夏商周三代在中国餐饮史上开了一个好头,因而后人有"百世相传三代艺,烹坛奠基开新篇"的评语。

2. 秦汉魏六朝时期

秦汉魏晋南北朝起自公元前221年秦始皇吞并六国,止于公元589年隋文帝统一南北朝,共810年。这一时期是我国封建社会的早期,农业、手工业、商业和城镇都有较大的发展。民族之间的沟通与对外交往也日益频繁。在专制主义中央集权的封建国家里,饮食不断出现新的特色。这一时期的后半段,战争频繁,诸侯割据,改朝换代快,统治阶级醉生梦死,奢侈腐化,在饮食中寻求新奇的刺激。由此,餐饮就在这种社会大变革中演化,博采各地区各民族饮馔的精华,蓄势待变,焕发出新的生机。

3. 隋唐宋元时期

这一时期属于中国封建社会的中期,先后历经隋、唐、五代十国、北宋、辽、西夏、南宋、金、元等二十多个朝代,统一局面长,分裂时间短,政局较稳定,经济发展快,饮食文化成就斐然,是中国餐饮发展史上的第二个高潮。尤其是宋朝的餐饮,随着宵禁的解除,城市居民的夜间生活一下就变成了课题。于是很多人养成了入夜后再吃一顿饭的习惯。《东京梦粱录》中记载:开封各处都有酒肆,门前挂着灯笼,楼内走廊是歌女们等待召唤的地方,她们衣着艳丽,随时随地等待为赴酒席的宾客表演歌舞。整个酒楼欢歌笑语,仿若"神仙居所"。

4. 明清时期

清朝后期封建统治日渐衰朽,由于帝国主义的侵扰,中国被套上了半封建半殖民地的枷锁。统治阶级骄奢淫逸,贪得无厌,烹饪手段迅猛发展,宫廷菜和官府菜盛行。以"满汉全席"为代表的超级盛宴活跃在大江南北,中国饮膳达到了古代社会的最高水平,获得了"烹饪王国"的美誉。

满汉全席作为清朝的大型宴席流传至今,已有 200 多年的历史。满汉全席是中国最著名、规模最大的古典宴席,主要由满族烧烤、茶点和汉族经典菜肴组成,菜品达 100 道以上,如果按照每天 3 餐进餐,通常要 3 天 9 餐才能吃一遍;再加上奢华的制作原料、精湛的烹饪技艺、开席时宏大的场面布置及隆重的礼仪,使满汉全席成为中国古典宴席之冠。满汉全席具有浓郁的民族色彩,其鲜明的文化特征,不仅赋予满汉全席一种独特的魅力,更使满汉全席成为中华饮食文化的瑰宝。

5."中华民国"时期

20 世纪以来,帝国主义列强大量向中国倾销商品,牟取暴利。其中就有机械加工生产的新食料,如味精、果酱、鱼露、蛇油、咖喱、芥末、可可、咖啡、啤酒、奶油、苏打粉、香精、人工合成色素等。这些食料引进后,逐步在食品工业和餐饮业中得到应用,使我国原有一些食品风味有所变化,质量有所提高,这在沿海大中城市表现更为明显。新食料的引进,对传统烹调工艺产生了冲击,如味精逐步取代了高汤,有些制菜规程相应也有改变。

6. 新中国成立至今

新中国成立后,餐饮的发展也不是一帆风顺的。这一时期大体上可以分作三个阶段,各有不同的特点。第一阶段是 1949 年至 1956 年,属于复苏时期。由于政局稳定,经济回升,餐饮逐步恢复了历史上一些好的传统。这一阶段走的是上坡路,各方面初见成效,奠定了大发展的基础。第二阶段是 1957 年至 1976 年,属于动荡时期。由于政治运动频繁和自然灾害不断,经济停滞,餐饮发展受到挫折,在这 20 年间又跌入低谷,元气大伤。第三阶段是 1977 年至今,属于跃升时期。党的十一届三中全会召开后,随着改革开放,经济迅猛增长,国家"旧貌换新颜",中国餐饮也迎来了黄金之春,在改革开放前 20 年的巨大成就超过了历史上 100 年所能取得的成就。从目前趋势看,中国餐饮仍处于加速运转的良好状态中,相信会不断结出更加丰硕的果实。

(二)西方餐饮发展历程

据有关史料记载,早在公元前 5 世纪,在古希腊的西西里岛上,就出现了高度发达的餐饮文化。在当时就很讲究烹调方法,煎、炸、烤、焖、蒸、煮、炙、熏等烹调方法均已出现,同时技术高超的名厨师很受社会的尊敬。许多王公贵族在自己家中试做调味品,每种调味品都由多种原料复合而成。如:由蛋黄、素油、柠檬汁、胡椒粉、芥末等调和而成的调味品,就是今天的马乃司。当时,类似的调味品多达数十种。有的贵族还用本家族的名字作为调味品的名称,以显示自己门第的权威。

在当时,尽管餐饮有了相当的发展,但人们的用餐方法仍是以抓食为主,后来西餐餐桌上的刀、叉、匙都是由厨房里的工具演变而来的。15世纪时出现了餐桌上的共用餐刀。个人用的餐刀,大约产生于17世纪。那时的餐刀头尖如匕首。据说法国红衣主教黎希留,看到有的就餐者在宴会上用餐刀尖剔牙,觉得很不雅观,他便下令将餐刀尖改为圆形。于是,圆头形餐刀一直沿用到现在。勺子作为厨房用具,在远古时期早已被人使用,在餐桌上用的汤匙也是在17世纪出现的。至于茶匙,是红茶传入欧洲时的产物。大叉子原来只在厨房使用,10世纪拜占庭时期,餐桌上曾出现过较小型的银质叉子。但这只是昙花一现,直到1894年,英国水兵还不允许使用餐叉和匙,据说使用这些餐具被认为缺少男人气概。

在15世纪中叶——文艺复兴时期,饮食同文艺一样,以意大利为中心发展起来,在贵族举行的宴会上涌现出各种名菜、细点。至今驰名世界的空心面就是那时出现的。

到了16世纪初中叶,法国安利二世王后卡特利努·美黛希斯,喜欢研究烹调方法,她从意大利雇用了大批技艺高超的烹调大师,在贵族中传授烹调技术。这样不仅使宫廷、王府的菜点质量显著提高,同时使烹饪技法广为流传,促使法国的餐饮迅速发展起来。与此同时,她为了改变不文明的用餐陋习,还明文规定了用餐规则,如用手抓食、舔手指或用上衣擦手都是不文明行为,只有用桌布擦手才有礼貌。

后来,法国有位叫蒙得弗德的人,在举行宴会时,为了让客人预先知道全宴席的菜品,他让管家在宴会前用羊皮纸写好菜名,放置在每个座位前。据说这是西餐菜单的开始。

在这期间,伟大的艺术家达·芬奇的油画杰作《最后的晚餐》真实地描绘了餐桌上的面包、仔牛肉、冷盘、葡萄酒、餐刀及玻璃杯等物。表现了当时基督教徒欢度复活节的圣餐的场面。这个场面已经大体具备了现代西餐的雏形。

1638年至1715年,因讲究饮食而被称为美食家的法国国王路易十四在宫廷中发起了烹饪大赛,为优胜者颁发奖章及奖赏,从而推动了烹饪业的蓬勃发展,一时间宫廷内佳肴美馔迭出。当时宫廷内研制出来的菜称宫廷菜,独成一系。在宫廷举行宴会时,一餐的菜品往往达64种之多。在宫廷的影响下,上层社会盛行大摆宴席之风,当时的菜单上有冷盘、汤、肉食、禽类、水果、点心等。品种花样已有现代西餐的端倪,从此西餐逐步趋于完整。

当时宫廷和上层社会的烹调热,直接推动了整个法国社会的餐饮发展。1765年,法国出现了餐厅。1789年,法兰西革命后,服务一般顾客的餐厅像雨后春笋般发展起来,供餐形式是采取每人一份的方法。不久又出现了零点菜谱,但上面罗列的只是简化了的宫廷菜。直到 19 世纪初叶,餐桌上的规矩才大致与现在相同。

第二节 餐饮部概述

餐饮部在饭店中的地位举足轻重,为饭店创造社会效益和经济效益,是打造品牌的重要职能部门,也是展现酒店精细化管理和优质服务的重要窗口。

一、餐饮部组织机构

组织机构是为完成组织机构任务而集成集体力量,在人群分工和职能分工的基础上,运用不同职位的权利和职责来协调人们的行为,发挥集体优势的一种组织形式。

餐饮组织机构是针对企业餐饮管理经营目标,为筹划和组织餐饮产品的供、产、销活动而设立的专业性业务管理机构。

(一)餐饮部组织机构设计

饭店餐饮部根据饭店规模大小可分为小型饭店餐饮部、中型饭店餐饮部和大型饭店餐饮部。其中,小型饭店餐饮部组织机构比较简单,分工不宜过细,一人常兼多职(见图1-1)。中型饭店餐饮部组织结构分工更加细致,功能也比较全面,通常是四级管理制,分工明细。所谓四级管理制,层级自上而下包括餐饮部经理、餐饮部下属的二级部门、现场管理人员——领班和普通职工(餐厅服务员、厨工)等(见图1-2)。大型饭店餐饮部组织结构复杂,层次多,分工明确细致。在大型饭店中,由于餐饮部工作量大,专业性强,餐饮经营组织常设立中餐部、西餐部、宴会部、酒水部、厨房部、客房送餐部、管事部(管理餐饮后勤的部门)、餐饮营销部、餐饮成本控制部和餐饮部办公室等二级部门(见图1-3)。

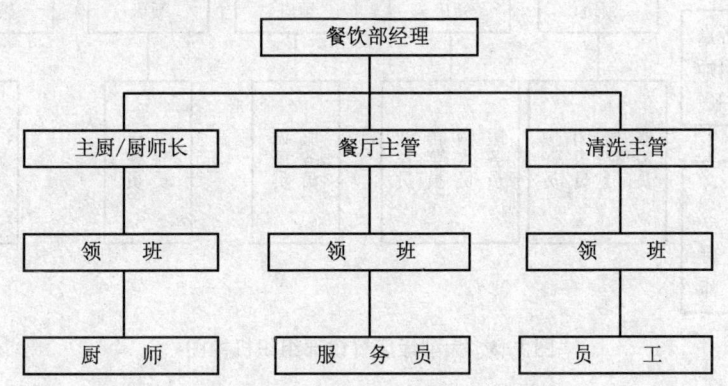

图 1-1 小型饭店餐饮部组织机构图

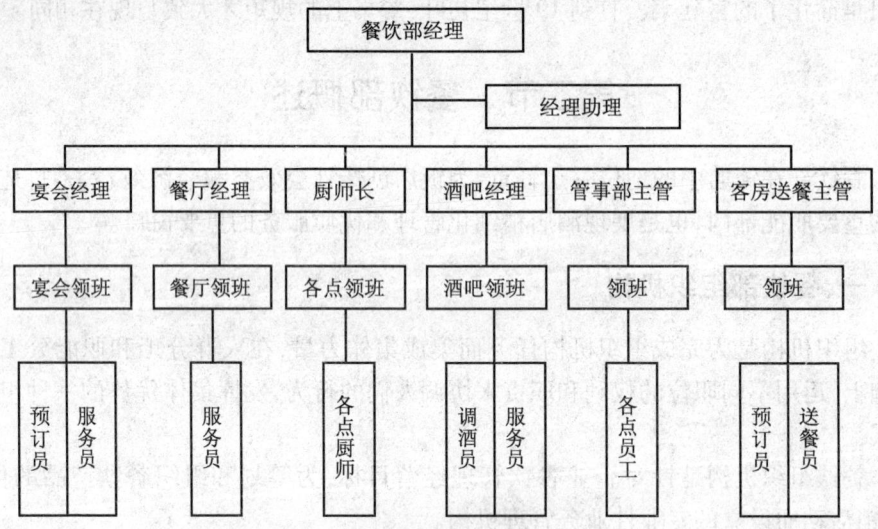

图 1-2 中型饭店餐饮部组织机构

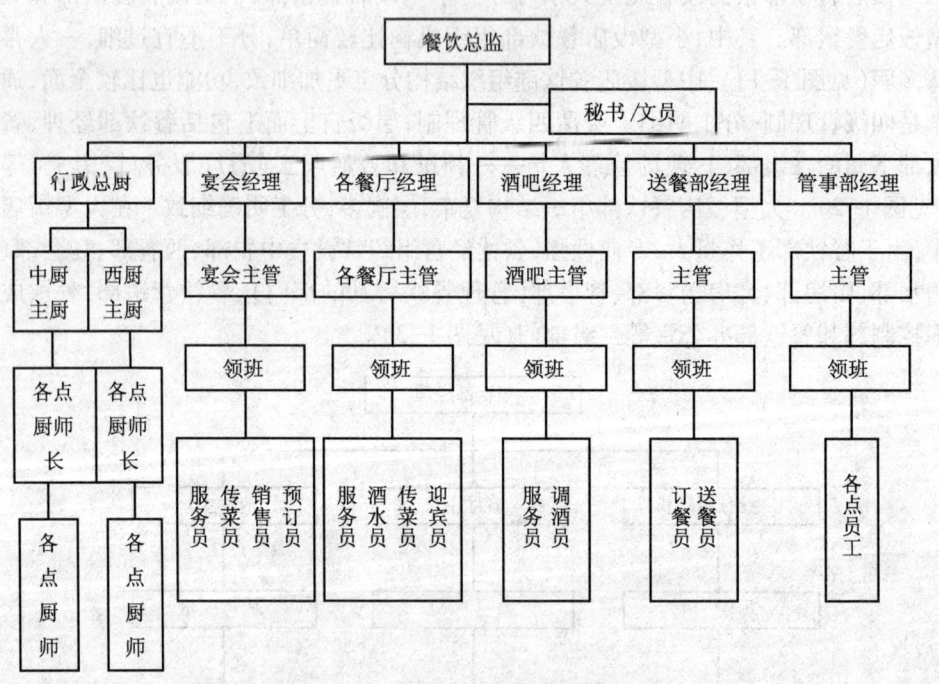

图 1-3 大型饭店餐饮部组织机构图

不管是大型、中型还是小型餐饮部组织机构,其结构设计均应包括纵向结构设计和横向结构设计。纵向结构设计受下属部门管理幅度制约,管理幅度与管理层次相互联系,两者成反比例关系。即管理幅度越大,管理层次越少;管理幅度越小,管理层次越多。横向设计又称为部门之间的协作关系设计。餐饮经营组织的纵向设计和横向设计综合形成了完整的餐饮部组织机构。

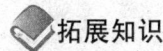 拓展知识

大型饭店餐饮部职能制的优缺点

大型饭店职能制的组织机构有利有弊。

优点在于这种组织机构的设置既有利于保证集中统一的指挥,又可发挥各类专家的专业管理作用。

缺点在于:

1.各职能单位自成体系,往往不重视工作中的横向信息沟通,加上狭窄的隧道视野和注重局部利益的本位主义思想,可能引起组织中的各种矛盾和不协调现象,对企业生产经营和管理效率造成不利的影响。

2.如果职能部门被授予的权力过大过宽,则容易干扰直线指挥命令系统的运行。

3.按职能分工的组织通常弹性不足,对环境的变化反应比较迟钝。

4.职能工作不利于培养综合管理人才。

应该说职能制组织结构在我国绝大多数饭店中得到了广泛采用。但是对于高星级饭店,组织机构复杂,管理层级过多,决策时需要考虑较多因素,这种组织机构的设置可能会导致决策效率的下降,沟通的失真等问题,必须加以注意。

(二)餐饮部各部门的管理职能

1.餐厅部

餐厅部是为宾客提供食品、饮料和良好服务的公共场所。根据其所提供的食品、饮料和服务的不同,可分为以下几种:

(1)零点餐厅也叫点菜餐厅,是饭店的主要餐厅,供应中西菜点。

(2)团队餐厅主要供应团队包餐,也安排了适当的西式菜点。

(3)咖啡厅是小型西餐厅,供应比较简单而又大众化的西式菜点、酒水饮料。

(4)酒吧是专供宾客享用酒水饮料、休息和娱乐的地方,主要供应中式、西式酒类饮料和小吃。

(5)特色餐厅又称风味餐厅。饭店根据服务对象的不同需要,设立风味餐厅,以便发挥自己的特长,满足客人的需要。

(6)自助餐厅是一种快餐厅,主要供应西式菜点,但也供应中式菜点,具有节省用餐时间、价格低廉、品种多、风味不同的优势,颇受宾客的欢迎。

(7)客房送餐,饭店为满足宾客的需求,为宾客提供客房送餐服务。

(8)外卖部,主要向本地居民、饭店公寓的住宿宾客或饭店的观光客提供特色烧烤、风味菜肴、本地点心面包、新鲜水果、蔬菜等。

2.宴会部

宴会厅接受宾客的委托,组织各种类型的宴会、酒会、招待会等活动,并根据宾客的要求制定菜单、布置厅堂、备餐铺台,同时为宾客提供完整的宴会服务。

3.厨房部

厨房部是饭店的主要生产部门,负责整个饭店所有的中式、西式菜点的烹饪,厨师的培训,菜点的创新,食品原料采购计划的制订及餐饮部成本控制等工作。

4.采购部

采购部是饭店餐饮部的物质供应部门。它根据实际需要以最有利的采购价格,按时保质保量地为餐饮部组织和采购所需的物品,特别是食品原料和酒类饮料等。然后将采购进来的原料送入仓库,分库妥善保管。

5.管事部

管事部负责厨房、餐厅、酒吧等处的清扫保洁及所有餐具、器皿的洗涤、消毒、存放、保管和控制。

二、餐饮部岗位职责

餐饮经营的业务环节繁多,大致可分为菜单设计、食品原料采购、验收、储藏、厨房加工烹调、餐厅服务、成本核算等,因此餐饮业务需要众多员工的分工合作才能完成。为使整个部门能在统一的指挥下步调一致地活动,每一位员工和管理者必须清楚地了解自己的职责和任务。

(一)餐饮部经理的岗位职责

(1)全面负责食品饮料生产和服务的计划、组织和管理工作,确保日常业务顺利地开展。

(2)与主厨师长一起进行菜单的筹划和菜肴价格的确定,不断推出各种新的菜肴。

(3)研究餐饮市场动态和顾客需求的变化,针对市场开发和改进餐饮产品与服务。

(4)指挥主厨师长对厨房生产做好周密的计划,组织厨房生产,提高菜肴质量,减少生产中的浪费。

(5)督导各餐厅、酒吧和宴会部经理组织好餐厅服务工作,逐步提高餐饮服务质量。

（6）加强对膳务管理的领导，做好餐饮生产、服务的后勤工作。每周与厨师长、采购员一起巡视市场，检查库存物资，掌握存货和市场行情，对餐饮物资和设备的采购、验收和储存进行严格的控制。

（7）全面负责餐饮成本和费用的控制。每周定时召开餐饮成本分析会，审查菜肴和酒水成本情况。

（8）计划和组织餐饮的推销活动，扩大餐饮销售渠道，增加餐饮收入。

（9）监督餐饮区的环境卫生管理、餐具和食品卫生管理、安全防火管理工作。

（10）全面负责餐饮部人员的劳动组织和安排，对本部门职工的工作表现进行综合评估，监督本部门培训计划的执行，采取有效的激励手段提升职工积极性。

（二）餐厅经理的岗位职责

（1）全面负责餐厅服务管理工作，包括制订和执行人员招聘、培训计划，负责餐厅工作分配和人员安排。

（2）协调餐厅的餐饮服务与厨房的生产活动。

（3）反映客人的相关意见，帮助厨房提高菜肴的质量，指导厨师长改进菜单。

（4）管理和检查餐厅的环境卫生，检查餐厅服务人员的仪表仪容和服务质量。

（5）负责召开班前例会，监督营业期间服务工作的正常开展，处理营业中的突发事件及客人的投诉和纠纷。

（6）负责餐厅设备和器具的管理，检查设备和器具的保养及维修状况。

（三）餐厅领班的岗位职责

（1）配合餐厅经理的工作，掌握服务员的出勤情况和平时工作表现，并且负责所属服务员的在职培训与考核。

（2）负责检查服务人员的仪容仪表，主持班前会，带领并督导服务员做好各项准备工作；同时分别与前台和厨房沟通，以了解当日客情与菜肴供应情况，向服务员详细布置当班任务。

（3）确保按规格布置餐厅和摆台，检查餐厅环境、服务柜里的用品、调味品的准备情况。

（4）开餐时参加并监督食品和饮料的服务，与厨房协调，保证按时、按质上菜。

（5）负责点菜、推销菜肴的工作，亲自为重要宾客服务。

（6）了解客人对餐饮的意见，接受客人投诉，并向经理汇报。

（7）检查账单是否正确无误。

（8）定期检查、清点餐厅设施，检查餐具及设备维修保养情况，发现问题及时上报有关部门。

（9）完成上级下达的临时性任务。

(四) 迎宾员的岗位职责

(1) 负责接收并记录宾客的预订,同时记录宾客的相关资料及所有意见和投诉,并及时上报领导。

(2) 熟悉餐厅的最大容量,了解桌椅的数量及摆设方位,做好开餐迎宾时的准备工作。

(3) 在餐厅入口处礼貌地问候宾客,迎领宾客到适当的餐桌,协助拉椅让座,递上菜单,进行餐前酒的推销,同时协助宾客存放衣帽、雨具等物品。

(4) 在餐厅满座时,要安排好候餐的宾客,并做好宣传促销工作。

(5) 搞好区域环境卫生。

(6) 负责将就餐完毕的宾客满意地送出餐厅,并向其致谢、道别。

(五) 值台员的岗位职责

(1) 负责擦净餐具、服务用具,搞好餐厅的清洁卫生,补充工作台,布置餐桌摆位,做好服务前的一切准备工作。

(2) 负责备用货品的申领及储存工作,并且要做好餐厅所有脏棉织品的清点、送洗以及干净棉织品的领用和记录工作。

(3) 熟悉餐厅供应的所有菜点、酒水的服务方式;熟悉各种用具、器皿的使用方法;熟悉完整的服务流程;掌握恰当的服务技巧及正确的餐饮服务知识,按照餐厅制定的标准为宾客提供尽善尽美的服务。

(4) 在标准化服务的过程中,要关注宾客的个性化需求,积极主动地做好预测性服务;同时抓住客人的消费心理,做好适当的推销工作。

(5) 负责将所有脏餐具、杯具送到洗涤间,并擦拭所有洗净的餐具、杯具,同时分类摆放于餐具柜中。

(6) 负责宾客就餐完毕后的翻台或为下一餐摆位,做好餐厅的营业结束工作。

(六) 传菜员的岗位职责

(1) 开餐前负责准备好各种菜式的配料及传菜用具,并主动配合厨师做好出菜前的准备工作。

(2) 积极配合餐厅服务工作,做到落单迅速,传菜准确及时。

(3) 负责小毛巾的洗涤、消毒工作或去洗衣房领取洗好的小毛巾。

(4) 协助服务员将脏餐具撤回洗涤间,并分类摆放。

(5) 负责传菜间及规定地段的清洁卫生。

(6) 妥善保管出菜单,以备核查。

(七) 酒水员的岗位职责

(1) 负责吧台内外的清洁卫生,并擦拭所有玻璃器皿和服务用具,同时准备好各种酒水及用具。

(2)负责吧台内所有设备的检查、保养及维修。

(3)按规定做好酒吧酒水的盘点、申领、补充、储存及发放等各项工作。

(4)熟悉各种酒的性质、产地、度数、香型及价格,掌握各种酒水的服务知识,配合服务员搞好酒水销售。

(5)妥善保存所有酒水订单,以备核查。

三、餐饮从业人员素质要求

随着竞争的日趋激烈和消费者自我保护意识的增强,宾客对餐饮服务质量的要求越来越高。而餐饮服务质量的提高有赖于高素质的员工。因此,餐饮从业人员应树立正确的服务观念与意识,改进服务态度,更新本职工作所需的知识,提高管理与服务能力,从而提高餐饮服务质量。餐饮从业人员的素质要求主要有以下几个方面。

(一)思想政治要求

1. 政治上坚定

餐饮从业人员应确立正确的政治立场,即应坚持党的基本路线,认真学习马列主义、毛泽东思想和邓小平理论,在服务工作中,严格遵守外事纪律,讲原则、讲团结、识大体、顾大局,不做有损国格、人格的事。

2. 思想上敬业

餐饮从业人员必须树立牢固的专业思想,充分认识到餐饮服务对提高饭店整体服务质量的重要作用;热爱本职工作,在工作中不断努力学习,奋发向上,开拓创新;自觉遵守文明礼貌、助人为乐、爱护公物、保护环境、遵纪守法的社会公德;倡导爱岗敬业、诚实守信、办事公道、服务群众、奉献社会的职业道德,并养成良好的行为习惯,培养自己的优良品德。

(二)服务态度要求

服务态度是指餐饮从业人员在对客服务过程中体现出来的主观意向和心理状态,其好坏直接影响到宾客的心理感受。服务态度取决于员工的主动性、创造性、积极性、责任感和素质的高低。其具体要求有以下四点。

1. 主动

餐饮从业人员应牢固树立"宾客至上、服务第一"的专业意识,在服务工作中应时时刻刻为宾客着想,表现出一种主动、积极的态度,凡是宾客需要,不分分内、分外,发现后应主动、及时地予以解决,做到眼勤、口勤、手勤、腿勤、心勤,把服务工作做在宾客开口要求之前。

2. 热情

餐饮从业人员在服务工作中应热爱本职工作,热爱自己的服务对象,像对待亲友一样为宾客服务,做到面带微笑、端庄稳重、语言亲切、精神饱满、诚恳待人,以帮助宾客为乐事,处处热情待客。

3. 耐心

餐饮从业人员在为各种不同类型的宾客服务时,应有耐心,不急躁、不厌烦,态度和蔼。服务人员应善于揣摩宾客的消费心理,对于他们提出的所有问题,都应耐心解答,不厌其烦;并能虚心听取宾客的意见和建议,有过错不推诿。与宾客发生矛盾时,应尊重宾客,并有较强的自制、自律能力,做到心平气和、耐心沟通。

4. 周到

餐饮从业人员应将服务工作做得细致入微、面面俱到、周密妥帖。在服务前,服务人员应做好充分的准备工作,对服务工作做出细致、周到的计划;在服务时,应仔细观察,及时发现并满足宾客的需求;在服务结束时,应认真征求宾客的意见或建议,并及时反馈,以便将服务工作做得更好。

(三)服务知识要求

餐饮从业人员应具有广泛的知识面,具体包括以下三方面。

1. 基础知识

主要包括饭店员工守则、服务意识、礼仪规范、职业道德、外事纪律、饭店安全与卫生知识、服务心理学、外语知识等。

2. 专业知识

主要包括岗位职责、工作程序、运转表单、管理制度、设施设备的使用与保养、饭店的服务项目及营业时间、沟通技巧等。

3. 相关知识

主要包括宗教知识,哲学、美学、文学、艺术、法律知识,各国的历史、地理、习俗和礼仪、民俗与宗教知识,本地及周边地区的旅游景点及交通路线等。

(四)能力要求

1. 语言能力

语言是人与人沟通、交流的工具。餐厅的优质服务需要运用语言来表达。因此,餐饮从业人员应具有良好的语言能力。《旅游饭店星级的划分及评定》(GB/T 14308—2011)对饭店服务人员的语言要求为:"语言文明、简洁、清晰、符合礼仪规范;对宾客提出的问题应予耐心解释,不推诿和应付。"此外,服务人员还应掌握一定的外语。

2. 应变能力

由于餐厅服务工作大都由员工通过手工劳动完成,而且宾客的需求多变,因此,在服务过程中难免会发生一些突发事件,如宾客投诉、员工操作不当、宾客醉酒闹事、停电等。这就要求餐厅服务人员必须具有灵活的应变能力,遇事冷静,及时应变,妥善处理,充分体现饭店"宾客至上"的服务宗旨,尽量满足宾客的需求。

3. 推销能力

餐饮产品的生产、销售及宾客消费几乎是同步进行的,且具有无形性的特点,因此要求餐厅服务人员必须根据客人的喜好、习惯及消费能力灵活推销,以尽力提高宾客的消费水平,从而提高餐饮部的经济效益。

4. 技术能力

餐饮服务既是一门科学,又是一门艺术。技术能力是指餐厅服务人员在提供服务时显现的技巧和能力,它不仅能提高工作效率,保证餐厅服务的规格标准,更能给宾客带来赏心悦目的感受。因此,要想做好餐厅服务工作,就必须掌握娴熟的服务技能,并灵活、自如地加以运用。

5. 观察能力

餐厅服务质量的好坏取决于宾客在享受服务后的生理、心理感受,也即宾客需求的满足程度。这就要求服务人员在对客服务时应具备敏锐的观察能力,随时关注宾客的需求并给予及时满足。

6. 自律能力

自律能力是指餐厅服务人员在工作过程中的自我控制能力。服务人员应遵守饭店的员工守则等管理制度,明确知道在何时、何地能够做什么,不能够做什么。

7. 团队协作能力

餐厅服务工作需要团队精神,餐厅服务质量的提高需要全体员工的参与和投入。在餐厅服务工作中,要求服务人员在做好本职工作的同时,应与其他员工密切配合,尊重他人,共同努力,尽力满足宾客需求。

(五)身体素质要求

1. 身体健康

餐饮从业人员必须身体健康,定期体检,取得卫生防疫部门核发的健康证,如患有不适宜从事餐厅服务工作的疾病,应调离岗位。

2. 体格健壮

餐饮服务工作的劳动强度较大,餐厅服务人员的站立、行走及餐厅服务等必须具有一定的腿力、臂力和腰力等,因此,餐饮从业人员必须要有健壮的体格才能胜任工作。

四、餐饮部核心工作任务

餐饮部是酒店各部门中工作任务最烦琐、最复杂的部门之一。作为饭店唯一生产实物产品的部门,集生产加工、销售服务于一身,管理过程多,环节多,工作时间长,工作任务多而杂。因此,作为酒店餐饮部管理人员必须抓住重点,明确餐饮部日常工作中核心任务所在,这是搞好餐饮服务与管理的基础。具体来说,餐饮部的核心任务主要包括以下四方面的内容。

(一) 营造怡人的进餐环境

餐饮服务设施,不仅要满足宾客的生理需求,还要能满足其精神需求,如自豪感、享受感等。心理学研究表明,人们判断一件事物的好坏,大多是通过感觉器官来进行的。因此,餐饮管理者首先应营造一个舒适、怡人的进餐环境,以便给客人留下良好的第一印象。如餐饮服务设施的装饰、布局要与饭店等级协调一致,灯光、色彩应柔和、协调,家具、餐具必须配套并与整体环境相映成趣;环境卫生必须符合卫生标准要求,服务人员的仪表仪态应符合饭店要求,餐饮服务设施的温度、湿度应宜人等。

(二) 供应适口的菜点酒水

宾客的口味需求各异,其对菜点酒水的质量评判以适口为准。为此,餐饮管理者应了解市场需求及宾客的消费趋向,供应的菜点酒水品种应符合目标市场的需求;食品原料的采购必须符合饭店的规格标准;厨房制作必须照顾宾客的不同口味要求;原料采供、厨房生产、餐厅服务等环节密切配合,一旦出现问题,及时解决等。

(三) 提供优质的对客服务

适口的菜点酒水,只有配以优质的对客服务,才能真正满足宾客的餐饮需要。优质的服务虽然不能掩盖或弥补因粗劣的菜点酒水带给客人的不满,但适口的菜点酒水肯定会因不良的服务变得难以下咽。由此可见,对客服务从某种程度上比美味佳肴更能满足客人的需要。优质的对客服务包括良好的服务态度、丰富的服务知识、娴熟的服务技能和较高的服务效率等。

(四) 取得满意的三重效益

酒店餐饮管理者的最终工作任务是为了获取效益,效益是衡量经营成败的依据。餐饮服务与管理的三重效益是指社会效益、经济效益和环境效益。社会效益是指餐饮经营给企业带来的知名度和美誉度,它可为企业赢得客源,并增强企业的竞争能力;经济效益是指餐饮经营给企业创造的利税(绝对效益)以及由餐饮带来的对企业其他设施的宾客消费(相对效益);环境效益是指餐饮企业因采取各种节能环保措施而带给自身的效益,同时使企业具备可持续发展的能力,也是企业社会责任感的具体体现。

第三节 餐饮发展现状及趋势

一、餐饮发展现状

随着我国国民经济的快速发展,居民的收入水平越来越高,餐饮消费需求日益旺盛,餐饮业营业额一直保持较强的增长势头。尤其是进入21世纪后,餐饮业已经成为中国服务业中的支柱产业,呈现出强劲的增长态势。从中国烹饪协会与中国商业联合会、中华全国商业信息中心所发布的几组数据就可以感受到这个行业发展的骄人速度:据统计,2005年,中国餐饮业零售额实现8886.8亿元,同比增长17.7%;2006年,中国餐饮消费全年零售额首次突破万亿元大关,达到10 345.5亿元,同比增长16.4%;2007年全国餐饮企业营业零售额累计达12 352亿元,同比增长19.4%;2008年餐饮零售额达15 404亿元,比2007年增长24.7%;2009年餐饮零售额超18 000亿元,比2008年增长20%以上,连续18年保持两位数的增长速度。而在海外,中餐不断攻城略地。2008年中餐首次进入奥运食谱,进一步国际化。根据历年数据分析,预计到2013年,中国餐饮业零售额将达到3.3万亿元。餐饮业已经成为拉动消费、实现增长、扩大就业的重要因素之一。整个餐饮市场发展态势良好。从长远来看,随着对外开放的扩大和经济持续稳定快速增长,城乡居民收入增加,生活水平不断提高,我国的餐饮业发展会更迅速。近几年餐饮业每年的增长率都比其他行业高出10个百分点以上,可以说我国正迎来一个餐饮业大发展的时期,市场潜力巨大,前景非常广阔。

 特别提示

中国餐饮发展现状虽然喜人,但是还存在很多的问题。如:行业集中度较低,个体、分散经营仍占大多数;人才短缺,特别是专业技术人员和高层管理人员短缺现象较为严重;盲目投入硬件,缺乏软件管理;缺少有效的激励机制和科学的管理手段等。这些亟须在未来的发展中加以改变。

二、餐饮发展趋势

(一)餐饮竞争更为激烈

社会将通过市场竞争继续对现有餐饮网点优胜劣汰。市场的调节与配置作用更加充分,通过对企业的进一步整合,不断推动行业的持续发展。

(二)顾客更注重精神层面体验,更追求膳食的营养均衡

随着社会的进步,尤其是人们生活水平、生活质量的不断提高,消费者对于餐饮消费的需求由传统的饱腹等生理需求转向对环境、身份、品位、文化等精神层面的满足与体验。因此餐饮市场更加细化,大批主题餐厅、休闲餐厅、音乐餐厅应运而生。随着市场经济的不断发展,追求精神愉悦和满足将成为餐饮消费市场的最主要需求。

此外,人们不再仅仅追求口感、口味,讲究色、香、味、形,而且越来越重视膳食的合理与科学、营养与搭配以及食品安全。尤其是2003年的"非典"给人们敲响警钟,使人们对餐饮卫生更加讲究。因此,中国餐饮业可以此为突破口和切入点,在注重餐饮安全卫生的同时加入膳食平衡的理念,增强核心竞争力。可以预见营养餐饮、保健餐饮将大量出现,这将会对餐饮业提出更高的要求,烹饪营养学将会更被重视,营养技师将会受欢迎。

(三)餐饮企业将逐渐从单店经营转变到品牌、规模化经营

品牌作为无形资产,可以有偿转让使用权,扩大市场占有率,是企业发展的有力杠杆。全聚德、俏江南、大娘饺子等优秀特许品牌的推出对促进餐饮企业的品牌经营和规模发展,起到了积极的推动作用。面对日益激烈的竞争,我国餐饮企业已逐渐意识到品牌的重要性,并逐步通过有形产品、服务、环境、文化等多种因素的整合营造出自己的品牌。

随着原材料和人力成本的上升,能否获得低成本经营的优势对餐饮企业来讲尤为重要。餐饮企业只有走连锁化、集团化经营之路,才能发挥规模经济的优势。2009年,我国的餐馆连锁企业虽已达到2400家,但连锁店总数超过500家、销售额超过100亿元的只有肯德基一家。连锁店在100家以下的餐饮企业约占连锁餐饮企业总数的66%,销售额在10亿元以下的餐饮企业约占连锁餐饮企业总数的80%。可见我国连锁餐饮企业大多仍为小规模的连锁企业。为求得规模经济,规模经营必将成为餐饮企业发展的必经之路。

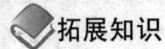
拓展知识

必胜客的差异化品牌定位

我们都知道,随着"民以食为天"的口号越来越深入人心,人们对于饮食的需求量越来越大,这也给很多的投资创业人士提供了一个好的创业方向——餐饮加盟。但是,纵观整个餐饮市场,我们不难发现,餐饮市场的竞争力是越来越大,那么,作为一个餐饮加盟新手,要如何让自己的餐饮加盟店在这个竞争激烈的餐饮市场中开拓出一片新的发展天地呢?

必胜客欢乐餐厅连锁加盟门店在中国达到了300多家,遍布80多个城市。可以说,必胜客获得了很大的成功。它成功的奥秘是什么呢?

1.目标消费群的定位差异化

必胜客刚进中国市场时,面临着与肯德基、麦当劳两大快餐巨头的竞争,它们都属于快餐类市场,而必胜客的主打产品比萨在国外也只属于中低档消费的食品,究竟选择什么样的人群作为必胜客的主力消费人群呢?

必胜客规避了肯德基、麦当劳的主力消费人群——儿童及年轻人，而把目标瞄准了中青年白领这一具有很强购买力的消费人群。这样的定位，让必胜客避开了与肯德基、麦当劳的直面竞争，也将自己的品牌提升到一个"开心聚会，分享快乐"的高级版本，直接和其他快餐品牌作出区别，成为一种小资生活的聚会场所，开创了属于自己的一片蓝海。

试想，如果必胜客的定位雷同于肯德基、麦当劳，还能有今天这样大的成功吗？

2.充分满足目标消费群的需求

在确定以中青年白领为目标消费群后，必胜客从就餐环境、菜品等方面很好的满足了这一群体的消费需求。

就餐氛围：与肯德基、麦当劳显得有些喧闹的环境相比，必胜客的环境更加安静、舒适，悦目的装潢、舒适的设计、柔和温馨的灯光、舒缓的音乐，训练有素的服务人员等，都让顾客体验到了不一样的就餐体验。

菜品：比萨、意大利面、新鲜的自助沙拉等菜品，通过精致的容器包装，不但满足了顾客的胃，更是为就餐增添了很多的情趣，这也很好地满足了白领人群的"小资"情调。

正是通过对品牌的差异化定位以及围绕目标消费群而提供的针对性服务，让必胜客从竞争激烈的餐饮市场脱颖而出，最终成为全球最大的比萨餐饮加盟企业。

从必胜客成功打入中国市场，并取得如此大的成就来看，必胜客之所以能够如此成功，就是因为它在自身的定位和风险的规避，以及服务质量上做到了够全、够好、够优质。所以，如果您也想让您的餐饮加盟店发展得像必胜客这样成功，那就必须好好地思考一下，您的餐饮加盟店现在处在一个怎样的位置，并有效地解决这个位置的不利因素。

（四）创新将成为餐饮企业提升竞争力的主要手段

根据波特的企业竞争理论，企业的核心竞争力来自产品差异和低成本优势。产品差异来源于企业的产品创新、生产技术创新、服务创新等众多方面。我国传统餐饮业往往表现为手工随意性生产、单店作坊式经营、人为经验型管理，但随着餐饮市场需求的不断扩大，餐饮社会化、国际化与产业化的进程也在不断加快，只有不断创新，不断推出新产品、新服务满足消费者的新需求，才能提高企业的竞争能力。引进和使用掌上电脑（PDA）无线点菜系统、库存管理系统、财务管理系统、客户管理系统等优秀管理软件，减少人力、降低成本，也将成为现代餐饮企业的选择。

（五）管理与人才的作用更加突出

餐饮行业工种数量多，人员需求量大。如何选、用、育、留人，是一个餐饮企业能否成功的关键。餐饮行业的人员需求主要有管理人员、生产技术人员和服务人员三种。其中,生产技术人员的培养难度最大、周期最长,但对餐饮企业的发展却起着至关重要的作用。越来越多的餐饮企业开始着手建立自己的培训中心、培训基地,并通过与学校、社会机构等的多种形式的合作,满足餐饮企业快速发展的用人需求。

 特别提示

酒店餐厅就餐环境对温度、湿度和气味的限定

通过实验和理论推算,夏季餐厅室内的适宜温度为21℃~24℃;冬季室温18℃~22℃最为适宜。房间湿度为60%,令人感到舒适。目前,整个世界气候变暖,人们对室内温度的要求也更高了。

空气湿度太高会促进人体疏散热量,引起体温下降,神经系统和人体其他系统的机能活动水平随之降低,使人出现一系列病态。例如长期生活在寒冷污浊的环境中,就容易患感冒、冻疮、风湿病等。相反,极干燥的空气也不利于人体健康,从医学角度来看,干燥的环境和患喉咙的炎症存在着一定的因果关系。餐厅内的相对湿度一般要求为30%~65%。

气味也是影响餐厅就餐气氛的重要因素。气味通常能够给顾客留下极为深刻的印象,因此,在餐厅中一定要避免出现异味,这就要求在餐厅设计过程中通风系统构建要合理。

案例分享

爱挑剔的客人

地点:某宾馆餐厅

迎宾小姐引导几位客人从门口过来。这几位客人簇拥着一位爱挑剔的老太太。

服务员为她斟上红茶,她却生硬地说:"还没关照你,你怎么知道我要红茶,告诉你,我喜欢喝绿茶。"

服务员不易察觉地一愣,随即客气而又礼貌地说:"这是餐厅特意为您准备的。餐前喝红茶消食开胃,尤其适合老年人。如果您喜欢绿茶,我马上为您送来。"

老太太脸色缓和下来,矜持地点点头,顺手接过菜单,开始点菜。

"喂,水晶虾仁怎么这么贵?"老太太斜着眼睛看着服务员,"有些什么特色吗?"

服务员面带微笑,平和而又胸有成竹地解释道:"我们采购的虾仁都有严格的规定,一斤120粒。水晶虾仁有4个特点,亮度高,透明度强,脆度大,弹性足。其实我们这款菜利润并不高,主要是用来为饭店创牌子的拳头产品。"

"有什么蔬菜啊?"老太太又说,"现在蔬菜太老了,我不要。"

服务员马上顺水推舟和颜悦色地说:"对,现在的蔬菜是咬不动。不过我们餐厅今天有炸得很软的油焖茄子,菜单上没有,是今天的时新菜。您运气真好,尝一尝吧?"

"你很会讲话啊!"老太太动心了。

"请问喝什么饮料?"服务员又问道。

老太太犹豫不决,露出沉思状。"我们这里有椰汁、粒粒橙、可口可乐……"老太太打断服务员的话,说:"来几罐粒粒橙吧!"

思考

1.上述案例中服务员如何通过恰当的服务技巧来应付挑剔的老太太?

2.结合上述案例,分析作为一名餐厅服务员应该具备怎样的职业素质?

3.结合案例,分析餐饮服务员的职责有哪些?

 思考与练习

一、名词解释

1.餐饮

2.餐饮组织机构

3.服务态度

4.餐饮社会效益

5.厨房部

二、论述题

1. 结合实例,论述餐饮的特点。

2. 结合实例论述餐饮的发展趋势。

三、案例分析题

"佛跳墙"是和尚创制的

福州某餐厅,几位外地客人点了一道福建特色菜"佛跳墙"。菜上来之后,香气扑鼻,客人举筷一尝,果然味美无比。客人高兴之余,把服务员叫过来,问道:"这菜果然名不虚传,只是为什么给取了个奇怪的名字'佛跳墙'?'佛跳墙'这三个字中没有一个与吃有关,小姐你能否解释一下?"客人满怀期待地看着服务小姐。但服务小姐却满面通红,抓耳挠腮了好一会儿才说道:"这个嘛,我也不是很清楚,我去问一下其他人。"

她离开了一阵后回来。客人满以为这次有了答案,不料得到的回答却是:"具体情况不是很清楚,可能是创作这道菜的厨师是个和尚。"客人们大失所望,顿时没了兴致。

思考:结合餐饮服务员素质等相关内容分析上述案例。

第二模块
技能篇

第二章 餐饮服务技能与技巧

引言

餐饮服务基本技能是指与餐饮业务相关的规范的基本技能或技巧,熟练地掌握餐饮服务基本技能是做好餐饮服务工作、提高服务质量的基本条件。餐饮服务人员要刻苦训练,掌握过硬的餐饮服务基本技能,力求使操作规范化、程序化和标准化,使所有技能的运用达到熟练、准确和优雅。此外,还应发挥个人的积极性、创造性,把对客服务的真挚情感融入到服务中去,使之与技能完美结合,以具较强的灵活性和应变性的服务适应客人的需要。

学习目标

1.熟练掌握托盘、餐巾折花、中西餐摆台、斟酒、上菜分菜等操作规范和方法。
2.掌握各种操作技能在具体应用过程中的处理技巧,做到运用自如,处理灵活。

第一节　托盘

托盘是餐厅运送各种物品的基本工具。各种餐具、饮品、食物等无不用托盘运送。因此,正确有效地使用托盘,是每个餐厅服务人员应掌握的基本操作技能,可以提高服务质量和劳动效率,规范餐厅服务工作,同时体现服务的卫生和文明礼貌。

一、托盘的种类

在餐厅服务中,托送不同物品应使用不同规格的托盘。

托盘根据制作原料分为木质、金属(如银质、不锈钢等)以及塑胶防滑托盘;根据用途的差异,托盘又分为大、中、小三种规格;根据形状,分为方形、长方形或圆形托盘等。

不同种类的托盘的主要用途是不同的,如大、中型托盘一般用于传送菜点、酒水和盘碟等较重物品,小型托盘一般用于斟酒、展示饮品、送菜、分菜、送咖啡或冷饮、席间服务等。此外,6寸(约19.98cm)直径的银托盘专用于收款、递送账单、信件、客人留言等。

二、托盘的操作程序和方法

托盘操作方法按承载物重量分为轻托和重托两种。无论是轻托还是重托,都要求讲究卫生,保证安全平稳、汤汁不洒、菜型不变。

1. 轻托

轻托就是托送比较轻的物品或用于上菜、斟酒时的托盘操作,所托物品的重量一般在5千克以下。轻托一般在宾客面前操作,因此操作熟练程度、优雅程度及准确程度就显得十分重要。轻托还是评价服务人员服务技能水平高低的标志之一。

轻托一般多使用中、小型托盘,其操作程序和方法如下:

(1)理盘。根据所托物品选好托盘,洗净擦干,如非防滑托盘则需在盘内垫上洁净的垫布。垫布要用清水沾湿拧干,铺平拉齐,这样既整洁美观又可避免盘内物品滑动。

(2)装盘。为保证安全稳妥,便于运送和取用,盘内的物品宜排放整齐,横竖成行。一般是重物、高物放在托盘的里挡,轻物、低物放在外挡;先上桌的物品在上、在前,后上桌的物品在下、在后;若上、下重叠装盘时重的、大的放下面,轻的、小的放上面。装盘时忌将冷菜和热菜放于一盘,也忌将易吸收味道的菜同易散发味道的菜放于一盘。同时,在装瓶酒和高杯时,瓶底和杯底应紧靠一起;在装茶壶时,壶嘴应朝向托盘里挡,避免茶水外溢烫伤客人。

(3)起托。轻托一般用左手。服务人员站于工作台前,右脚在前,左脚在后,弯曲双膝,上身挺直,先用右手将托盘平拉出2/3,再用左手托住盘底,站直双腿,掌握好重心后,右手放下,左手托盘横托于胸前,略低于胸部。

(4)行走。行走时要头正肩平,上身挺直,目视前方,脚步轻快稳健,精力集中。随着步伐移动,托盘会在胸前自然摆动,但须以菜汁、酒水不外溢为限。

(5)落盘。到达目的地,要把托盘小心地放到工作台上,千万不要在没有放好托盘之前就急于取下上面的东西,那样做容易造成托盘打翻、物品落地的后果。

用轻托的方式给宾客斟酒时,要随时调节托盘重心,使之落在手指控制范围之内。

收餐具时,盘碟也要按装盘的要领,合理摆放在托盘内,碟内的剩余物要集中放在一起。

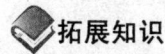拓展知识

轻托的三种方法

五指平托：左手自然伸出，用左手的五个手指的指腹和掌根接触托盘底部，掌心是空的，此种方法适用于初学者。

五指曲托：左手自然伸出后，手指分开并向上弯曲，使掌心更加突出，能容下一个鸡蛋，仍然是五个手指的指腹和掌根接触托盘底部，此方法能增加托物力度，同时有较大的灵活性，适用于席间服务。

三指托盘：在夜总会KTV包间和日式餐厅服务时，由于桌子矮，服务员托盘姿势应有所改变。用左手的大拇指、食指和小手指指腹托住托盘，中指和无名指弯曲，左手的虎口朝向正前方，到客人桌前右脚在前，左脚在后，单膝跪下，将托盘向右向下托平，再将客人所需物品放于客人面前。

2.重托

重托是托载较重的菜点、酒和盘碟的方法，所托重量一般在10千克左右，重托的托盘常与菜肴接触，易沾油腻，使用前要仔细检查和擦洗。

重托的操作方法和要求为：双手将托盘的边缘移至工作台外，用右手拿住托盘的一边，左手伸开五指托住盘底，掌握好重心后，用右手协助左手将托盘向上托起，同时左手向上弯曲臂肘，向左后方旋转90度，擎托于肩外上方，做到盘前不靠嘴，盘后不靠发，右手或自然摆动或扶住托盘的前内角，并随时准备防止与他人的碰撞。

重托要求上身挺直，两肩平齐，行走时步履轻快，肩不倾斜，身不摇晃，遇到障碍物让而不停。起托、后转、行走、放盘时要掌握重心，保持平衡。动作表情要自然轻松，整个重托过程要求平稳、轻松。放托盘时，要屈膝但不能弯腰。目前，饭店一般不用重托，多用小型手推车递送重物，这样既安全又省力。

三、使用托盘的注意事项

餐饮服务员在娴熟地掌握托盘操作技能的基础上，必须养成使用托盘的良好习惯。不允许将托盘随意地放置在宾客的餐桌或座椅上；托盘不使用时，服务员必须按照餐厅的规定和要求将其放在指定位置，不可随手放置；当托盘内无物品时，仍应保持正确托盘姿态行走，不可用单手拎着托盘边缘行走；要时刻保持托盘的清洁卫生，营业结束后，统一收齐交管事部洗碗工清洗、消毒、保管。

第二节 餐巾折花

餐巾又名口布、茶布、席巾等,是餐厅经营中供宾客用餐时专用的卫生清洁用品,折成各种花型后,就成为餐台布置中的艺术装饰品。

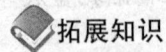 拓展知识

餐巾的起源

在欧洲,餐巾相传起源于古希腊时代。当时贵族们在用膳时餐桌旁往往铺一块毛皮。因为当时还没有叉,餐刀切了肉以后就用手往嘴里送,而布帛、纸都是很贵重的东西,不轻易使用。桌旁铺着的毛皮主要是用来擦拭拿过肉的手,用后就丢弃。这就是餐巾的原型。16世纪初,欧洲宫廷中开始使用布的餐巾。到17世纪以后,餐巾才逐渐进入民间。

宴席上使用餐巾,也是我国古老的饮食文化传统。《周礼·天官》中就已记载了用毛巾覆盖食物的古制。这种用以覆盖食物的毛巾,可能是世界上最早的餐巾。据故宫博物院编辑的《紫禁城帝后生活》介绍,清代皇帝吃饭时,使用一种宫廷中称之为"怀挡"的物件,即餐巾。这种餐巾是用明黄绸缎绣制而成,绣工精细、花纹别致,福寿吉祥图案华丽夺目,餐巾一角还有扣襻,便于在就餐时套在衣扣上使用。

现代形式的餐巾已在饭店、餐厅广泛使用,其用途也有变化,主要插放在杯中或摆放在盘中,是既有欣赏价值,又有实用价值的艺术装饰品。

一、餐巾的种类

饭店里使用的餐巾有很多种质地,常见的有以下几类。

(1)纯棉织品:吸水性强、去污力强;浆熨后挺括,易折成型,造型效果好,但折叠一次,效果才最佳,返工后影响平整度。纯棉餐巾清洗麻烦,洗净后需上浆、熨烫。

(2)棉麻织品:质地较硬,不用上浆也能保持挺括。

(3)化纤织品:颜色亮丽,透明感强;富有弹性,比较平整,如一次造型不成,可以二次造型,不用浆烫,使用方便。但是可塑性不如棉织品和棉麻织品好,折制杯花时不易做出造型。易清洗,但吸水性差,去污力不如棉织品,且手感较差。

(4)纸质餐巾:成本低,更换方便,但是不够环保;尽管也能循环再利用,有时也给人非正式或低档次的感觉。

(5)其他材质餐巾:在一些特别的场合,为了配合宴会主题或餐厅特色等,也会使用一些特殊材质的餐巾,比如丝绸等。

二、餐巾折花的种类

1. 按餐巾花在餐台上的摆放成型分类

(1)杯花:也叫插花,它是指餐巾折制成花型插入酒杯之中的造型。用酒杯口将餐巾花加以束缚成型。杯花从酒杯中拿出后易于散开。一般用于中式餐会之中,在我国,它也常用于日餐、韩餐的餐台设计之中。

(2)盘花:也叫盆花、摆花,它是指餐巾折制成不宜散开的、放在餐座上或平底盛器上的折花造型。盘花造型简洁、美观、大方,一般以边角插入夹层折叠后压在下方的方法成型。盘花成型后在摆放过程中,一般不会自行散开。盘花常用于西式餐饮的宴饮场合。

在一些中、低档餐厅,也参照盘花造型将纸餐巾简单折制后摆放,陈列于顾客面前,使原本极为平常的几张餐巾纸烘托了餐厅的喜庆氛围。

(3)环花:将餐巾平整卷好或折叠成造型,套在餐巾环内,称环花。餐巾环也被称为餐巾扣,有瓷制的、银制的和塑料制的等。餐巾环花通常放置在餐盘上,特点是简洁、雅致。

2. 按餐巾花成型后的外观造型分类

(1)植物类造型餐巾花:即根据植物的花、叶、茎、果实等形状,将餐巾折叠成"神似"的不同造型,如含苞欲放、凌波仙子、月季花、蝴蝶花、水仙、迎春花、美人蕉花、单叶荷花等花类造型。

(2)动物类造型餐巾花:动物类造型餐巾花有的取其原型的整体,也有的取其特征,或选其寓意。形态上生动、活泼、可爱,传神达意,寓意吉祥、祝福、欢迎。它又可细分为飞禽类造型餐巾花,如孔雀开屏、大鹏展翅、春燕闹春、和平鸽、鸳鸯戏水、比翼双飞等;昆虫类造型餐巾花,如蝴蝶、鸣蝉等;鱼虾类造型餐巾花,如鲤鱼跳跃、双尾金鱼、龙虾戏水、千年寿龟等。

(3)其他造型的餐巾花:这些餐巾花一般模仿日常生活中的各种实物或凭借想象折制成型,大多为盘花,且受西餐中盘花的影响,带有一些宗教的含义。如一帆风顺、僧帽、皇冠等。

3. 按为区别宴会参加者的不同身份,餐巾花分类

(1)主花:主花是指宴会中的主人、主宾使用的餐座上的标志性折花造型。主花在大型宴会中应明显地区别于其他餐巾折花,可利用其高度、花型、餐巾颜色加以区别。

(2)从花:从花是指一般宴会中除主人、主宾之外的其他宾客所使用的造型餐巾花。宴会的规模不同,花型种类也应不同。宴会规模大,花型种类应少而统一;宴会规模小,可为每位客人提供一个造型。隆重的宴会,花型宜简单、统一;普通的宴会,花型宜复杂多样。另外,从花绝对不能喧宾夺主。

三、餐巾折花的基本技法

餐巾花的折叠方法很多,但无论哪种花型、哪种折法,都有其共同的基本操作技法和要领。这些技法概括起来可分为折、叠、推、拉、捏、攥、翻、卷、穿、掰等。折叠时,或单独应用一种手法,或穿插应用几种手法。

(一) 叠

叠的要领是熟悉基本造型,叠时要看准折缝线和角度,一次叠成、避免反复,否则餐巾上会留下褶痕,影响造型的总体美观。

(二) 推与折

这是褶裥(打折)时应用的一种手法。就是将餐巾叠面折成褶裥的形状,使花型层次丰富、紧凑、美观。折裥时,用双手的拇指、食指分别捏住餐巾两头的第一个褶裥,两个大拇指相对成一线,指面向外;两手中指按住餐巾,并控制好下一个褶裥的距离;拇指、食指的指面握紧餐巾向前推折至中指;用食指将推折的裥挡住,中指腾出去控制下一个褶裥的距离。三个手指只有如此互相协调配合,才能使褶裥均匀整齐、距离相等。

褶裥又可分直裥(平行裥)和斜裥两种,其褶裥方法因此也有直推(平行推)和斜推两种。直裥两头大小一样、平行,用直推法即可;斜裥一头大一头小,形似扇状,褶裥时用斜面推折。斜面推折指用一手固定所折餐巾的中点不动,另一手按直推法围绕中心点沿圆弧形推折,其基本指法与直推相同。

推折的要领:工作的台面要干净光滑,否则推折时发涩,影响效果,还会将餐巾擦毛。折时拇指、食指紧紧握裥向前推,用中指控制间距,不能向后拉折,否则褶裥距离大小不匀。要求对称的褶裥,一般应从中间分别向两边推折。

(三) 卷

即将餐巾卷成圆筒形并折制出各种花型的一种手法。卷分为平行卷(直卷)和斜角卷(螺旋卷)两种。平行卷是将餐巾两头一起卷拢,操作时要卷得平直,两头大小一样,如树桩、海鸥等花型即用此卷法。斜角卷就是将餐巾一头固定,只卷一头,或是一头多卷、一头少卷,形成的卷筒一头大一头小,如鸟尾、姜芽等花型均用此卷法。

卷的要领:平行卷要求两手用力均匀,同时平行卷动,餐巾两头形状一样。斜角卷要求两手能按所卷角度的大小,互相配合卷。不管用哪种卷法,都要求卷得紧,卷得挺括,否则就显得松软无力,容易弯曲变形而影响造型。

（四）穿

即用工具从餐巾的夹层折缝中边穿边收，形成皱褶，使造型更加逼真美观的一种手法。在穿之前，餐巾一般是打好褶裥的，这样容易穿紧，使形成的皱褶饱满而富有弹性。穿的工具一般是筷子，可根据花型需要确定所用筷子的根数。穿时，左手握住折好的餐巾，右手拿住筷子，将筷子的一头穿进夹层折缝中，另一头顶在自己的身上，然后用右手的拇指和食指将筷子上的餐巾一点一点往里拉，直至把筷子穿过去。穿好以后，要先将折花插进杯子，再把筷子抽掉，否则皱褶易松散。

另外，有的花型在穿之前不褶裥，而将筷子直接穿入，再将折巾从两头向中间挤压而成皱褶。这种挤皱的方法，常用来折制花的卷叶，穿挤时，只需将餐巾用筷子卷起，两头向中间一挤即成。

穿的要领：穿用的工具要光滑、洁净；拉褶要均匀，如"孔雀开屏"的花型的双层之间的褶裥应先穿下层、再穿上层，两层之间的褶裥才不易被挑出散开。

（五）攥

为了使叠出的餐巾花半成品不易脱落走样，一般用左手攥住餐巾的中部或下部，然后再用右手操作其他部位。攥在手中的部分不能松散。

（六）翻

即在折制过程中，将餐巾折、卷后的部位翻成所需花样。一般是将餐巾的巾角从下端翻折至上端、两侧向中间翻折、前面向后翻折，或是将夹层里面翻到外面等，以构成花、叶、蕊、翅、头颈等形状。

（七）拉

即牵引，是在翻的基础上，为使餐巾造型挺直而使用的一种手法。如折鸟的翅膀、尾巴、头颈、花的茎叶等时，通过拉的手法可使折巾的线条曲直明显、花型挺括而有生气。

翻与拉一般都在手中操作。在翻拉过程中，双手要配合好，松紧适度。在翻拉花卉的叶子及鸟类翅膀时，要注意大小一致、距离相等、用力均匀，不要猛拉，否则会损坏花型。

（八）掰

一般用于花（如月季花）的制作。制作时，将餐巾叠好的层次，用右手按顺序一层层掰出花瓣。掰时不要用力过大，掰出的层次或褶的大小距离要均匀。

（九）捏

主要是在做鸟或其他动物的头的造型时所使用的方法。操作时，先用一只手的拇指和食指将餐巾巾角的上端拉挺做头颈，然后用食指将巾角尖端向里压下，再用中指与拇指将压下的巾角捏紧，并捏成一个尖嘴，作为鸟头，其大小根据鸟体、鸟翅的大小而定。

拓展知识

餐巾折花示例

1. 非洲香蕉

①将餐巾沿对角线折叠成等边三角形。将三角形的两底角向顶角折叠，折成正方形。

②将下面的角向上翻折至离顶角有一小段距离。

③将刚折上来的角往下翻折至底边中心。用左手将翻折下的顶角固定在底边中心，然后准备翻面。一手按住三角形，另一手将一边底角向中间折入约底边长的三分之一。同样处理另一边的角。两个折起的角是可以插到一起的。

④右手四指插入底部将之撑成圆筒形，然后把两边露出的小角往下翻，整理成型。

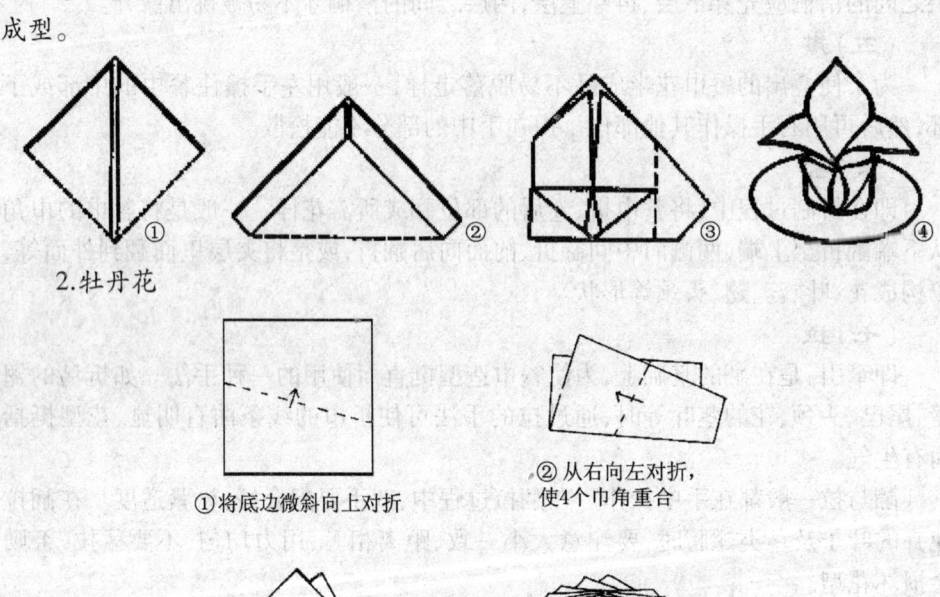

2. 牡丹花

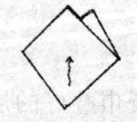

①将底边微斜向上对折

②从右向左对折，使4个巾角重合

③从底角向上均匀捏褶

④将两边向下对折

⑤先将顶端一层层地依次翻开，再打开底座

⑥放入盘中，整理成型

3. 卧鸽

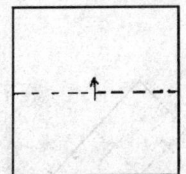

① 将底边向上对折,与顶边对齐

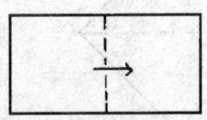

② 从左向右对折

③ 将右顶角处的4个巾角依次向后错折,间距1厘米左右

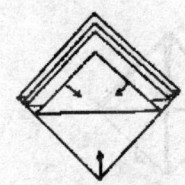

④ 先将外层巾角两边向中间折,做成鸟头,再将底角折上,压中颈部

⑤ 将两边巾角向后折,一巾角插入另一巾角的夹层中

⑥ 将3个巾角一起向后折

⑦ 放入盘中,折下鸟头,整理成型

4. 含苞欲放

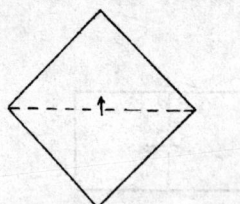

①将底角向上对折,与顶角对齐

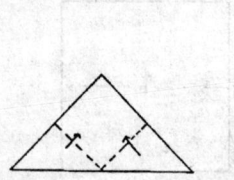

②将底边两角向顶角对折

③从中间处向后折

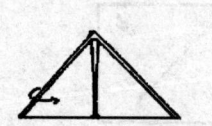

④将左边向中间折拢

⑤右边也向中间折,并将巾角插入左边夹层中

⑥翻开后面两巾角做叶

⑦放入盘中,整理成型

5. 金鱼

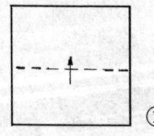

①

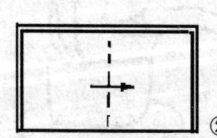

②

捏成7褶 ③

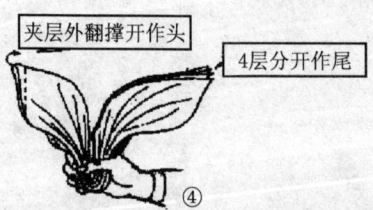

夹层外翻撑开作头　　4层分开作尾

④

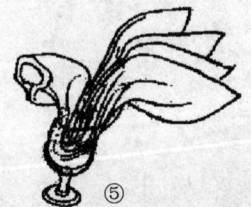

⑤

6.翼尾鸟

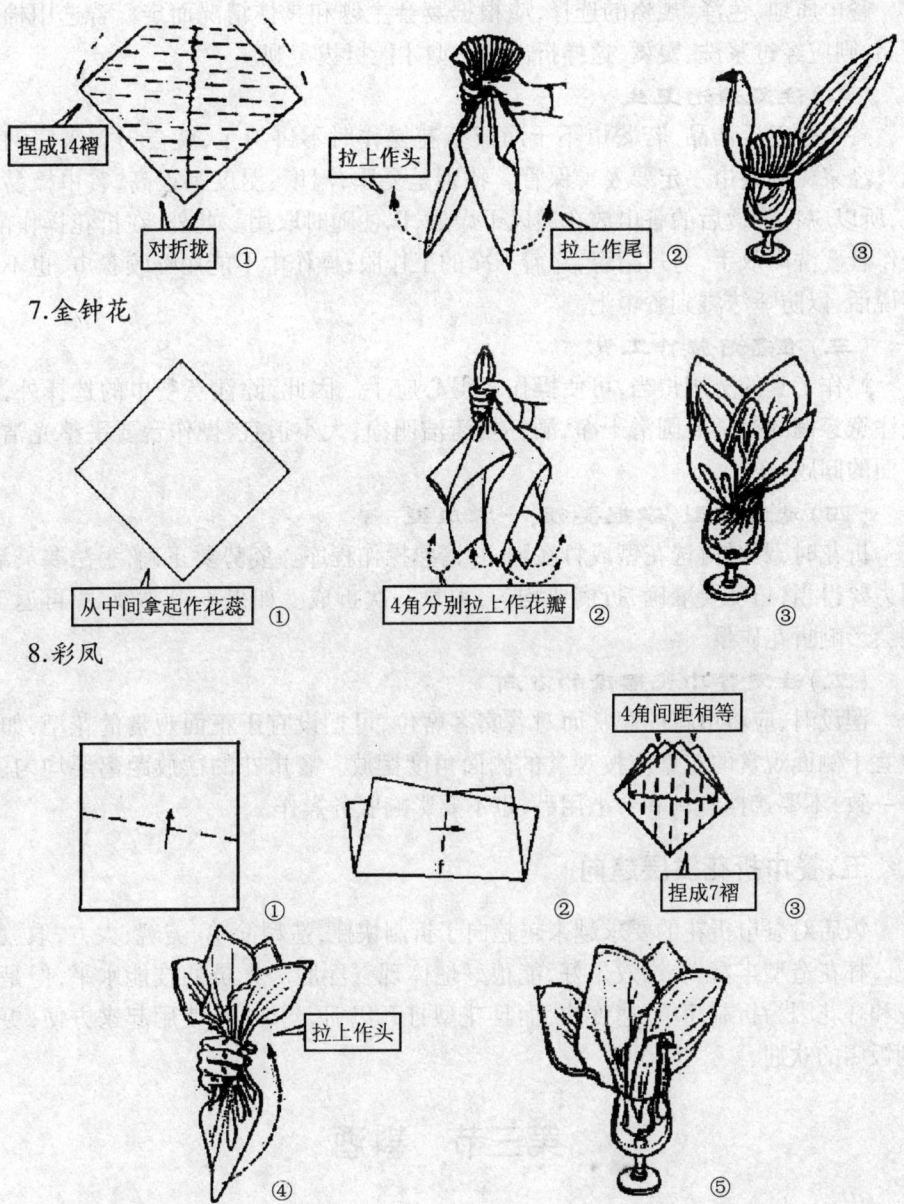

7.金钟花

8.彩凤

四、餐巾折花的注意事项

餐巾折花主要要注意餐巾的选择、清洁卫生和正确折制这三点。这三个环节相互关联,一环出错,就收不到好效果。具体来说,要从以下五方面加以注意。

(一)餐巾的选择

餐巾质地、色泽、规格的选择,应根据宴会主题和具体情况而定。若选用棉布制品,则应经过浆洗、熨烫,这样折出的花型才能挺拔美观。

(二)注意清洁卫生

餐巾是卫生洁品,若餐巾不干净或折花操作时不讲卫生,就会损害来宾的健康。经浆烫的餐巾一定要妥善保管。特别是夏季,温度、湿度都很高,餐巾极易霉变,所以应将浆烫后的餐巾放在通风干燥处,以便随时取用。此外,在折花操作前,操作者要洗净双手,剪短指甲,穿着干净的工作服;操作中不能用嘴咬餐巾,也不要多说话,以防唾沫溅到餐巾上。

(三)准备好操作工具

操作工具的选用得当,可使操作者得心应手。因此,除注意餐巾的选择外,还应注意穿裥的筷子要圆滑干净,酒杯要清洁明净、大小适宜,操作台要平整光洁等方面的问题。

(四)选好花型,掌握要领,一次成型

折花时,要对所选花型成竹在胸,并谙熟操作程序。姿势要正确,手法要灵活,用力要得当,角度要准确,折裥要均匀,力争一次折成。如果不得要领,一再返工,则会影响折花质量。

(五)注意餐巾花摆设的方向

摆设时,应将巾花的观赏面对着宾客席位,可摆设宜于正面观赏的花型,如摆放宜于侧面观赏的花型应按观赏的侧面角度摆放。餐巾花的摆放距离要均匀、整齐一致,不要遮挡餐具和台上用品,也不要影响服务操作。

五、餐巾折花发展趋向

饭店对餐巾折花的要求越来越趋向于折制快捷,造型简单、美观、大方,取放方便。杯花造型丰富、装饰效果好,能很好地体现餐厅服务人员的技能水平,但是盘花和环花因为折制简单、速度快,而且花型打开以后,褶皱少,使用起来方便,更受到饭店的欢迎。

第三节 斟酒

斟,即往杯盏里倒饮料。斟酒,就是倒酒的意思,不过要比倒酒文雅得多、正式得多。过去的文人,多用斟酒这一说法。餐饮服务人员要了解向宾客提供的各种酒水的价格、酒精度、饮用温度、专用酒杯等。

一、酒水服务操作程序

（一）示瓶

也叫示酒。是为了显示对客人的尊敬，使客人可以辨别酒水的真伪、了解酒水的情况。当客人点了比较名贵的酒水时，应先将酒展示给客人。具体做法是服务员站在点酒客人的左侧，左手托瓶底，右手持瓶颈，酒瓶的商标朝向客人，让客人辨认商标、品种，直到客人点头认可。示瓶是倒酒服务的第一个程序，它标志着服务操作的开始。

（二）温度处理

1. 降温

许多酒水的最佳饮用温度要求低于常温。啤酒最佳饮用温度为 $4℃\sim8℃$，葡萄酒最佳饮用温度为 $8℃\sim12℃$，香槟酒和有汽葡萄酒最佳饮用温度为 $4℃\sim8℃$，因此要求对酒进行降温处理。保证酒水最佳的奉客饮用温度是向宾客提供优质酒水服务的一个重要方面。

降温的方法通常有用冰块冰镇和冰箱冷藏冰镇两种。冰块冰镇的方法是：准备好需要冰镇的酒品和冰桶，将酒瓶插入冰桶架放在餐桌一侧，桶中放入冰块，冰块不宜过大或过碎，将酒瓶插入冰块中，一般十余分钟后，即可达到冰镇效果。冰箱冷藏冰镇的方法则需要提前将酒品放入冷藏柜内，使其缓慢降至饮用温度。除对饮用酒进行降温处理外，对盛酒用的杯具也要进行降温处理，其方法是：服务员手持酒杯的下部，往杯中放入一块冰块，轻轻摇转杯子，以降低杯子的温度。

2. 升温（温酒，也叫温烫）

某些酒品（如黄酒中的加饭酒）在饮用前要升高温度，这样喝起来更有滋味。有些外国酒也需经升温后饮用。温酒的方法有水烫、烧煮、燃烧、将热饮料冲入酒液或将酒液注入热饮料中升温等四种，水烫和燃烧一般是当着客人的面操作的。

（三）开瓶

酒瓶的封口常见的有瓶盖和瓶塞两种，因此，开瓶是指开启瓶盖或瓶塞。

（1）开瓶器有两种类型：一种是专门开启瓶塞的酒钻，另一种是开启瓶盖用的启盖扳手。在为宾客开瓶时，要根据实际情况选择使用。

（2）开瓶时动作要轻，尽量减少瓶体的晃动，一般将瓶放在桌上开启，动作要正确、敏捷、果断。

（3）开启瓶塞以后，用干净的布巾仔细擦拭瓶口，检查瓶中酒是否存在质量问题。检查时可以嗅闻瓶塞插入瓶内的那部分的气味是否正常。

(4)开瓶后的封皮、木塞、盖子等杂物,不要直接放在桌子上,可以放在小碟子里。

(5)香槟酒的瓶塞大部分压进了瓶口,上有一截儿帽形物露出瓶外,并用铁丝绕扎固定。开瓶时,在瓶上盖一块餐巾,双手在餐巾下操作。具体方法是:左手斜拿酒瓶,大拇指紧压塞顶,用右手扭断铁丝,然后握住塞子的帽形物,轻轻转动往上拔,靠瓶内的压力和手拔的力量把瓶塞拔出来。操作时,应尽量避免瓶塞拔出时发出声音,并避免晃动,以防酒溢出。

(四)斟酒

(1)中餐斟酒的顺序:中餐宴会和零点服务一般是从主宾位置开始,按照顺时针方向依次进行斟酒服务,有时也从年长者或女士开始斟倒;大型宴会一般提前5分钟左右将宾客的酒斟上;若是两名服务员同时操作,则一位从主宾开始,另一位从副主宾开始,并按顺时针方向进行。

(2)西餐斟酒顺序:西餐用酒较多,比较高级的西餐宴会一般要用7种酒左右,菜肴和酒水的搭配必须遵循一定的传统习惯,应先斟酒后上菜。其斟酒顺序为:女主宾、女宾、女主人、男主宾、男宾、男主人。

二、斟酒的姿势

斟酒一般分为徒手斟酒和托盘斟酒。

1. 徒手斟酒

服务员斟酒时,左手持服务巾,背于身后,右手持酒瓶的下半部,商标朝外,正对宾客,右脚跨前踏在两椅之间。斟酒在宾客右边进行。

2. 托盘斟酒

左手托盘,右手持酒瓶斟酒,注意托盘不可越过宾客的头顶,而应向后自然拉开,注意掌握好托盘的重心。服务员站在宾客的右后侧,身体微向前倾,右脚伸入两椅之间,但身体不要紧贴宾客。

无论采取哪种方式斟酒都要做到动作优雅、细腻,处处体现出对宾客的尊重并注意服务的卫生。目前徒手斟酒在饭店餐饮服务中使用较为普遍。

三、斟酒的量的控制

控制斟酒量的目的是为了最大限度地发挥酒体风格和体现对宾客的敬意。目前,一般斟酒量控制为:

(1)白酒斟八成。

(2)红葡萄酒斟五成,白葡萄酒斟七成,因为这个成数恰好达到酒液在杯中的最大横切面,使酒液与空气充分接触,从而令宾客充分体会葡萄酒果香馥郁的魅力。目前高星级酒店多使用水晶杯,体量较大,因此具体操作的时候也要灵活处理,比如很多酒店红酒斟倒 1/3 杯。

(3)斟香槟酒时,应将酒瓶用服务巾包好,先向杯中斟倒 1/3 的酒液;待泡沫退去后,再往杯中续斟至杯的 2/3 处为宜。

(4)啤酒等含泡沫气体的酒,斟倒时分两次进行,以泡沫不溢为准。较为标准的啤酒杯上都印有酒液和泡沫的分界刻度,以便服务员能更好地掌握斟倒啤酒的成数。

四、红葡萄酒服务方法

(一)准备工作
(1)客人点完酒后,立即取酒。
(2)准备红酒篮,将一块干净的口布折成条形放在红酒篮中。
(3)将取回的葡萄酒放在酒篮中,商标朝上。

(二)示酒
(1)服务员右手拿起装有红酒的酒篮,走到主人座位的右侧,另拿一个小碟,放在红酒杯右侧。
(2)右手拿酒篮上端,左手轻托住酒篮底部,呈 45 度角倾斜,商标向上,请主人看清商标,并说"Excuse me, sir, May I serve your wine now ?"(对不起先生,现在把您的酒打开可以吗?)

(三)开启
(1)将红酒立于酒篮中,左手扶住酒瓶,右手用酒刀割开铅封,用干净口布将瓶口擦净。
(2)将酒钻垂直钻入木塞,不要旋转酒瓶。
(3)轻轻拔出瓶塞,不要发出声响。
(4)将木塞放入小碟中,小碟放在红酒杯右侧,请主人闻塞。
(5)将打开的红酒放入酒篮,商标向上,同时右手拿起酒篮,从主人右侧,倒入主人杯中 1/5 即可,请主人评品酒质。

(四)斟倒
(1)主人认可后,按先宾后主、女士优先的原则,依次为客人倒酒,站在客人右侧,倒入杯中 1/3 即可。
(2)每倒完一杯酒,要将酒瓶轻轻旋转一下,避免瓶口的酒滴落在台面上。
(3)每倒完一杯都要用干净的口布擦拭一下瓶口。
(4)倒完后,将酒篮放在主人餐具的右侧,瓶口不要对着主人和客人。

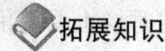拓展知识

醒酒

醒酒可以让葡萄酒和空气接触,使葡萄酒充分地呼吸,使葡萄酒中的单宁氧化,这样可以避免人在饮用葡萄酒时感觉单宁太强。葡萄酒的氧化降低了涩味,从而使酒的口感更加醇厚、柔和。醒酒时间的长短需要根据葡萄酒的种类和具体饮酒者的口味喜好而定。醒酒的时间从几十分钟到几个小时甚至几十个小时不等。

首先是醒酒器的选择,醒酒器颈的长短与醒酒器直径的大小直接影响着葡萄酒与空气的接触面积,从而控制着葡萄酒的氧化程度,决定了葡萄酒的气味的丰富程度。因此在醒酒之前,要根据葡萄酒的类型选择好醒酒器的形状和型号。通常来说,对于年轻的葡萄酒宜选用比较扁平的醒酒器,这种扁平的醒酒器有一个宽大的肚子,可以促进氧化作用。而对于年老的脆弱的葡萄酒来说,直径比较小的醒酒器比较适合,而且还应该选择带有塞子的醒酒器,这样的醒酒器可以防止过分的氧化作用,使酒的香气与味道变差。更重要的是在使用醒酒器之前要认真地清洗醒酒器,醒酒器应该是干燥的、没有异味的、干净的。

其次对于年轻的葡萄酒,醒酒可以使其变得圆润与柔和,口感舒服愉悦。对于年轻葡萄酒的醒酒是简单而容易操作的。通常的方法是:开酒后,将葡萄酒直接倒入醒酒器,倒入的速度对酒的影响不大,快速地倒入也不会对酒有什么害处。但是如果醒酒的时间把握不好,过长的醒酒时间很有可能使葡萄酒失去它的新鲜清爽的味道,失去活力。因此一般年轻的葡萄酒的醒酒时间应该控制在一个小时左右,醒酒时不要用带塞子的醒酒器,醒酒器口敞开即可。

最后,对于有一定年龄的葡萄酒,醒酒的过程要格外慎重小心,需要足够的耐心与柔和的手法。因为整个醒酒过程会加速氧化作用,稍有不慎就有可能使葡萄酒失去其珍贵的香气而破坏一款价格不菲的好酒。正确的做法是:倾斜醒酒器,使葡萄酒沿着醒酒器壁缓缓倒入,当葡萄酒倒入醒酒器后要立刻盖上酒塞。

五、白葡萄酒服务方法

(一)准备工作

(1)冰桶中放 1/3 冰块、1/2 水,再叠一块 8 厘米宽的条状口布。
(2)将白葡萄酒放入冰桶中,商标朝上。

(二)示酒

(1)将准备好的冰桶架、冰桶、酒、口布条、碟拿到主人餐具右侧。
(2)左手持口布,右手持葡萄酒,将酒瓶底部放在条状口布中间部位,再将条

状口布两端拉起,至酒瓶商标以上部位,并使商标全部露出。

(3)右手持用口布包好的酒,用左手四个指尖轻轻托住酒瓶底部,送至主人面前,请主人看酒的商标,并询问主人:"Excuse me,Sir,May I open your wine now?"(对不起,先生,现在把您的酒打开可以吗?)

(三)开启

(1)得到主人允许后,将酒放回冰桶中,左手扶住酒瓶,右手用开酒刀割开铅封,并用一块干净的口布,将瓶口擦干净。

(2)将酒钻垂直转入瓶塞,注意不要转动酒瓶,待酒钻完全钻入木塞后,轻轻拔出木塞,木塞出瓶时不应有声音。

(3)将木塞放入小碟中,小碟放在白葡萄酒杯的右侧,请主人闻塞。

(4)服务员右手持用条状口布包好的酒,商标朝向客人,从主人右侧倒入杯中1/5 的白葡萄酒,请主人品尝酒质。

(四)斟酒

(1)主人认可后,按先宾后主、女士优先的原则依次为客人倒酒,倒酒时站在客人右侧,倒入杯中 2/3(或 1/2,视酒杯情况不同灵活处理)即可。

(2)每倒完一杯酒,要将酒瓶按顺时针方向轻轻旋转一下,避免瓶口的酒滴落在台面上。

(3)倒完酒后,把白葡萄酒放回冰桶,且商标朝上。

六、香槟服务方法

(一)准备工作

(1)冰桶一个,里面放上 2/3 的冰块。

(2)准备一条折成 7cm~8cm 长的白色服务巾,搭于冰桶上。

(3)骨碟一个。

(二)示酒

服务员站在点酒客人右侧,上身向前微倾 15 度,左手托住酒瓶底部,右手扶住酒瓶上部,酒标朝向客人,请客人确认。

(三)开启

(1)放在落台上开启。

(2)用刀子沿瓶口凸出部分的边沿将瓶口的锡纸割掉。

(3)解开捆绑瓶口的铁丝,同时用手按住瓶塞,以防酒瓶内的气体将瓶塞弹出伤人。

(4)轻轻转动瓶塞,使其在瓶内压力的作用下自动弹出。

(5)用纸巾将瓶口擦一圈,以免有碎屑掉于酒中。

(6)将取出的瓶塞放入骨碟中。
(7)请客人鉴别骨碟中的瓶塞。
(8)先为主人斟 1/5 杯,请主人品尝酒质。

(四)斟酒

(1)斟酒时需先用折好的口布将瓶颈包起,避免酒液或瓶身上的冷凝水滴到餐桌上或客人身上。
(2)斟酒时瓶身距离杯口 2cm,应避免酒液溅出,斟完酒时需将瓶身旋转 45 度角,使瓶口的酒液均匀地分布在瓶口处,避免滴落在桌上或客人身上。
(3)斟倒量为 2/3 杯。

七、斟酒注意事项

(1)斟酒时,瓶口不可搭在酒杯口上,以相距 2cm 为宜,以防止将杯口碰破或将酒杯碰倒。但也不要将瓶拿得过高,以免酒水溅出杯外。
(2)服务员要将酒缓缓倒入杯中,当斟至酒量适度时停一下,并旋转瓶身、抬起瓶口,使最后一滴酒随着瓶身的转动均匀地分布在瓶口边沿上,这样,便可避免酒水滴洒在台布或宾客身上。也可以在每斟一杯后,即用左手所持的餐巾把残留在瓶口的酒液擦掉。
(3)斟酒时,要随时注意瓶内酒量的变化情况,以适当的倾斜度控制酒液流出的速度。酒瓶内酒量越少,则流速越快,酒流速过快容易冲出杯外。
(4)斟啤酒时,因为泡沫较多,容易沿着杯壁溢出杯外,所以斟啤酒速度要慢些,也可分两次斟或使啤酒沿着杯内壁流入杯内。
(5)由于操作不慎而将酒杯碰翻时,应向宾客表示歉意,并立即将酒杯扶起,检查有无破损。如有破损,要立即更换新的;如无破损,要迅速用一块干净餐巾铺在酒迹上,然后将酒杯放回原处,重新斟酒。如果是宾客不慎将酒杯碰倒、碰破,服务员也要这样做。
(6)要随时观察每位宾客酒水的饮用情况。当宾客杯中酒水少于 1/3 时,就应该征询客人意见,及时斟酒。
(7)凡需使用冰桶的酒从冰桶中取出后,应以一块服务巾包住瓶身,以免瓶外水滴弄脏了台布或宾客衣物;使用酒篮的红葡萄酒的瓶颈下应垫一块布巾或餐巾纸。
(8)在宴会上,主宾通常都要讲话(致祝酒词、答谢词等),讲话结束时,双方都要举杯祝酒。因此,在讲话前,服务员要将酒水斟齐,以免祝酒时杯中无酒。
(9)讲话结束时,负责主桌的服务员要将讲话者的酒水送上供祝酒之用。有时,讲话者要走下台向各桌宾客敬酒,这时要有服务员托着酒瓶跟在讲话者身后,随时准备为其添酒。

（10）主宾讲话时，服务员要停止一切操作，站在适当的位置（一般站在工作台两侧）。因此，每位服务员都应事先了解宾主的讲话时间，以便在讲话开始时能将服务操作停下来。

第四节　摆台

摆台，就是为宾客就餐摆放餐桌，确定席位，提供必要的就餐用具，包括布置餐桌、铺台布、安排席位、准备用具、摆放餐具、美化席面等。

铺设后的餐台要求做到台形设计考究、合理，席位安置有序、符合传统习惯。小件餐具等的摆设配套、齐全、整齐一致，既方便用餐，又利于席间服务，还要具有艺术性。另外，所有物料用品需清洁卫生，令人有赏心悦目之感。

一、中餐宴会摆台

（一）摆台前的准备工作

（1）洗净双手。

（2）领取各类餐具、台布、桌裙等。

（3）用干净的布巾擦亮餐具和各种玻璃器皿，要求无任何破损、污迹、水迹、手印、口红等。

（4）检查台布、桌裙是否干净，是否有破洞、油迹、霉迹等。不符合要求应进行掉换。

（5）洗净所有调味品壶（瓶）等，并重新装好。

（6）折口布花。

（二）检查工作

（1）桌椅是否干净、牢固。

（2）餐具、杯具、布草是否齐备。

（3）服务用具、用品是否齐备。

（三）铺台布

服务员站在主人位或站在与主人位呈90度角的位置上，将折叠好的台布放在餐桌中央，采用推单或甩单的方法完成。铺台布时，要做到动作熟练、干净利落、一次到位。铺好的台布要求做到台布图案花饰端正，中间凸缝穿过正副主人的位置，十字折线居中，四角与桌腿成直线平行，台布四边均匀下垂。多桌餐会时，所有台布规格、颜色均需一致。

（四）放转盘

玻璃转台摆在桌面中央的圆形轨迹上，检查转盘是否旋转灵活。

(五)围桌裙和摆椅

一些地方的酒店仍在使用桌裙。围桌裙时,桌裙的边缘与桌面平齐,沿顺时针方向将桌裙用大头针或尼龙搭扣固定。现在更多的酒店使用落地式圆台布,既美观大方,又使用方便。

根据出席宴会的人数配齐餐椅,以 10 人为一桌。一般餐椅放置为"三、三、二、二"式,即正副主人所在的两侧各放三张餐椅,另两侧各放两张餐椅,椅背在一直线上。

(六)摆餐具

(1)骨碟定位:将骨碟摆放在垫有布巾的托盘内,从主人座位处开始按顺时针方向依次用右手摆放骨碟,要求骨碟边距离桌边 1.5cm,骨碟与骨碟之间距离均匀相等,碟中店徽等图案对正。

(2)摆放调味碟、口汤碗和小汤勺:在骨碟纵向延长线 1cm 处摆放调味碟;在调味碟横向直径延长线左侧 1cm 处放上口汤碗、小汤勺,小汤勺勺柄向左,汤碗与调味碟横向直径在一直线上。

(3)摆筷架、银勺和筷子:在口汤碗与调味碟横向直径右侧延长线处放筷架、银勺、袋装牙签和筷子,勺柄平行于骨碟中心和桌子中心的连线,并与骨碟相距 3cm,筷套底端离桌边 1.5cm,并与勺柄平行,袋装牙签与银勺末端平齐。注意轻拿轻放。

(4)摆放玻璃器皿:在调味碟纵向直径线 2cm 处摆放葡萄酒杯,葡萄酒杯右下侧摆放烈性酒杯,在葡萄酒杯左上侧摆放水杯,三杯呈一直线,与水平线呈 30 度角,杯肚之间的距离为 1.5cm。

(5)放餐巾花:将折好的餐巾花放在适当位置。

(6)其他:根据需要摆设公用筷子和汤勺以及宴会菜单、台号。在通常情况下,10 人餐台放两张菜单,菜单放在正副主人骨碟的左侧,菜单的下端距离桌边 1.5cm,与骨碟纵向直径平行。在高档宴会上,菜单也可每人一张。台号牌放在花瓶左边或右边,并朝向大门进口处。

(7)摆台结束:转台正中摆放花瓶或插花,以示摆台的结束。

(七)摆台后的检查工作

(1)检查台面摆设有无遗漏。

(2)检查台面摆放是否规范、合乎要求;餐具是否清洁光亮,无污迹、水迹、缺口;台布、口布是否无霉迹、油迹、破洞。

(3)检查座椅是否配齐、完好。

二、西餐宴会摆台

（一）餐具准备

西餐餐具品种较多，不同菜式应选用不同餐具。要按上菜的道数和人数准备相应数量的餐具。西餐摆台一般按使用顺序从中间向两侧摆放。所有的餐刀摆在底盘的右边，刀口朝向底盘，所有的叉摆在底盘左边，叉子正面朝上。因为吃西餐十分讲究，不同的菜配不同的餐具，不同的菜配不同的酒水，不同的酒水配相应的酒杯。除刀、叉、勺外，还要准备公共餐具、盐瓶、胡椒瓶、牙签桶、烛台、花瓶、火柴、烟缸等。西餐宴会的餐具准备不可疏忽。要按宾客对酒水的要求，严格挑选酒杯，酒杯不得有丝毫破损，要擦拭得不见一丝污痕；餐刀、叉勺、瓷器要严格消毒，擦拭清洁光亮。

（二）铺台布

西餐宴会一般是使用方桌拼成各种形状，铺台布工作一般由2个或4个服务员共同完成。铺台布时，服务员分别站在餐桌两旁，将第一块台布定好位。拼接时，台布应从宴会厅的里侧向入口方向铺设，做到台布正面朝上，中心线对正，台布压贴方式和距离一致，台布两侧下垂部分均匀、美观、整齐。按规定铺好台布后，摆上烛台，并将椅子定位，椅子边沿正好接到台布下沿。

（三）摆餐盘（垫盘、装饰盘）

用左手垫上餐巾，包住盘底，从主人位置开始，按顺时针方向用右手在每个席位正中摆放餐盘。注意盘的图案、店徽要摆端正，盘边距桌边约1cm，盘与盘之间的距离要相等。

（四）摆刀叉、银餐具

要将此次宴会使用的全部刀叉都摆在餐台上，以使宾客明了此次宴会的菜式和道数。从餐盘的右侧从左向右依次摆放主菜刀、鱼刀、汤匙、开胃品餐刀。摆放时，刀口朝左，匙面向上，刀把、匙把距桌边1cm。然后再从餐盘的左侧从右向左依次摆放主菜叉、鱼叉、开胃品叉，叉面向上，叉把与刀平行。鱼刀、鱼叉要向前突出4cm。在餐盘的正前方摆水果刀、叉，刀把向右，刀刃向餐盘；水果叉（或甜品叉）叉齿向右，叉把向左，与水果刀平行摆放；点心勺与水果叉平行横放在餐盘正上方，匙把向右。

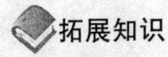

拓展知识

西餐餐具发展史

餐叉因为适应欧洲人饮食习惯而出现，刀叉的出现比筷子要晚很多。事实上西方人用餐叉的历史并不太长。西方学者认为，西餐普遍用餐叉，是从16世纪开始的，有的学者认为还要更早一点，但至多能追溯到公元10世纪，即从拜占庭帝国时期开始的。据学者研究，刀叉的最初起源和欧洲古代游牧民族的生活习惯有关，他们在马上生活，随身带刀，往往将肉烧熟，割下来就吃。后来走向定居生活后，欧洲以畜牧业为主。面包之类是副食，吃法是直接用手拿。主食是牛羊肉，用刀切割肉，送进口里。

到了城市定居以后，刀叉进入家庭厨房，才不必随身带。由此不难看出，今天作为西方主要餐具的刀和叉的身份很是不同，它功能多样，既可用来宰杀、解剖、切割牛羊的肉，到了烧熟可食时，又兼作餐具。

大约15世纪，为了改进进餐的姿势，欧洲人才使用了双尖的叉。因为用刀把食物送进口里不雅观，所以改用叉叉住肉块，送进口里显得优雅些。叉才是严格意义上的餐具，但叉的弱点是离不开用刀切割在前，因此二者缺一不可。直到17世纪末，英国上流社会才开始使用三尖的叉，到18世纪才有了四个叉尖的叉子。因而西方人刀叉并用不过四五百年的历史。

餐叉刚刚传入英国时，曾遭到传教士们的反对。他们认为肉和其他食物都是上帝为造福人类而恩赐的，避免用手指接触食物，是对上帝的傲慢无礼和侮辱。伊丽莎白女王一世也是用手指进餐的，但这有一套极严格的规矩。据斯塔肯记载，食物"应该用三个指头拿起"，"舔吮或是在衣服上擦油腻的手指是不雅的举止"。

其实现代的西方西餐吃法还是手指和刀叉并用，刀叉主要在一些比较正式的场合才使用。也许因为西方快餐文化的崛起，反而使餐具的使用受到了限制。如在麦当劳和肯德基以及其他美国本土的快餐店，都是很难见到餐具的。

（五）摆面包盘、黄油刀和黄油碟

靠近开胃品叉的左侧摆面包盘，面包盘中心与底盘中心取齐，盘边距餐叉1cm；在面包盘靠右侧边沿处摆放黄油刀，刀刃朝向面包盘盘心；黄油碟摆在黄油刀刀尖正上方，相距3cm左右。

（六）摆酒具

酒水杯摆放形状多为上下三角形。冰水杯摆在餐刀顶端（只用一种杯时，位置也在此），其他两种酒杯可根据台形和距离，从左到右依次摆放。三套杯从左到右分别是水杯、红葡萄酒杯、白葡萄酒杯，三杯呈斜直线，与水平线呈45度角。各酒杯杯身之间相距约1cm，以能伸入手指取杯为准。

（七）摆餐巾花

将折好的盘花摆在餐盘正中，注意把不同式样、不同高度的餐巾花搭配摆放。

（八）摆放用具

盐瓶、胡椒瓶、牙签盅按四人一套的标准摆放在餐台中线位置上；烟缸从主人右侧摆起,每两人之间一个,烟缸的上端与酒具平行。只摆一个花坛或花瓶时,置于台心位置;摆数个时,等距摆在长台中线上。鲜花高度应不高过宾客眼睛的位置,以免妨碍宾客视线。菜单最好每人一份,不得少于每桌两份,并且应设立席位卡等。

摆台时,按照一底盘、二餐具、三酒水杯、四调料用具、五艺术摆设的程序进行,要边摆边检查餐具、酒具,发现不清洁或有破损的要马上更换。摆放在台上的各种餐具要横竖交叉成线,有图案的餐具要使图案方向一致,全台看上去要整齐、大方、舒适。

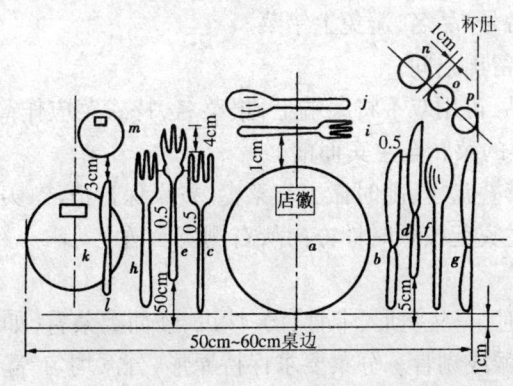

a.装饰盘 b.主菜刀 c.主菜叉 d.鱼刀 e.鱼叉 f.汤匙 g.开胃品餐刀
h.开胃品叉 i.水果叉 j.点心勺 k.面包盘 l.黄油刀 m.黄油碟 n.冰水杯
o.红酒杯 p.白葡萄酒杯

图2-1 西餐宴会摆台平面示意图

第五节 菜肴服务

菜肴服务包括上菜和分菜,是餐厅前台服务技巧中最难的项目,不仅技巧性强,而且艺术性特别强。上菜要求及时、准确、礼貌,分菜要求轻、快、准,同时动作熟练、准确、优雅,使客人感到一种精神享受。

一、上菜服务

(一)零点餐厅上菜

1.上菜位置

零点餐厅服务较灵活,服务员应注意观察,以不打扰宾客为宜,严禁从主人和主宾之间上菜。

2. 上菜时机

冷菜应尽快送上。冷菜吃到 1/2 时上热菜,热菜一道一道上,注意节奏。热菜一般在 30 分钟内上完,但以宾客的需求为准,可灵活掌握。

3. 上菜顺序

原则上根据地方习惯安排上菜顺序,如有些地方上菜顺序是先冷菜后热菜,热菜先上海鲜、名贵菜肴,再加上肉类、禽类、蔬菜、汤、点心、面饭、甜菜,最后水果;有些地方则是先上冷菜,再喝汤,后面才是主菜和其他热菜等。

4. 上菜要领

(1)注意核对台号、品名,避免上错菜。

(2)整理台面,留出空间。

(3)先上调味品,再用双手将菜端上;报菜名,特式菜应作简单介绍;大圆桌上菜时,用转盘将刚上的菜转至主宾面前。

(4)餐桌上严禁叠盘子,随时撤去空菜盘,餐桌保持清洁、美观。

(5)菜肴应从主宾起按顺时针方向从右侧绕台送上。

5. 分菜

零点餐厅上菜时,一些整形、带骨、汤、炒饭、炒面类菜肴(如整鸡、整鱼、大盆汤等),应帮助宾客分派或剔骨。分菜要求保持原形、分派均匀等。

(二)宴会上菜

(1)上菜位置:一般选择在陪同和翻译人员之间进行,也有在副主人右边进行,这样有利于翻译和副主人向来宾介绍菜肴口味、名称,严禁从主人与主宾之间上菜。

(2)上菜时机:在开宴前将冷菜在餐桌上摆好,来宾入席后通知厨房准备做菜,当冷菜吃去 1/3 时,通知厨房做第一道热菜。当凉菜吃去 2/3 时,上第一道热菜。服务员注意观察宾客进餐情况,并控制上菜、出菜的快慢和节奏。一般来讲,先冷后热、先精后粗、先咸后甜、先咸后酸、先淡后浓、先菜后点心,小吃合理穿插,严格配对。

(3)上菜顺序:宴会上菜应严格按照宴席菜单顺序进行。

(4)派菜服务:主动均匀地进行派菜服务。

(5)交叉服务:有条不紊地进行交叉服务。

(三)特殊菜肴的服务方式

1. 外加作料的菜

(1)烤鸭:上烤鸭前需先上作料(大葱、甜面酱、面饼、青瓜等),然后上烤鸭皮和鸭肉各一盘,以便宾客将鸭片和葱酱夹在面饼里一起食用。

(2)油炸的菜:油炸的菜(如香炸鱼排、炸虾球等)需配番茄酱和花椒盐;上油炸菜时要迅速,时间长则菜易变软。

(3)清蒸大闸蟹:上大闸蟹时必须上姜醋并略加白糖,以利祛寒去腥,同时上蟹钳;吃完后要为每位宾客上一杯糖姜茶暖胃;另外,备洗手盅和小毛巾,供宾客餐后洗手。

(4)清蒸鱼:上水产类菜肴需上姜醋;上菜速度要快,否则菜冷却后有腥味;服务时要先剔去鱼的主骨,再进行分菜。

(5)有包装的菜:灯笼虾仁、荷叶粉蒸鸡、纸包猪排、叫化鸡(富贵鸡)等菜是经包装后再烹饪的。服务时,先上台让宾客观赏再拿到操作台上或直接在台面上当着宾客的面去掉包装,以方便宾客食用。

(6)铁板类菜肴:铁板类菜肴很多,如铁板大虾、铁板牛柳、铁板鸡丁等。铁板类菜肴既可以发出响声烘托气氛,又可以保温,但服务时要注意安全。铁板烧的温度要适宜,响油尽量在服务边桌上进行,并告知宾客铁板很烫。

2.温度高、易烫口的菜

拔丝苹果、小笼汤包、糖油春卷等都是温度很高、易烫口的菜。此类菜肴上桌时,温度很高,外表不易看出,应该提醒客人防止口腔烫伤。拔丝苹果上桌的服务要领是:拔丝苹果吃时能拉长丝,上菜要迅速,并紧跟上凉开水。分菜时用公筷将苹果夹起,迅速放入凉开水中浸一下,然后送至宾客盘中,动作要求快速、连贯,做到即拔、即上、即浸,并注意拔丝的效果。

3.火锅服务

火锅服务按食用习惯分,可以分为生片火锅、涮羊肉火锅和什锦火锅等;按加热方法分为木炭火锅、酒精火锅、电火锅和卡式炉火锅等。不管何种火锅,服务时均要注意安全。下面是涮羊肉火锅的服务要领:涮羊肉所用的调料和辅料种类较多,有芝麻酱、干辣椒油、豆腐、酱油、料酒、韭菜花、细葱花、虾油、香菜末,还有糖蒜、粉丝、白菜叶、冻豆腐等。服务时,先将羊肉片、白菜、粉丝、冻豆腐上桌,然后将火锅放在餐桌的中央,配上各种调料,并按照宾客的口味调配好涮羊肉汁;等锅里的汤开了以后,先将羊肉片放入,等羊肉片变色即可捞出并一一放入宾客的汁碗中;羊肉用完后,将白菜、粉丝、冻豆腐倒入锅内,煮透后连汤带菜一齐盛放在宾客的碗中。

二、分(派)菜服务

(一)派菜服务用具及使用方法

派菜服务用具常用服务叉、服务勺、服务刀和服务筷等。服务刀用于切割,鸟类去骨和鱼类去刺等;服务勺、服务叉用于夹送食品,操作方法是:用右手的中指、无名指和小手指拿住服务勺,勺柄与掌底相齐,勺子正面朝上,再用右手的大拇指夹住服务叉叉柄与服务勺柄相齐，服务叉正面可朝上或朝下，根据所分食品的形状而定。

（二）派菜方式

1. 席上派菜法

（1）核对菜品，双手将菜肴端至转盘上，示菜并报菜名，然后将菜取下，左手用口布托住菜盘，右手拿分菜用叉和勺。

（2）从主宾左侧开始，按顺时针方向绕台进行，动作姿势为左脚在前，右脚在后，上身微前倾，呼吸均匀。分菜时做到一勺准，数量均匀，可以一次性将菜全部分完，但有些地区要求分完后盘中略有剩余，以示菜肴丰富或满足食量大的客人。

2. 转台分菜法

（1）提前将与宾客人数相等的餐碟有秩序地摆放在转台上，并将分菜用具放在相应的位置；核对菜名，双手将菜端上，示菜并报菜名。

（2）立即用长柄勺、筷子或叉、勺分菜。全部分完后，将分菜用具放在空菜盘里。

（3）迅速撤身，取托盘，从主宾右侧开始，按顺时针方向绕台进行，撤前一道菜的餐碟后，从转盘上取菜端给宾客。

（4）最后，将空盘和分菜用具一同撤下。

3. 旁桌分菜法

（1）在宾客与桌旁放置一辆服务车或服务桌，准备好干净的餐盘和分菜工具。

（2）核对菜名，双手将菜端上餐桌，示菜、报菜名并作介绍；将菜取下放在服务车上或服务桌上分菜。

（3）菜分好后，从主宾起按顺时针方向从客人右侧将餐盘分送给客人。

（4）在旁桌上分菜时应面对宾客，以便宾客观赏。

第六节　其他技能

一、餐桌插花

（一）插花的主要作用

插花是一种剪切植物枝叶进行重新组合、与盛器相配合进行造型设计的艺术。它在餐台造型设计中的主要作用有以下四点。

1. 美化餐台造型，起到画龙点睛的作用

在餐台造型设计中，餐具的颜色、花式常因不能影响菜品的观感而显得单调，而一束花则从色彩上极大地丰富了台面。餐台造型设计中，餐具由于质地、重量等因素,处于静态,而插花则随人的活动、空气的流动而产生动感,使静中有动,富于生气。在餐台造型设计上,插花犹如画龙点睛之笔。

2. 丰富餐台造型,制造高雅气氛

不同的鲜花有不同的含义。在酒吧中,夜光美酒、暗红色飘动的烛光的映衬下,一枝玫瑰,几多情谊。迎宾餐台上,鲜花簇拥、怒放,正象征主人热情的欢迎。

3. 强化餐台造型,突出餐台位置

宴会餐台总有主次之分。主餐台插花宜采用盛花,围绕转盘呈一圆形,中间放置菜肴饮品,起到众星捧月的作用,将宾客视线吸引过来,强化并突出主餐台的中心地位。一般餐台则宜采用形式简洁的插花造型,做到主次分明。

4. 利用插花形式,达到区隔餐台的作用

在大型餐厅中,常有多个团体同时用餐,利用插花的摆放,可以有效地把不同团体的餐台区隔开,达到既区隔又美化的双重作用。在自助餐中,也可以利用插花将餐饮菜品巧妙地分隔开,使菜品、主食、酒水、水果等种类区域明显,又相互关联。

(二)插花的基本原则

插花一方面美化、丰富了餐台的造型设计,制造出不同凡响的高雅气氛;另一方面,可以作为对核心产品(餐饮品)的衬托。在餐台造型设计中运用插花应遵循以下基本原则。

1. 不阻挡宾客视线

设计餐台的插花造型时,一定要注意摆放高度不宜过高,也忌摆放稠密和造型过大,以免妨碍在座宾客的视线交流。

2. 不能遮盖餐饮品

餐饮品是餐饮企业重点核心产品,作为核心产品,其总是处于重要的中心地位。因此,餐台造型中的插花不能过分渲染气氛,以免影响和掩盖核心产品的中心地位,喧宾夺主。餐台造型中的插花在颜色上应与餐饮品相协调,避免顺色,色彩上应有适当的反差。餐台造型中的插花所采用的花材不宜香味过浓,避免遮盖或破坏餐饮品的香味。

3. 插花与餐台器具要协调

插花所使用的花插器皿之材质、造型、价值应与餐台器具相配合、相协调,相得益彰,避免反差过大。如中餐台面造型设计中,基本采用瓷器为主要餐具,花瓶或插花也宜采用同质瓷器,而不宜使用玻璃花瓶或花插。

4. 插花与餐台设计风格相吻合

台面造型设计虽多种多样,但大致可分为中餐台面造型设计、西餐台面造型设计和日餐台面造型设计三大类。而插花的风格也有东方和西方之别、现代与传统之分。因此宜采用与餐台造型设计风格相同的插花造型。

5.讲究卫生,防止食品污染

由于插花一般采用鲜花,而且为固定鲜花和保持其鲜艳,常使用花泥,而餐台上供给的是饮食品,关系到进餐者的健康,因此,插花盛器、花泥、花本身的腐根、浇花水等都应慎重选择或予以充分注意,防止食品污染。

二、换骨碟服务

即服务人员把宾客使用过的脏骨碟和不再进食的菜盘以及用不着的餐具从餐台上撤下,同时换上干净的骨碟。

(一)中餐台面撤盘、更换餐具的方法

1.撤盘时机

中餐零点掉换骨盘的次数具体要依菜肴的品种而定。在较高级的宴会上,每道菜都要更换餐盘。零点餐厅一般在下列情况下更换餐盘:

(1)带壳、带骨的菜肴(如油爆虾、螃蟹等),食用后需更换干净餐盘。

(2)带糖醋、浓味汁的菜肴(如咖喱鸡、糖醋鲤鱼等)食用后要更换餐盘。

(3)口汤碗应用一次换一次。

(4)弄脏的餐具应立即更换。

(5)上名贵菜前要更换餐具。

(6)未能及时上菜时,也可通过更换餐具转移客人的注意力。

2.撤换餐具的位置

中餐在宾客的右边进行,服务员左手托盘、右手先撤下用过的骨盘,然后送上干净的骨盘。撤盘应从主宾开始,按顺时针方向进行。

3.更换餐具注意事项

(1)注意手法卫生。换碟时要防止手拿脏的骨盘后,污染干净的骨盘。

(2)尊重宾客习惯。中餐撤换骨盘时,如有的宾客将筷子放在骨盘上,要将筷子按原样放在干净的骨盘上。

(3)宾客没有用完的餐具不能撤换。当个别宾客还没有吃完,而新的菜又来了,这时可先送上一只干净的骨盘,再根据宾客意见撤下脏的骨碟。

(4)托盘要稳。物品堆放要合理,以确保托盘平稳。

(二)西餐台面撤盘、更换餐具的方法

西餐每吃完一道菜即要更换一副刀叉,刀叉按使用先后从外到里排列。到用餐快结束时,餐台上应无多余餐具。宾客食用甜点时,服务员可将胡椒瓶、盐瓶一并撤下。撤盘时要注意宾客刀叉的摆放方法。如果宾客很规矩地将刀叉搭放在餐盘两侧,说明宾客还将继续用餐,不可贸然将盘撤去。

撤盘时,从宾客的右侧徒手撤盘。小件物品如胡椒瓶、水杯等可用托盘。在宾

客未离开餐桌前,桌上的酒杯、水杯不能撤去,但啤酒杯、饮料杯可在征求宾客意见后撤去。

三、换烟缸服务

服务时,发现烟缸里有烟蒂或杂物,应立即撤换烟缸。
(1)用托盘托着干净的烟缸,走到脏烟缸前。
(2)撤换烟缸时应注意尽量不打扰宾客。
(3)把干净的烟缸倒扣在脏的烟缸上。
(4)两只烟缸一起放进托盘里,这样可避免烟灰到处乱飞。
(5)如果需要的话,把干净的烟缸再摆回餐桌上。

四、小毛巾服务

(一)准备工作

将毛巾清洗干净,折叠整齐,放置于消毒柜中加热消毒。毛巾应保持有适量的水分,使用时的温度控制在40℃。

(二)递巾方法

用左手托着装有毛巾的毛巾托盘,右手拿着毛巾夹,站于客人的右边,用毛巾夹递送给客人,并对宾客说:打扰您了,先生(夫人),请用热毛巾。

(三)何时递巾

一般情况下,在客人入席及就餐完毕时给客人递毛巾。但在正式宴会中,以下情况都应递巾:客人入席时递巾;客人进食需用手帮忙的食品(如虾、蟹、原汁带子、乳鸽)时递巾;上水果时递巾;客人中途离席归座时递巾。

☞ 案例分享

都是豆面惹的祸

一天,有10位客人来到餐厅就餐。在进餐即将进入尾声时,客人点了主食,每人一碗豆面。服务员将豆面送到每位客人面前后,客人们并未立即食用,而是继续交谈着。大约10分钟后,有的客人开始吃面,其中一位客人刚吃了一口,便放下筷子,面带不悦地对服务员说:"这豆面怎么这么难吃,还都粘到一起。你知道吗?这顿饭对我来说是很重要的。"服务员连忙解释说:"先生,我们都是现点现做,一般的面条在做出几分钟后就会粘到一起,而豆面的黏性比其他面的黏性大。如果做出来不马上吃的话,必然会影响到面条的口味和口感。我们通知厨房再给每位客人做一碗好吗?"客人说:"不用了,再做一碗豆面也不能挽回我的损失!"

恰在此时餐厅经理走了过来,服务员当即向她汇报了情况。餐厅经理让领班为客人送上水果并对客人说:"对不起,先生。由于我们未能及时向您及您的客人介绍豆面的特性,而没有让您很圆满地结束用餐。如果您对今天的服务感到不满意,我将代表酒店向您及您的客人赔礼道歉。"客人说:"服务态度没问题,不过我希望服务员在上菜时能给我们介绍一下。"

经了解,这位客人是请生意伙伴在饭桌上谈生意的,因生意未谈成,所以心情不好。再加之豆面的"不可口",更增添了客人的不快。

思考:引起客人不满意的,仅仅是豆面黏了吗?要避免这样的事情发生,我们在服务工作过程中应该注意些什么呢?

 思考与练习

一、名词解释

1. 餐巾
2. 摆台
3. 分菜

二、论述题

1. 试述餐巾折花的发展趋势。
2. 斟酒时,如何把握合适的量?
3. 试比较几种分菜方式的优缺点。

三、技能测试题

1. 托盘技能测试
2. 餐巾折花技能测试
3. 斟酒技能测试
4. 中餐宴会摆台技能测试
5. 西餐宴会摆台技能测试
6. 分(派)菜技能测试

第三章 零点服务

引言

零点服务过程划分为餐前准备、迎宾服务、开餐服务、就餐服务、餐后结束工作等几个环节。可以概括为:餐前准备→敬语迎宾→引宾入座→呈递菜单、酒水单→递巾问茶→斟礼貌茶→点菜、点酒水→脱筷子套、松餐巾→上餐前小吃→倒调味品→服务酒水→上菜→巡台→上甜品、水果→上小毛巾→结账→送客→清台。

掌握零点服务各个环节的工作内容、先后顺序、注意事项,并注意各个服务环节的顺畅连接及各个岗位服务员的密切配合,才能确保对客服务工作顺利、有效地进行。

学习目标

1. 了解并掌握中餐零点服务的流程与服务规范。
2. 了解并掌握西餐零点服务的流程与服务规范。
3. 了解并掌握客房送餐流程与规范。
4. 了解并掌握自助餐服务流程与规范。

第一节 中餐零点服务流程与规范

零点餐厅因客人多而杂、各种需求不一、到达时间交错,从而造成餐厅接待的波动性较大、工作量大、营业时间较长的特点。

零点餐厅服务技术要求高,最能显示饭店的服务档次和水平。要求服务员有过硬的服务基本功,并要求在服务时主动、周到、反应灵敏。

一、餐前准备

餐前准备包括餐厅卫生、开餐前准备、摆台、餐前检查、召开餐前例会等工作。

（一）餐厅卫生

餐厅是人们摄取食物的场所。餐厅环境是否整洁美观，直接影响进餐者的身体健康和就餐情绪，因此，始终保持餐厅的整洁美观至关重要。餐厅卫生工作主要包括餐饮环境卫生、设备设施卫生、服务用品卫生及服务员的个人卫生。

餐饮环境卫生包括餐厅的地面、墙壁、窗帘、灯具及装饰品、家具、备餐间及餐厅公共区域（餐厅门口、走廊、休息室等）的卫生。根据工作的繁难程度，餐饮环境卫生可分为计划卫生和日常卫生。计划卫生由饭店的专职清洁工（PA）完成，或由社会上的专业清洁公司承包。日常卫生则由餐厅工作人员承担。

设施设备卫生包括衣帽间、工作台、餐车、酒水车等设施卫生，也包括空调、音响等设备卫生。要保证所有设施设备干净、状态好，并对空调出风口等进行定期清洁。

服务用品卫生包括餐具器皿必须清洁光亮（无水渍、无污痕）；瓷器、玻璃杯具和布草无破损；金属餐具不变形；调味瓶整洁且出料口通畅、味料新鲜；布件整洁完好；餐桌上的鲜花花瓶应擦干净，瓶中每日更换清水。

餐饮服务人员作为餐厅日常卫生的执行者，其个人卫生是餐厅日常卫生的重要组成部分。餐厅服务员必须熟记《食品卫生法》的基本内容，个人卫生做到"四勤"（勤洗手、剪指甲，勤洗澡、理发，勤洗衣服、被褥，勤换工作服），在服务过程中注意手法等操作卫生，杜绝不良的习惯性动作。

（二）开餐前准备

开餐前准备主要包括工作台、用具、物品准备及服务员心理准备等工作。

工作台是餐厅必备的设备，用于盛放服务员在服务过程中必用或可能用到的各种用具，如餐具（骨碟、汤碗、调羹等）、布草（餐巾、台布等）和调味品（如酱油、醋等）。餐厅的工作台在客人的视线内，在讲究其布局和物品盛放方便、实用的同时，须保持整洁、美观、完好，并在操作时轻拿轻放。

用具、物品的准备包括准备数量充足的调味品、洗手盅、小毛巾、菜单酒单、开水冰水、开胃小吃及托盘、笔、点菜单、收款夹、开瓶器、抹布等服务用具、开餐用品。

心理准备指工作人员须按要求着装，按时到岗，以最佳的心理和精神状态投入到自己的服务角色中。

（三）摆台

按中餐零点规格进行摆台。

（四）餐前检查

餐前检查是对餐厅准备工作的全面检阅。餐前检查主要包括台面及桌椅安排的检查，各项卫生的检查，工作台的检查，设备设施状况的检查，宾客预订的落实情况检查及服务员仪表仪容、精神面貌的检查，以确保餐厅的人、财、物以最佳状态投入到宾客接待工作中。

(五) 召开餐前例会

在服务人员用完工作餐、餐厅开门迎客前,应由餐厅管理人员召集服务员开好餐前例会。其主要内容包括:①检查服务员的个人卫生、仪表仪容和精神风貌;②简单总结昨日营业及服务情况,肯定并表扬优秀行为,提出存在问题和不足;③给每位员工具体分配任务;④通报当日客情、VIP 接待注意事项;⑤介绍当日特别菜肴及其服务方式、告知缺菜品种;⑥抽查新员工对菜单的掌握情况等。餐前例会结束,餐厅工作人员迅速进入自己的工作岗位,按餐前例会的具体分工,准备开餐。

二、订餐服务

(1)电话铃声响起后,服务员应在三声之内及时接听,拿起电话用敬语问候:"您好!某某餐厅。"

(2)亲切热情地询问客人需要提供什么样的帮助。

(3)问清客人的姓名、房号或单位名称、订餐人数、就餐时间及具体要求。

(4)准确记录电话内容,并提醒客人餐厅留座时间等事项。

(5)如果餐厅预订已满,不能再接待客人的预订时应向客人解释,告诉客人需要等候的时间或将客人介绍到饭店的其他餐厅。

(6)向客人道谢。

三、迎宾规范

(一) 敬语迎宾

迎宾员应熟悉本餐厅的餐桌布局,事先掌握当餐预订情况,准备好菜单,在开餐前 5 分钟站在指定位置,恭候宾客的到来,并始终保持良好的精神面貌和姿态。见到宾客,迎宾员要微笑并使用专业语言问候客人,问候语为:"您好!欢迎光临!"问候客人时,遵循女士优先原则。

(二) 确定客人是否有预订

确定客人是否有预订。如果已预订,问清是以什么姓名预订,然后迅速找出预订单,换以姓氏称呼宾客;如果未预订,则了解共有多少宾客前来就餐,然后据此引领宾客。

(三) 衣帽存放

有的餐厅设有衣帽间,代宾客存放外套及大件行李。迎宾员引领有需要的宾客先到衣帽间,协助衣帽间服务员存放宾客的衣物,并提示宾客贵重物品须随身携带。

(四)候餐区服务

若宾客未曾预订,而餐厅现已客满无空桌,迎宾员则应表示歉意,并引领宾客到候餐区等候,登记等候宾客名单,随即送上小毛巾、热茶(西餐厅用冰水),并向宾客表示一旦餐厅有空位会立即告知他(她)。

(五)引宾入座

迎宾员应根据宾客人数拿好相应数量的菜单(西餐人手一份,中餐一桌一份),走在宾客左前方约 1m~1.5m 引领宾客。遇拐弯或障碍物时,须回头向宾客示意。引领到适当的餐桌后,须先征询宾客对餐桌的意见,并尽可能让宾客满意。如客人不吸烟,请客人到非吸烟区就座。帮助客人轻轻地拉开餐椅,右手示意客人入座,待客人落座前轻轻送回。将宾客平均分配到不同的服务区域,以平衡各位值台服务员的工作量。如宾客中有小孩儿,应主动送上儿童椅。

(六)递上菜单

客人入座后,迎宾员打开菜单的第一页,站在客人右侧,将菜单送至客人手中,并说:"先生(小姐),您请坐,这是您的菜单。"菜单应整洁、无破损,主菜单、特供菜单、酒水单应配套。

(七)交接与复位

迎宾员将就餐人数、主人的姓氏或职务等相关信息告知服务员,以便值台员能提供有针对性的礼貌服务。与值台员交接后,迎宾员应迅速返回餐厅门口,记录桌号与客人人数,准备迎接下一批客人。

四、点菜技巧

宾客看完菜单后,服务员应按规范接受客人点菜。

点菜服务是一项技术性很强的工作,它要求服务员熟悉菜单,熟悉菜肴特点、菜式单位、菜点分量和宾客饮食特点,语言表达准确流畅,懂得相关服务礼仪,并有一定的推销技巧和随机应变能力。

(一)熟悉菜单

1.了解中国菜的常用制作方法

中国菜的常用制作方法有蒸、炒、熘、炸、烹、炖、焖、煨、炒、煮、烩、汆等几十种,服务员应熟练掌握各种烹饪方法的加工过程及成菜特点,以便向客人详细介绍菜肴。

2.了解菜式单位

所谓菜式单位即一份菜的规格、分量等。通常以盘(例盘、中盘、大盘)、斤、两、只、打、碗等来表示,如一斤基围虾、两只大闸蟹、半打小馒头、一碗小刀面等。

中餐用餐方式是共餐制,一桌宾客共同分享所点的菜肴。用餐宾客的点菜分量与人数的变化有关,宾客在不同的地点、时间和不同的情绪下点菜的量也不尽相同。这就要求服务员帮助宾客点菜时,注意不要硬推销,而应掌握宾客需求和心理,使分量恰到好处,避免浪费。按人数提供菜点应点清就餐人数。

3. 了解宾客口味及饮食需求

帮助客人点菜首先要了解宾客的饮食习惯和口味要求,掌握主要客源的饮食概况等知识,同时从宾客言谈举止、国籍、口音、年龄等方面了解宾客的饮食需求。如香港人喜欢清淡菜肴;美国人偏好清淡、鲜嫩、爽口、微辣、咸中带甜的菜肴;日本人喜清淡,好生鱼片、麻辣豆腐、水鱼、榨菜汤面等;内宾的口味特点是南甜、北咸、东辣、西酸。在接受宾客点菜时,还必须注意宾客的饮食禁忌。如伊斯兰教徒戒猪肉,佛教徒只吃素食,印度人忌牛肉,欧美人不喜欢动物内脏、狗肉、鸽子肉,节食宾客喜低热量、低脂肪、少油的食品。在接受点菜时服务员要能用流利的中英文介绍菜肴口味、特点、烹饪方法,熟悉上菜顺序、上菜时机和作料搭配,当好宾客的参谋。

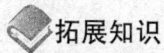 拓展知识

餐饮推销的"加、减、乘、除法"

语言的加法:例如,客人向你咨询,他的婚宴席单上还应配点什么菜,你就可以采用语言的加法了。"这桌席只有凤没有龙,如果加上一只龙虾就龙凤呈祥了。"又如客人订的是寿宴,在咨询你时,你就可以说:"这桌寿宴中加上一只甲鱼就增加了祝寿的寓意。"

语言的减法:例如"不到长城非好汉,不吃烤鸭真遗憾"。到北京不吃烤鸭真会是一种遗憾。来四川不吃江团,过了这个村就没有这个店了。

语言的乘法:例如当有人问:"你这个豆腐怎么这么贵?要卖28元一份!"用"乘法"你可以答:"这豆腐里面有十几种原料,要用多种烹饪技法制作,在家里是做不出来的。"

语言的除法:例如当客人问:"这份香辣蟹怎么这么贵?"你可以这样说:"这是两斤重的海蟹啊,10个人吃,1个人才几块钱,不贵!"

(二) 点菜步骤

(1) 接受点菜。在宾客将菜单浏览完毕准备点菜时,服务员应立即走上前询问:"我可以为您点菜了吗?"(对外宾,可以说:"May I take your order now, Sir/Madam?")

(2) 提供建议。介绍当天的特选菜式,注意观察了解宾客需求,多用描述性语言介绍菜点,语气要出于对宾客的关心,而不能强行推销,帮助宾客选择,注意荤素

搭配、分量适中。

(3) 记录内容。接受宾客点菜时应保持站立姿势,身体微向前倾,认真清楚地记录下宾客所点的菜品名。

(4) 复述确认。为了确保点菜正确,点菜完毕后,应重复宾客所点菜品,让宾客确认。

(5) 推销酒水。根据客人所点菜品及要求,推销酒水。

(6) 礼貌致谢。菜单复述完毕,服务员应收回菜单,并向宾客表示感谢:"非常感谢,请稍等。"(对外宾,可以说:"Thank you very much, wait a moment please.")

(7) 填写点菜单或订单。一般点菜单一式三联或四联,一联交收银员,二、三联由收银员盖章交传菜部,四联服务员自留或放在宾客桌上以备核查。很多餐厅是由领班或高级服务员替宾客点菜,填单时应填写桌台号、就餐人数、服务员姓名、日期、时间、所点菜品的数量和名称等。如宾客有特殊要求应在菜单上注明。填写菜单要迅速、准确,尽量缩短宾客等候时间。点菜单格式如表3-1所示。

表 3-1　餐厅点菜单

日期		餐别		入厨时间	
台号		人数		服务员姓名	
品名	数量		金额		备注

现在很多饭店采取明档点菜的方法,即直接将客人带到明档区点菜。这种方式更加直观、明了,但是也有占地方、费时费料、人力消耗成本较大等弊端。

越来越多的饭店采用电脑系统点菜,因其便捷、准确、高效与时尚,或将成为未来餐饮点菜的趋势。

菜单定好后,还要主动征询宾客需要什么酒水饮料。到酒吧开酒水单时,要记清楚客人所点酒水的种类和数量。酒水单的第一联交酒水员,第二联交收款员,第三联由服务员保存。

五、值台规范

值台服务又称盯桌服务,分餐前服务和就餐服务(餐中服务)。

（一）餐前服务

餐前的一系列服务应遵循先宾后主、女士优先的服务原则。

(1) 上毛巾。待客人入座后，值台员应为客人送上香巾，并用敬语："请用香巾。"香巾应放在巾托（巾篮或巾碟）内用托盘送上。

(2) 问茶。值台员应询问客人所需茶水的种类，为客人泡好茶后从客人右侧斟茶。斟茶时，应倒至茶杯的八分满，不要将茶水滴落到客人的身上或洒落在台布上。

(3) 铺餐巾。值台员从客人右侧拿起餐巾，打开餐巾花后对折，右手在前，左手在后，将餐巾轻轻铺在客人的腿上。如客人不在，可将餐巾一角压在骨盘下。如遇客人正在谈话，要轻声对客人说："对不起。"征得客人同意后再铺餐巾。

(4) 撤筷套。在铺餐巾的同时应为客人撤筷套。撤筷套应从客人右侧进行，右手在上，左手在下，将客人面前的筷套拿起，把筷子从筷套套口中脱出，应注意手拿筷子尾端，再轻轻放回到筷架上。如客人自行撤去筷套，应向客人道谢，并撤走筷套。同时还应撤走花瓶与桌号牌，放在附近的工作台上。

(5) 增减餐位。值台员应视客人就餐人数多少，进行餐位调整，增摆不足的餐具或撤去多余的餐酒具。在增减餐位时应使用托盘，并做到持握餐具正确和轻声操作。如有西方客人不习惯用筷子就餐，应提供刀叉。

(6) 倒调料。在有使用调料佐食习惯的地区，同时还应为客人倒酱油或醋等调料。倒调料时，应在客人右侧进行，一般以倒至味碟的 1/3 或 1/2 满为宜，并应特别注意不要将调料洒落在客人身上或餐桌上。

在餐前服务过程中，如客人示意点菜，则应先接受客人点菜，然后再提供相应的餐前服务，以确保满足客人的需要。

（二）就餐服务

1. 酒水服务

按客人所点的饮品到酒吧拿取。注意取任何酒水，均要使用托盘。根据不同类型的酒水摆上相应的酒杯和饮料杯。在为客人斟上酒水后，必须征求客人的意见，将茶杯撤走。在上酒的服务过程中，客人不小心碰翻水杯、酒杯时，服务员要马上用餐巾吸干台面的水分，然后把一条清洁的餐巾平放在吸干的位置，并利用台面现有的器皿压着，保持平坦。

2. 上菜、分菜服务

(1) 所有热菜加盖后由传菜员送到餐厅，再由值台员把菜送上台，要注意台面上菜碟的摆放艺术。

(2) 上菜时要主动报菜名，每上一道菜要在该台的菜单上做好记号。

(3) 两位以上客人一起用餐时，需加公匙。

（4）上汤时应为宾客分汤，然后主动把每碗汤端到客人餐碟的左边，分派时，先女宾后男宾。

（5）上菜时要轻放，放置时应先向宾客打招呼后再从宾客之间的空隙上菜，严禁菜碟从宾客的头上越过。

（6）摆放菜时，切忌菜碟重叠。如台面没有空位时，可采用两种方法处理。一是将菜盘换成小碟以减少台面占用面积。二是拿走剩菜最少的菜碟，但需先征求客人的意见，并把剩下的菜分给宾客后才可以拿走菜碟。分剩菜绝不能勉强宾客，以免引起宾客误会。

（7）如果客人没有要酒水，上第一道菜时要主动征询宾客是否上饭，并在菜单上注明。

（8）上最后一道菜时，要告诉宾客菜已上齐全，并询问宾客还需什么食品或帮助。

 特别提示

客人误喝了洗手盅里的茶

在服务过程中，若发现客人喝洗手盅的茶时，服务员可按下述方法处理：

上虾、蟹等带壳的食品时，要上盛红茶的洗手盅，由于有些客人不清楚洗手盅的作用，有时会误喝了洗手用的茶。发现这种情况时，服务员不应马上上前告诉客人"这是洗手盅茶水，不能喝"，最好是假装没看见，这样才能避免客人的难堪。当然这不是最好的解决办法，最好的解决办法是事先告诉客人上洗手盅的作用。

3．甜品、水果服务

菜上齐后，应向宾客介绍该餐厅所提供的每类水果、甜品。上甜品前，先分派一套干净的小碗、羹匙，还有公勺、勺座，主动均匀地把甜品分给客人。上水果前，视何品种，派上餐碟、刀叉，把水果端到餐台上让宾客品尝，上水果后马上上热毛巾。

4．巡台服务

（1）服务员必须经常在客人的餐台旁巡视，以便随时为宾客服务。

（2）如宾客的餐碟中盛有较多的骨头或其他脏物时，应及时撤碟。

（3）如发现烟灰缸有两个以上烟头，须马上撤换。

（4）随时为宾客添加酒水、推销饮料。

（5）随时撤走空菜碟、空瓶、空罐，并及时整理餐台。

（6）宾客所点的菜若已卖完，应及时告诉宾客，并向宾客道歉，然后征询宾客的意见是否换菜。若宾客表示可换新菜，应主动介绍一些类似的或制作简单、能够很快上台的菜式，同时迅速填好菜单，以最快速度让厨房把宾客的菜肴烹制出来。

（7）宾客进餐过程中提出加菜时，服务员应主动了解其需求，恰如其分地给予解决。通常宾客提出加菜的原因主要有三个：一是菜不够吃；二是想买菜带走；三是对某一道菜特别欣赏，想再吃一道。服务员应观察分析，了解加菜的目的，根据宾客的需要开单到厨房。

（8）宾客对菜肴的质量有意见时，应冷静考虑，认真对待。若菜肴确实有质量问题，应马上向宾客道歉，并征得厨房或主管的同意马上更换另一道质量好的菜肴送给宾客，或建议宾客换一个味道相似的菜式。如确是宾客无中生有、无理取闹，则应报告主管或经理，请他们去处理。

（9）宾客用餐完毕，应尽快撤去餐台上除茶具、烟灰缸和有饮料的水杯外的其他餐具。收餐具时不能催促宾客。无论是端菜上台还是收拾餐具，操作时都要小心谨慎，绝对不能将菜汁汤水溅到宾客身上、淋在地面或台面。万一不小心弄脏宾客衣服时，要诚恳地向宾客道歉，设法替宾客清洁。在有条件和有可能的情况下，免费将宾客衣服送洗涤部门洗刷干净。

（10）当宾客用餐完毕、示意结账时，服务员应迅速到收银台取出账单，为客人结账。

六、结账服务

结账是餐厅对客服务技能之一，它直接关系到餐饮经营的经济效益。服务员应熟练掌握餐厅结账的形式和程序，了解本餐厅许可的结账方式。一般餐厅常见的结账方式有现金结账、信用卡结账、支票结账和签单结账等。

（一）现金结账

（1）当宾客用餐完毕、示意结账时，服务员应迅速到收银台取出账单，并用账单夹或收银托盘将账单递送给宾客。

（2）不要主动、大声报账单总金额。

（3）宾客付现金后，应礼貌致谢，点清现金数量，注意辨别真假并将现金用账单夹或收银盘送到收银台。然后，把找回的零钱和发票用收银夹或收银盘送交宾客，并让宾客当面点清。

（4）再次致谢。

（二）信用卡结账

（1）当宾客示意结账时，用账单夹或收银盘将账单递给宾客。

(2)确认宾客的信用卡是本饭店接纳的,检查持卡人姓名、信用卡有效期,请持卡人出示本人身份证,并向宾客致谢。

(3)将信用卡、身份证和账单送交收银台。

(4)收银员再次检查信用卡有效期,持卡人姓名、身份证,并核对信用卡公司的注销名册等。确认无误后,填写信用卡表格,刷卡办理结账手续。现在很多发卡银行的刷卡机是电脑联网,可以直接查询相关信息。如果宾客的账单总额超过规定金额,则需要信用卡公司授权。

(5)请宾客确认账单金额,并在信用卡表格上签名。

(6)核对宾客身份证姓名是否与信用卡背后签名相同。

(7)将信用卡的顾客联、信用卡、身份证交还宾客,正本由收银员保管。

(8)礼貌致谢。

(三)支票结账

(1)宾客示意结账时,服务员按规定将账单递给宾客。

(2)核对支票的有效期,请宾客出示有效证件,检查支票的有关印章、电脑密码等,并礼貌向宾客致谢。

(3)交给收银员办理结账手续,如填写支票,应抄下宾客的证件号码,并写在支票背后。

(4)将支票存根、有关证件和发票送还宾客,并礼貌致谢。

(四)签单结账

为了方便住店宾客,饭店一般允许住店宾客在餐厅以签单方式结账。宾客在办理入住手续后,酒店会给宾客"欢迎卡"和房卡。宾客每次到餐厅用完餐后,出示"欢迎卡"就可以签账单,当宾客离店时一并结算。另外,与酒店有长期业务往来的当地一些单位、公司,若信誉良好,可以与酒店签订签单结账协议,酒店定期向协议单位结账。再有就是饭店老总请客的免单签单结账。

(1)当宾客示意结账时,迅速准备账单并按规定递送给宾客。

(2)宾客出示"欢迎卡"或"协议签单证明"时,服务员应递上笔,并核对"欢迎卡"或"协议签单证明"。

(3)请宾客在账单上填清房间号码和正楷签名,或填清协议单位名称和正楷签名。

(4)宾客签完后须将账单的第一、第二联交给收银员核对。

(5)收银员将住店客账单正本留存,第二联交给总台,以便宾客离店时付清。协议单位账单的第二联交给财务部,由财务部定期同消费单位结账。

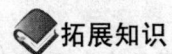 拓展知识

辨别新版100元人民币

2015年版100元纸币正面

2015年版100元纸币背面

1.光变镂空开窗安全线

位于票面正面右侧。垂直票面观察,安全线呈品红色;与票面成一定角度观察,安全线呈绿色;透光观察,可见安全线中正反交替排列的镂空文字"￥100"。

2.光彩光变数字

位于票面正面中部。垂直票面观察,数字以金色为主;平视观察,数字以绿色为主。随着观察角度的改变,数字颜色在金色和绿色之间交替变化,并可见到一条亮光带上下滚动。

3.人像水印

位于票面正面左侧空白处。透光观察,可见毛泽东头像。

4.胶印对印图案

票面正面左下方和背面右下方均有面额数字"100"的局部图案。透光观察,正背面图案组成一个完整的面额数字"100"。

5.横竖双号码

票面正面左下方采用横号码,其冠字和前两位数字为暗红色,后六位数字为黑色,右侧竖号码为蓝色。

6. 白水印

位于票面正面横号码下方。透光观察,可以看到透光性很强的水印面额数字"100"。

7. 雕刻凹凸

票面正面毛泽东头像、国徽、"中国人民银行"行名,右上角面额数字、盲文及背面人民大会堂等均采用雕刻凹印印刷,用手指触摸有明显的凹凸感。

七、送客服务

客人结账毕起身离座,服务员应立即上前拉椅,协助宾客穿外衣,提醒客人不要忘记携带随身的物品或打包食品,然后向宾客致谢,道再见。必要时,需送宾客到餐厅门口,与迎宾员一道恭送宾客。

八、收尾工作

当整桌宾客全部离开后,服务员才能清台。首先检查是否有遗留物品,若有,应立即送还宾客或交餐厅经理处理。整理好餐椅后,按照"一餐巾,二银器,三玻璃,四瓷器及其他"的顺序清理餐桌,收拾所有餐具送至工作台或洗碗间,注意别遗忘小件物品,玻璃器皿轻拿轻放。清台后,须按餐厅规定和时间情况摆当餐餐台(翻台)或下一餐餐台。

从洗碗间收回清洁好的餐具、托盘、餐车等餐厅用品,清点后分类入柜,如有损耗要做好记录。营业结束时间已到时,如仍有宾客就餐,禁止关灯、搞清洁、搬台椅等。只有待就餐宾客全部离去后,方能打扫餐厅及环境卫生,收拾各种餐具及用品。

早餐、午餐结束后,做好下一餐的准备。晚餐结束后,做好安全工作。安全工作内容包括:关闭煤气阀门、水截门、切断餐厅和备餐间的照明及其他电器的电源;除职工出入口外,关闭所有的门窗并上锁;将易燃易爆的物品存入饭店指定的仓库;由当班负责人做好最后的安全复查,填写《班后安全检查表》;锁好职工出入门后,离岗。

第二节 西餐零点服务流程与规范

一、西餐服务方式

餐饮服务方式是一个地区、一个民族在长期的餐饮发展过程中逐步形成的饮食侍应习惯,并成为约定俗成、相对固定的形式。西餐服务方式系指西餐用餐时提供给用餐者的侍应招待方式。西餐的服务方式大多起源于欧洲贵族家庭和王宫，经过许多年的发展演变，逐渐为社会上的饭店和餐馆所使用。西餐的服务方式按照服务风格分类有法式服务、俄式服务、美式服务、英式服务、大陆式服务和自助式服务等方式。

（一）法式服务（French Service）

1. 法式服务的特点

法式服务在西餐服务中是最高级别的服务，主要用于法国餐厅（又称扒房，英文名称为 Grill Room）的零点服务。法式服务注重服务程序和礼貌礼节，注重服务表演，能吸引顾客的注意力；服务周到，所有的顾客都能得到细心的照顾。但是法式服务节奏缓慢，需要较多的人力，费用较高，餐厅空间利用率和餐位周转率都比较低。

传统的法式服务由两名服务员共同为一桌顾客服务，其中一名为经验丰富的正式服务员，另一名是助理服务员。正式服务员在顾客面前做一些简单的菜肴烹制表演或切割菜肴及装盘服务，助理服务员用右手从顾客右侧送上每一道菜。法式餐厅的服务员必须受过专业教育和培训，训练期满再接受餐厅实地实习1年~2年，考核合格后才可成为助理服务员，但是仍无法独立作业，需要再与正式服务员一起工作，见习2年~3年才可升为正式服务员。这种严格训练前后至少要4年以上。

法式餐厅装饰豪华高雅，以欧洲宫殿式为特色；餐具常采用高质量的瓷器和银器，酒具常采用水晶杯。服务员用手推车或在桌旁现场为顾客加热或调味菜肴及切割菜肴。在法式服务中，服务台的准备工作也很重要，通常在营业前要做好服务台的一切准备。高雅的就餐环境与高档的设备器具，再配合现场优美的烹饪服务技巧，使得法式服务成为西餐服务中最豪华、最细致、最周到的服务。

2. 法式服务的方式

传统的法式服务相当烦琐。如宾客用完一道菜后必须离开餐台，让服务员清扫完毕后再继续入席就餐，这样耗时很多。餐厅还必须准备许多用具，每餐的食品很多，浪费也很大。现在，这种服务方式已经见不到了。

现在，当客人到法式餐厅就餐时，正式服务员先请顾客入座，接受顾客点菜，为顾客斟酒上饮料，在顾客面前烹制菜肴，为菜肴调味，分割菜肴，装盘，递送账单。助理服务员将正式服务员开出的菜单送入厨房，将手推车推到客人餐桌旁，帮助正式服务员现场烹调，把装好菜肴的餐盘送到客人面前，烹制后撤餐具和收拾餐台。助理服务员用右手从客人右侧送上每一道菜。通常面包、黄油和配菜从客人左侧送上，因为它们不属于一道单独的菜肴。从客人右侧用右手斟酒或上饮料，从客人右侧撤出空盘。

当顾客点汤后，助理服务员将汤以银器盛装送入餐厅，然后把汤置于烹调车上加热，最后为顾客服务。当助理服务员把热汤送至顾客面前时，应将汤盅放在垫盘上。汤是由正式服务员从银盆用大汤匙将汤放入顾客的汤盅后,再由助理服务员用右手从客人右侧送上餐桌。

主菜服务与汤服务大致相同,正式服务员将烹制好的菜肴分别装入每一位顾客的餐盘内,然后由助理服务员送至每个顾客的面前。

当顾客购买龙虾菜肴和其他用手拿取的菜肴时,在上菜的同时要上洗手盅。洗手盅通常是银制或玻璃的小碗,放在银制的垫盘上。洗手盅内放六七成满的水,水内放一小片柠檬或一个花瓣,其作用除美观外还可除去腥味。将洗手盅放在顾客的右侧,以方便顾客洗手。

(二)俄式服务(Russian Service)

1. 俄式服务的特点

俄式服务,又称国际式服务,是高档西餐宴会普遍采用的一种方法。俄式服务起源于俄罗斯的贵族家庭和沙皇宫廷之中,并逐渐为欧洲其他国家所采用。俄式服务同法式服务相似,也是一种讲究礼节的豪华服务。虽然采用大量的银质餐具,但服务员的表演较少。

俄式服务是一种豪华的服务,其服务方式讲究优美文雅的风度,服务员用左手将装有整齐和美观菜肴的大浅盘端至所有的顾客面前过目,然后左手托盘,右手为每一个顾客分菜。俄式服务将整齐和美观的菜肴给所有的顾客欣赏,使顾客感受到厨师高超的技艺,并且也刺激了顾客的食欲。俄式服务的方式简单快捷,服务时不需要较大的空间,因此它的效率和餐厅空间的利用率都比较高。俄式服务使用了大量的银器,服务员将菜肴分给每一个顾客,使他们都能得到尊重和较周到的服务,因此增添了餐厅的气氛。俄式服务是在大浅盘里分菜,这样可以将剩下的没分完的菜肴送回厨房,从而减少不必要的浪费。

俄式服务的银器投资成本很大,如果使用保管不当,则会影响餐厅的经济效益。俄式服务中最大的问题是:最后分到菜肴的顾客看到大银盘中的菜肴所剩无几时,总有一些影响食欲的感觉,因此一般最后给主人派菜以解决这个问题。此外,零点服务的顾客常点不同品种的菜肴,无法将不同的菜肴装在一个大银盘中服务,因此俄式服务不适用于零点服务。

2. 俄式服务的方式

服务员将客人点的菜单送入厨房,菜肴在厨房全部制热,每桌的同一道菜肴放在一个大银盘中,然后服务员将装好菜肴的大银盘用肩上托的方法送到顾客餐桌旁,热菜要盖上盖子。

服务员先用右手按顺时针方向从客人的右侧将餐盘依次放在就餐者面前,注意热菜用热盘,冷菜用冷盘;空餐盘上完之后,服务员回到服务台或边桌,将菜肴的盖子打开后,用左手托起放菜的大浅盘,右手拿服务叉和服务匙从客人的左侧派菜;派菜前应向客人展示菜肴,将客人所需的菜肴分量分夹到客人的餐盘里。传统的派菜从主宾起按逆时针方向进行,而斟酒、斟饮料和撤盘都在客人右侧进行。

服务过程中应当注意的是:派菜之前,应先向客人介绍银盘内的菜肴,使客人有机会欣赏到厨师的手艺,同时装饰漂亮的菜肴也可以增进客人的食欲;分派菜肴时,服务员应灵活掌握其数量,分派的数量应符合客人的需要,剩余的食品应退还给厨房;上汤时,用托盘将汤送入餐厅,放在客人面前;汤可以放在大银汤盆中用勺舀入客人的汤盆里,也可以盛在银杯中,再从杯内倒入汤盆中。

(三)**英式服务**(English Service)

英式服务又称家庭式服务,是源自于英国家庭用餐服务的一种传统服务方式,是一种比较轻松的用餐方法。现在,英式服务也偶尔用于一些特殊的聚餐形式,而且是在小餐厅或宴会包房中进行。

英式服务的服务方法是:服务员从厨房将烹制好的菜肴传送到餐厅,菜肴一般用大盘盛装,由顾客中的主人亲自动手分割并装入客人的餐盘,服务员把装好盘的菜肴放在餐桌上或依次端送给每一位顾客。调味品、沙司和配菜都摆放在餐桌上,由顾客自取或相互传递。英式服务家庭的气氛很浓,许多服务工作由顾客自己动手,用餐的节奏较缓慢。服务员有时帮助主人切割食物,因此,要求服务员具有熟练的切割技术和令人满意的装盘造型技巧。

英式服务的气氛很活跃,也省人力,但节奏较慢。主要适用于宴会,很少在大众化的餐厅里使用。

(四)**美式服务**(American Service)

1. **美式服务的特点**

美式服务大约兴起于19世纪初,那时美洲大陆掀起一股移民热潮,许多来自世界各地的移民,纷纷成群结队涌至美洲大陆,因此当时各大港埠餐馆林立。这些餐厅的经营者大部分来自欧洲,而餐厅的服务方式不一,有法式、瑞典式、英式及俄式等多种。后来由于时间的推移,使得这些服务方式逐渐演变成为一种混合式的服务,即今日的美式服务。

美式服务是简单和快捷的西餐服务方式,一名服务员可以为多名顾客服务。美式服务简单、迅速,餐具和人工费用都比较低,空间利用率和餐位周转率都比较高。美式服务是西餐零点和宴会服务理想的服务方式,广泛用于咖啡厅和西餐宴会厅。

2. **美式服务的方式**

在美式服务中,菜肴由厨师在厨房中烹制好后按就餐人数装好盘,服务员用托盘将菜肴从厨房运送到餐厅的服务桌上。热菜肴要盖上盖子,在顾客面前才能打开盘盖。传统的美式服务,上菜时,服务员用左手从顾客左侧送上菜肴;从顾客右侧撤掉用过的餐盘和餐具;在顾客的右侧斟倒酒水。目前一些咖啡厅改为服务员用右手从顾客的右边上菜,遵循先女后男的顺序。

(五)大陆式服务(Continental Service)

大陆式服务又称综合式服务,是一种融合了法式服务、俄式服务和美式服务的综合服务方法,许多西餐宴会的服务采用这种服务方式。

通常用美式服务上开胃菜和沙拉,用俄式服务上汤或主菜,用法式服务上汤或甜点。不同的餐厅或不同餐别选用的服务方式组合也不同,这与餐厅的种类和特色、顾客的消费水平、餐厅的销售方式有着密切的关系。

二、西餐餐桌礼仪

由于西餐菜点、用具以及服务方式与中餐的截然不同,因此西餐的进餐礼仪也有着自己独特的方式与风格,简单归结起来有如下几点。

(一)就座礼仪

就座时,身体要端正,手肘不要放在桌面上,不可跷足,与餐桌的距离以便于使用餐具为佳。餐台上已摆好的餐具不要随意摆弄。将餐巾对折轻轻放在膝上。

(二)餐具的使用

使用刀叉进餐时,从外侧往内侧取用刀叉,左手持叉,右手持刀;切东西时左手拿叉按住食物,右手持刀将其切成小块,用叉子送入口中。使用刀时,刀刃不可向外。进餐中,放下刀叉时应摆成"八"字形,分别放在餐盘边上;刀刃朝向自己,表示还要继续吃。将刀叉并拢放在盘中,则表示已经用完,可以收走盘子了。如果是谈话,可以拿着刀叉无须放下;若需要打手势时,就应放下刀叉,千万不可手持刀叉在空中挥舞摇晃;不用刀时,可用右手持叉。进餐中,不要一手拿刀或叉,而另一只手拿餐巾擦嘴;也不可一手拿酒杯,另一只手拿叉取菜。在任何时候都不可将刀叉的一端放在盘上,另一端放在桌上。

(三)喝汤礼仪

喝汤时不要啜,吃东西时要闭嘴咀嚼,不要舔嘴唇或咂嘴发出声音。如汤菜过热,可待稍凉后再吃,不要用嘴吹,也绝不能端起汤盘,直接用嘴喝。喝汤时,用汤匙从里向外舀。汤盘中的汤快喝完时,用左手将汤盘的外侧稍稍翘起,用汤匙舀净即可。喝完汤后,将汤匙留在汤盘中或是旁边,匙把指向自己。

(四)吃色拉的礼仪

吃色拉只准用叉子吃。以右手拿叉,叉尖朝上。通常,有一把吃沙拉专用的叉子。如果你的主菜盘里有蔬菜色拉做配菜,通常是烧熟的,那么用你的主菜叉吃;如果色拉放在另外的盘子里,你可以用桌上专门的色拉叉子去吃。如果没有的话,用主菜叉。带有芝士的色拉是主菜和甜点之间的间隔菜,色拉盘是早已准备好的,你可以用色拉叉和午餐刀这两种工具。在芝士盘中,也可能有一两块芝士或两三块奶酪。

（五）吃带刺或骨的菜肴的礼仪

吃带有骨头的肉时，用餐叉将整片肉固定，再用刀尖沿骨头插入，把肉切开，最好是边切边吃。此外也可以用手拿着吃，这时服务员会附上洗手水，注意洗手时要轻轻地洗。吃鸡时，应先用力将骨去掉，不能用手拿着吃。吃鱼时不要将鱼翻身，要吃完上层后用刀叉将鱼骨剔掉，再吃下层肉。当吐鱼刺或骨头时，可轻轻吐在叉上放入盘内。如盘内剩余少量菜肴，不要用叉子刮盘底，更不要用手指相助食用，应以小块面包和叉子配合食用。

（六）吃面包和面条的礼仪

面包一般掰成小块送入口中，不能拿着整块面包去咬。抹黄油或果酱时也要先将面包掰成小块再抹，抹一块，吃一块。此外，面包也可蘸调味汁食用，只是注意要用叉子叉住一块撕成小片的面包来蘸取调味汁，这是雅观的做法。面条有很多种形状，这里主要指的是看上去像中国面条的意大利面。吃意大利面，要练习一段时间。用叉子慢慢地卷起面条来，你会发现，如果每次是卷四五根的话，吃起来会容易得多了。可以用调羹和叉子一起吃，调羹可以帮助叉子控制滑溜溜的面条，这样也是可以被接受的。但是正宗的意大利人不这样吃，他们只用叉。

（七）喝咖啡和吃水果的礼仪

喝咖啡可以添加牛奶或糖，添加后要用小勺搅拌均匀，然后将小勺放在咖啡垫碟上。喝时应右手拿杯把，左手端杯碟，直接用嘴饮用，不能用小勺一勺一勺地舀着喝。在许多国家，把水果作为甜点或随甜点一起送上。通常是许多水果混合在一起，做成水果色拉，或做成水果拼盘，而不是单一的水果。吃水果时不能拿着整个水果去咬，应先用水果刀切成小瓣再去掉皮与核，用叉子叉着吃。吃水果的关键是怎样去掉果核。在没有刀或叉时，应该用两个手指把果核从嘴里轻轻拿出，放在果盘的边上，不能直接从嘴里吐出来。但在有刀叉的情况下，应小心地使用刀叉，还须注意不要把汁溅出来。

三、西餐上菜程序

西餐的午餐、晚餐不论是宴会还是便餐，都有一定的上菜顺序。正餐的上菜顺序为：头盆、汤、沙拉、主菜、甜品、咖啡或茶。总的来讲，西餐上菜的顺序是：先冷菜后热菜，最后再到冷菜；味道从鲜美到甜味；口味从清淡到浓重，再到清淡；从生到熟。

（一）头盆

头盆就是开餐的第一道菜，旨在开胃，所以又称开胃品或开胃菜，一般数量较少。头盆又分为冷头盆和热头盆。头盆常用中、小型盘子或鸡尾酒杯盛装，色彩鲜艳、装饰美观，以达到增进宾客食欲的目的。

冷头盆由冷制食品制成,例如熏三文鱼、黑鱼子酱、生蚝和鹅肝酱、虾仁鸡尾杯。

热头盆由热制食品制成,例如法式焗田螺、串烧海虾、奶油鸡酥盒、酿班戟。

(二)汤类

西餐中的汤类花色品种很多,大致可分为浓汤和清汤,也可分为冷汤类和热汤类。一般要求原汤、原色、原味。热汤中有清汤和浓汤,如牛尾清汤、鸡清汤、奶油汤、法式洋葱汤等。冷汤较少,比较有名的有西班牙冻汤、德式杏仁汤、格瓦斯冷汤(Cold Cucumber Soup)。

(三)沙拉

沙拉英文意思为凉拌食品,具有开胃、助消化和增进食欲的作用。沙拉可分为水果沙拉、蔬菜沙拉和荤菜沙拉三大类。前两种清淡爽口,适用于中、晚餐伴随主菜一起食用,后一种多用于冷盘,可单独作为一道菜。常见的沙拉有什锦沙拉(mixed salad)、厨师沙拉(chef's salad)、海鲜沙拉(seafood salad)、水果沙拉(fruit salad)。

(四)主菜

主菜又名主盘,通常是甜品前的一道菜,是全套菜的灵魂。制作主菜相当考究,既考虑色、香、味、形,又考虑菜肴的营养价值。主菜多用海鲜、禽畜做主要原料,采用炸、焗、烘、烤、煮、蒸、烧等方法制作而成,如大虾吉列、法式烧鸡、古巴式剪猪肉、法式烤羊腿等。

(五)奶酪、甜点

主菜用完后即上甜点。零点餐厅还需问清宾客是否要奶酪,如需要则先吃奶酪,后吃甜点。

吃奶酪还要搭配黄油、面包、克力架、芹菜条、小萝卜等,调味品用胡椒、盐。吃奶酪时常搭配喝葡萄酒(wine)。

甜点有冷热之分,是宾客的最后一道餐食。常为冰激凌、布丁、蔬乎利(Souffle)、派(Pie)、蛋糕、水果等。

四、西餐早餐服务流程与规范

(一)早餐摆台程序与标准

(1)铺台布:先将餐椅围着餐桌摆好,椅的前沿刚好与台布的下垂面接触,摆在同一边的椅子成一线,与桌边平行,椅子间的距离应当均匀。

(2)摆餐巾花:将餐巾折成统一的餐巾花,摆在餐位正中。

(3)摆餐具:先在餐巾花的右侧摆上餐刀,刀刃向左。再在餐巾花左侧摆上餐叉,叉齿朝上。餐刀与餐叉的距离通常为30cm,刀把和叉把距餐桌边1.5cm。将咖啡杯垫上垫碟,整套咖啡具摆在餐刀右侧,距餐桌边4cm。

(4)将花瓶、台号牌、糖缸、奶盅等集中摆放于餐桌的中心位置上。

(二)早餐服务程序与标准

(1)迎宾员站在餐厅门口,面带笑容等待顾客的光临。见到顾客时要说:"Good morning, Miss/Sir!(早上好,小姐/先生!)",并行30度鞠躬礼。"How many persons, please?(请问您几位?)","This way please.(请您这边走。)",做一个起步动作,在顾客前方约50cm~100cm处带路,引导客人入座。

(2)走到餐桌前时问顾客:"Is this table all right?(您是否喜欢这张餐台?)"

(3)顾客同意使用这张餐台后,迎宾员为顾客拉椅、让座、打开餐巾。这时应有一位服务员协助迎宾员负责这项工作。

(4)迎宾员安排好顾客入座后,服务员要呈递菜单,准备为顾客点菜,准备好纸和笔,以便写好点菜单。

(5)服务员问清顾客需要何种果汁饮料,如不需要则替顾客倒冰水。问清顾客是否需先饮咖啡或茶,可以说:"Good morning, Miss/Sir. Would you like some coffee or tea?(早上好,小姐/先生,您喝咖啡还是喝茶?)"

(6)迅速摆上鲜奶油,手持咖啡壶在顾客右边斟倒咖啡,注意不要倒得太满,八成满即可。倒完咖啡后应对客人说:"I'll be right back to take you order.(我立即回来为您点菜。)"

(7)服务员迅速把咖啡壶放回备餐间,立即回来为客人点菜。点菜时要面带微笑地说:"May I take your order now?(现在我可以为您点菜吗?)"

服务员为顾客点菜时应站在顾客的右边,先女士后男士。当顾客点菜时,服务员要细心倾听,记下顾客所点的菜肴;反应要迅速,如有不清楚的地方,及时向顾客询问。当顾客点菜完毕后,要向顾客复述一遍,以避免错漏。

(8)服务员迅速将顾客所点的菜肴写在点菜单上,通过收银员盖章后,将点菜单一联交收款处准备账单,二联迅速送入厨房,然后根据点菜单的菜肴上菜。要与厨师配合,把握出菜时间。上菜时要注意节奏,不要太快,也不要太慢。上菜后应对顾客说:"Enjoy your breakfast.(请慢用。)"

(9)按菜式准备用具、配料,如为面包、吐司配果酱、黄油,为麦糊配鲜奶、细糖、精盐等。

(10)先上谷类食品,再上蛋类吐司。

(11)检查台面是否要收餐具、添咖啡。顾客用完餐后,服务员应立即上前询问顾客是否可以收餐具:"May I take this away?(我可以撤掉这个餐盘吗?)"如果顾客同意,应从顾客的右边用右手将餐具撤走。在撤走餐具过程中要注意安全、操作要轻,同时可征求顾客对菜式的意见,这样可减少顾客对撤餐具的注意力。

(12)餐具收完后,需检查台面是否要更换烟灰缸、加咖啡等。如客人没有其他需要,就准备好账单。客人未叫结账时,不可催促,而应问清顾客还需要什么服务;待顾客要求结账时,用账单夹将账单夹好,双手呈上,账单夹应放在顾客的右边。结账时要轻声告诉客人钱数,并要多谢顾客付款,找零钱时应说:"Thank you.(谢谢您。)"

(13)顾客如要签账单,应询问顾客是否持有酒店信用卡。结账时要特别注意礼貌礼节,不能随便。

(14)顾客结账后,服务员应留意顾客是否要离座。顾客离座时,服务员应上前拉椅,同时检查顾客是否遗留了物品,如有应及时送还顾客。对顾客的光临表示感谢并希望他们再来时应当说:"Thank you. Please come again.(感谢您的光临,希望您下次再惠顾。)"

(15)清理台面并重新摆位,准备迎接下一批顾客。

五、西餐正餐服务流程与规范

西餐正餐服务的专业性较强,不但要求服务员熟悉菜肴与酒水及其服务方式,掌握客前烹饪技能,有娴熟的推销技巧,而且要求他们能用外语对客进行服务,并具有较高的礼貌礼仪素养。下面以扒房为例,介绍西餐正餐服务流程与规范。

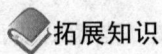 拓展知识

扒房

扒房是传统的西餐厅,或称为法国餐厅,它是饭店为体现自身餐饮菜肴与服务的水准,满足高消费宾客的需求,以增加经济收入而开设的高级西餐厅。

扒房的布置,要求高雅、富丽、神秘并具有独特的风格。一般的设计主题以欧洲的文化艺术为背景。

扒房的色彩多以暖色为基调。地毯、餐椅、墙壁要求色调协调。灯光较暗淡,吸顶灯、吊灯、壁灯亮度均能调节。开餐时所有灯光调得很暗,以餐桌上的蜡烛光照明为主。背景音乐主要播放世界古典名曲,有时是安排钢琴现场演奏或小提琴桌边表演。演奏可由宾客点曲,从而形成一种浪漫、典雅的气氛。

在扒房入口处或中央设置的展示台,是用水果、蔬菜、酒品、服务器具等精心设计装饰而成,其目的是为了突出餐厅的特色和主题。

扒房所使用的餐具、服务器具既高档又专业化,如银制或镀银的餐叉、餐刀,水晶杯,贵重的烹制车、酒车、甜品车、手推车,精致的瓷器等。

扒房的家具也较豪华,如羊皮扶手沙发、精致方形或长方形餐桌、法兰绒桌垫、全棉桌布等。

扒房服务员以男性为主,着紧身西装,佩戴领结,或穿燕尾服佩戴领结。

女引座员一般着西式拖地长裙,长裙以黑、红等深色为多。所有服务员能熟练用英语会话,有些扒房还要求服务员懂法语。

扒房的菜单、酒单印制得非常讲究,常常采用皮革封面。菜单中应包括该扒房所经营餐式(如法式、意式、俄式西餐)中的主要大菜和风味食品。

扒房的酒水品种齐全,特别注重配齐世界各地所产的著名红、白葡萄酒和其他名牌酒品。

(一)餐前准备工作

(1)保持餐厅的整洁卫生,台椅应当摆放整齐和稳固。按照扒房摆台的标准摆好餐台。

(2)准备好干净的调酒器、咖啡炉具以及各种水杯、酒杯、餐具、银器、酱料。准备好各种酒、饮料和冰水。

(3)检查并保证音响、照明、空气调节器及其他一切设备运转正常。

(4)熟悉当天的特色菜肴。

(二)电话订餐服务

(1)电话铃响不能超过三声。接电话时首先用英文问好:"Good evening. This is the grill room. My name is ×××. May I help you, Miss or Sir?"(意:晚上好,这是扒房。您要订餐吗,小姐或先生?)

(2)如果对方无反应,即用中文问好:"您好,这是扒房。您要订餐吗,小姐或先生?"

(3)在接受订餐时,必须问清顾客的姓名、订餐人数、就餐时间及房间号码。如果顾客有特殊要求(如果餐桌的位置、特殊的菜式、生日蛋糕等),要认真记录,并将预订登记表(表3-2)填写好。

表3-2 餐位预订登记表

餐厅名称: 餐别: 日期: 年 月 日

时间	人数	联系人姓名	地址	电话号码	备注

(三)餐前会

开餐前半小时,每个服务员都要参加由餐厅经理或主管主持的餐前会。会上由经理宣布任务分工,介绍当日特别菜肴及其推销、服务,让员工了解当日客情、VIP接待注意事项、本餐厅典型事例的分析及处理,检查员工仪容仪表。服务员接受任务后,回到各自岗位做好开餐准备工作。

(四) 迎宾服务

(1) 顾客到达餐厅时,迎宾员应主动上前欢迎,问清顾客是否预订了餐位。可以说:"Good evening, welcome to the grill room, have you made a reservation？（晚上好,欢迎您来我们西餐厅！请问您订座了吗?）"

(2) 如果顾客已订座,迎宾员应热情地引导顾客入座。如果顾客没有订座,而餐厅已满座或空台还没有收拾好,迎宾员应主动介绍顾客到扒房酒吧稍等,并推销饮品。可以说:"Would you like have a drink in our bar? I'll call you as soon as the table is ready.（请到我们的酒吧喝点饮品好吗？如有座位我马上来请您。）"

(3) 迎宾员引领顾客入座,并与餐厅服务员合作帮助顾客拉椅子,帮顾客打开餐巾并点燃蜡烛。迎宾员离开时,向客人说:"Enjoy your dinner.（请享用您的晚餐。）"

(五) 席间服务

(1) 顾客入座后,迎宾员点燃蜡烛,然后回到迎宾岗位。看台服务员向顾客问好,为顾客打开餐巾,斟倒矿泉水（有时放进一小片柠檬）。侍酒员或餐厅领班到顾客面前推销饮品,推销饮品时应当说:"Would you like some drinks before your dinner？Beer、cocktail or fruit juice? We have…（请问您餐前喝些什么饮品？我们有各种啤酒、鸡尾酒和果汁,请问您喜欢喝哪一种？）"

(2) 推销完餐前饮料后,餐厅领班从顾客的右边递送菜单,并介绍当日餐厅的特色菜。之后,领班主动上前从顾客的右边给顾客点菜,先女士后男士。点菜前说:"May I take your order？（请问您现在点菜吗？）"在点菜过程中,要重复客人所点的菜的名称和数量,离开前应当说:"Thank you.（谢谢您。）"

在顾客点下列菜肴时,领班或接受点菜的服务员应注意下述事项:

①客人点牛排、羊排,应问生熟程度。按照惯例,牛排生熟程度分为全熟、七成熟、五成熟、三成熟和一成熟五个层次。

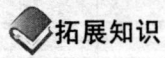
拓展知识

牛排、羊排的生熟程度

西餐烹制牛、羊肉时的生熟程度一般分为下述几种:

(1) 一成熟(Rare,简写为R)。肉表面微焦黄,中间为生肉,装盘后有血水渗流出来。

(2)三成熟(Medium Rare,简写为 MR)。肉表面焦黄,中间为红色生肉,装盘后无血水渗出,但切开后有血水流出来。

(3)五成熟(Medium,简写为 M)。肉表面呈褐色,中间为粉红色,切开时无血水流出。

(4)七成熟(Medium Well,简写为 MW)。肉表面呈深褐色,中间呈茶色(略有粉红色)。

(5)全熟(Well-done,简写为 W)。肉表面焦煳,中间全部为茶色。

②客人点色拉,应问配何种色拉汁。如油醋汁、法式汁、千岛汁等。

③在客前制作恺撒色拉时,要将装有各种调料的盆子端给宾客看,征询宾客是否要放全每种调料。

(3)酒水员送上顾客所点的餐前饮料,注意从顾客的右边上,并介绍饮品的名称。餐厅服务员从顾客的左边上黄油,放在面包碟上方,将面包篮放在顾客的左手边的适当位置。餐厅服务员根据领班记录的点菜单,摆上适当的餐具。根据需要准备烹调车、服务用具、调味品、用料等。

(4)酒水员从顾客的右边递上酒单,并根据顾客所点的菜主动介绍和推销佐餐酒(各种白葡萄酒和红葡萄酒)。递上酒单时说:"Here is our wine list.(这是我们的酒单。)"

酒水员介绍餐酒时可以说:"Would you like to order a bottle of red wine to go with your steaks, Sir?(先生,您要一瓶红葡萄酒配上您的牛排吗?)"或"What about a bottle of white wine to go with your seafood, Sir?(先生,您要一瓶白葡萄酒配上您的海鲜吗?)"

在客人确认了所点的酒水后,酒水员应认真填写酒水订单(见表3-3)。酒水订单一式三联,一联交收款台以备结账,二联送吧台取酒水,三联自留备查。

表3-3 餐厅酒水预订单

日期		服务员姓名		台号		人数	
品名				数量		金额	
合 计							

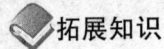拓展知识

西餐酒水与菜肴的搭配

在西餐中,酒水与菜式的搭配有一定的规律。总的来说,色、香、味淡雅的酒品应与色调冷、香气雅、口味纯、较清淡的菜肴搭配,如头盆、鱼、海鲜类应配以白葡萄酒(需冰镇)。香味浓郁的酒应与色调暖、香气浓、口味杂、较难消化的菜肴搭配,如禽类配红葡萄酒。另外,咸食选用干、酸型酒类,甜食选用甜型酒类。在难以确定时,则选用中性酒类。

下面介绍几种较为流行的菜肴与酒水搭配方法。

(一)餐前酒

又称开胃酒,一般选用具有开胃功能的酒品,如鸡尾酒(Cocktail)和软饮料(Soft Drink)等。

(二)汤类

一般不用佐餐酒,如需要可配较深色的雪利葡萄酒(Sherry)或白葡萄酒。

(三)头盆

头盆大都是些较清淡、易消化的食品,可选用低度、干型的白葡萄酒。

(四)海鲜

选用干白葡萄酒、玫瑰露酒,在喝前一般需要冷冻。一般来说,红葡萄酒不与鱼类、海鲜类菜肴相配饮用。

(五)肉、禽、野味

选用度数为12度~16度的干红葡萄酒。其中小牛肉、猪肉、鸡肉等白色肉类最好选用度数不太高的干红葡萄酒。牛肉、羊肉、火鸡等红色、味浓、难以消化的肉类,则最好配以度数较高的红葡萄酒。

(六)奶酪

食用奶酪时一般配较甜的葡萄酒,也可继续使用配主菜的酒品,有时也选用波特酒(Port Wine),配蓝芝士(Blue Cheese)和羊奶芝士(Goat Cheese)。

(七)甜点

选用甜葡萄酒或葡萄汽酒。

(八)餐后酒

用餐完毕后,可选用甜食酒、蒸馏酒和利口酒(Liqueurs)等酒品,也可选用白兰地(Brandy)、爱尔兰咖啡等。香槟酒和玫瑰葡萄酒则在任何时候都可配任何菜肴饮用。

(5)从顾客的右边上红白葡萄酒。如顾客已订座,则在顾客未到之前摆上红、白葡萄酒杯。红葡萄酒用银制的酒架或藤制的酒篮盛装,白葡萄酒则用冰桶冷藏,并附上一条餐巾。为顾客服务葡萄酒时将酒拿到餐桌边,把葡萄酒的标签出示给客人,待客人认可后再开启葡萄酒,并用餐巾抹干净瓶口,将瓶塞递给客人鉴赏。

(6)斟少许葡萄酒给主人品尝,待主人认可后再给其他顾客斟酒。斟酒时,酒液不得超过酒杯的 2/3,逆时针方向斟酒,先女士后男士。斟完酒后将红葡萄酒瓶连酒架或酒篮一起放在桌面适当的位置上,酒的标签朝向主人。白葡萄酒斟完后酒瓶放回冰桶冷藏,冰桶放在桌子旁边适当的位置上。斟酒完毕,酒水员离开前说:"Enjoy your dinner.(请您慢用。)"

(7)扒房上菜的顺序是开胃菜、汤、沙拉、主菜、甜品。上菜时重复顾客所点的菜名,并且应将所有的主菜一起揭开盘盖说:"Enjoy your dinner please.(请您慢用。)"

(8)顾客酒杯里的酒少于 1/3 时,要随时斟上。如酒瓶已空,要出示给顾客并主动推销葡萄酒。待主人认可后,方可将空酒瓶或酒具拿走。勤向杯里斟冰水,水杯里的水不能少于 1/3。客人吃面包时,当黄油盅里的黄油已少于 1/3 时,应当添黄油。烟灰缸内有两个以上的烟头,或烟灰缸内有许多杂物时应当更换烟灰缸。收撤空饮品杯时可推销其他饮品。顾客用完每道菜肴后,撤去用过的餐具并斟倒酒水。

(9)撤餐具时,放在客人左手边的餐具从顾客的左侧撤下,右手边的餐具从右侧撤下。不可在餐桌上当着客人的面清理盘内剩菜,或将盘子在餐桌上摞起撤走。在撤下主菜盘上甜品和水果之前,应用一块叠好的干净餐巾把撒落在桌子上的菜和面包屑等扫进一个小盘里,同餐桌上用过的餐具一并撤下,保留水杯、饮料杯、烟灰缸、花瓶、蜡烛等,保持桌面整洁。

(10)有时顾客在扒房点菜时,没有一次将菜肴点齐,通常仅仅点到主菜为止,再根据用餐的情况点甜品。这时服务员应当主动向顾客推销甜品,适时推来甜品车或从顾客的右边递上甜品单,并推荐时令水果、雪糕、奶酪、各式蛋糕、特式咖啡、茶等。根据顾客需要的甜品摆上相应的餐具。从顾客的右侧送上甜品,摆在餐位的正中,报上甜品的名称,礼貌地请顾客享用。顾客用完甜品后,除留下酒水杯外,将其他餐具撤去。

(六)结账服务

当顾客用完主菜后,餐厅领班应主动上前询问菜肴和服务质量。全部菜肴上完后,服务员准备好账单,待顾客餐毕要求结账时,问清付款方式,马上送上账单。此前领班要检查账单是否准确无误。账单用账单夹夹好,从主人的右边递上,并说:"Here is your bill. Thank you very much.(这是您的账单,非常感谢。)",此时无须读出账单金额。

（七）送客服务

当顾客准备起身离开时，应为顾客拉开椅子。迅速检查顾客是否有遗留的物品。将顾客送出餐厅门外，向顾客道别并欢迎其再次光临。道别时说："Thank you. Please come again.（多谢光临，欢迎再来。）"

送走客人后，服务员使用托盘，按照撤台的标准程序清理台面。将餐椅摆放整齐，更换台布，重新摆台。

第三节　其他服务流程与规范

一、自助餐服务

自助餐是一种趋于自我服务的就餐形式，它有中式自助餐、西式自助餐、中西结合式自助餐。宾客进入餐厅后，在预先布置好的食品台上自取餐具、自选食品、任意选菜，然后自己取回在座位上享用。

自助餐接待对象通常是零散客人，主要要求价格便宜、品种多样、节省时间，消费标准一般比零点餐厅低。自助餐盛行的原因有以下三点：一是菜肴丰富、装饰精美、价格便宜。二是就餐速度快，餐位周转率高，适合现代社会快节奏的生活工作方式。三是服务员只需提供简单的服务，如斟倒酒水、撤脏碟、结账等，这样餐厅可节省人员、节约开支。许多饭店咖啡厅早餐、午餐多采用自助餐形式。

自助餐台也叫食品陈列台，其安排形式多样、变化多端，布置时须注意：醒目而且富有吸引力；方便客人取菜；台布既遮住台脚，又不能让人踩着。

常见的台型有 I 形台、L 形台、O 形台以及扇面台、半圆形台、1/4 圆形台等其他台型。

（一）台面布置

(1) 供客人盛菜用的餐碟放于自助餐台最前端（靠近入口处的一端），餐碟叠放要整齐，不可堆得太高，以免倒塌。

(2) 餐刀、餐叉、汤匙及餐巾纸整齐地放于餐碟前面。有的餐厅把餐具摆在餐台上，自助餐台上就不用放餐具。

(3) 按色拉、开胃品、汤、熏鱼、热菜、主菜、甜品、水果的顺序摆放菜肴。

(4) 可将某些特色菜分台摆放，如甜品台、水果台或切割烧烤肉类的服务台。

(5) 凡热菜必须用保温锅保温。

(6) 每盘菜肴都要摆放一副取菜用的公用叉、勺，菜盘前摆放中英文菜牌。

(7) 所有菜盘不得伸出台边，一般距台边 5cm 左右。

(8)摆放菜肴时注意色彩搭配,各种菜要和与之相配的调味品、沙司等放在一起,做到美观整齐。

(9)成本较低的菜靠前放。客人先取食便宜的菜肴,会减少昂贵菜肴的消耗量。

(10)台面中间部分用冰雕、牛油雕、果蔬雕、鲜花、水果或餐巾花装饰点缀。

(二)餐台摆台

自助餐厅的台椅应摆放整齐,台面摆设按零点餐厅摆放。

(三)自助餐服务程序

1. 准备工作

(1)按自助餐要求,摆放整理好自助餐的菜台和餐台,并按照菜单准备好各类餐具和用具。

(2)根据自助餐的要求,做好菜台的布置工作,菜台要用台裙围边;台面上放置好各种装饰用鲜花、各种雕刻或其他艺术品,准备好各种盛放热菜的保温锅等。

(3)按照从冷到热,从素到荤或从淡色到浓色的原则将菜肴分类摆放,并在菜台前端的位置摆放餐碟及其他就餐用具。

2. 值台工作

(1)给客人斟冰水或征询客人需要什么饮料,并为客人提供。

(2)向客人推荐食品并帮客人拿取、分送食品。

(3)客人取一轮食品后,要增补食品或整理好盘里凌乱的食品,保持食品的外形美观。

(4)扒类菜肴由客人自择分量,在客人面前切好,将切好的食品派到客人的碟内。需加汁的,帮客人加汁。

(5)客人到食品台取食物时要给客人递碟,热诚地为宾客服务。餐台上的空碟、饮料杯要及时撤走。

(6)用餐过程中要勤巡视,细心观察。如客人要吸烟,要为客人点火;烟灰缸里有两个烟头就要撤换,保持台面的清洁。

(7)若客人不小心弄脏了台面和衣物,要主动为客人清洁。

(8)客人吃完了菜品和甜品,要征询客人要咖啡还是茶,然后为客人提供。

(9)客人用餐完毕要求结账时,要尽快为客人结账。

3. 结束工作

(1)营业结束后要收拾好食品台、酒吧及餐台上的餐具,搞好清洁卫生,保持餐厅的整洁美观,待主管或领班检查后方可离开。

(2)检查客人有无遗留物品,烟火是否都已熄灭,关闭电源,关好门窗。

二、客房送餐服务

客房送餐服务(Room Service)是饭店为方便顾客、增加收入、减轻餐厅压力、体现饭店档次而提供的服务项目,它是将住店客人预订的菜肴和酒水运送到客房,并提供简单服务,使客人能在房间内用餐的过程。

饭店的客房送餐服务一般是由客房送餐部完成的。客房送餐部通常为餐饮部下属的一独立部门,一般提供24小时服务。服务项目有早餐、午(晚)餐、夜宵、午茶、点心、各种饮料和酒类。客房送餐可以通过电话随点随送,早餐也可以在前一天晚上填写"早餐门把手菜单"进行预订。

(一)客房送餐服务程序

客房送餐点菜的价格较高(比餐厅价格高20%~30%甚至更多),这主要是因为服务周到、细致,而且环节多、人工费用高。许多饭店客房送餐服务的食品是由咖啡厅厨房提供的,由于咖啡厅提供菜肴种类及提供服务的时间与房内用餐大体相同,所以客房送餐办公室多设在靠近咖啡厅厨房的地方。

(1)送餐员从订餐员处取得宾客订单,在订单上打出取单的时间。将送入厨房的一联交给厨师长,以便准备菜肴;将订单另一联夹在托盘或送餐车上,让领班或经理检查准备情况。

(2)迅速根据订单准备托盘或送餐车,将各种食品必需的各种餐具、用品、调料全部按规定摆好后,还需彻底检查。

(3)通常咖啡、茶等由服务员准备。

(4)送餐员在送餐记录单上填写房号、时间等项目,由房内用餐部经理控制服务质量,了解第一手资料。

(5)到收银处取来账单,并作检查。

(6)将准备好的食品、饮料送到楼层,采取一切措施保证热的食物、饮料热供应,冷的食物、饮料冷供应。

(7)进客房前先核实房号,然后轻轻敲门或按门铃,同时说:"room service。"(客房服务)敲门不要太急,一般敲三下后稍事停顿;如果没有反应,再重复一遍。

(8)送餐员进门后,以顾客的姓氏尊称顾客向其问好。在征求顾客意见之后,在适当的位置放下托盘或打开送餐车。如使用托盘送餐,应小心挪开台上的用品,再放上托盘;如使用送餐车,把车推到房间里的合适位置,然后打开送餐车,整理食品,熄灭燃炉,从保温箱中取出菜肴并摆好。在一切都做妥当后,揭开餐碟盖与保鲜膜,介绍菜名,帮助宾客开酒瓶斟酒,并询问客人是否有其他需要。在宾客不需要更多服务时,递上账单请宾客签字,签完后一联交由宾客保管。送餐员要熟记菜单的内容,随时回答宾客疑问。离开前可征询客人何时收回餐具并向宾客道谢,祝宾客用餐愉快。

（9）送餐员在送完餐后,应迅速返回房内用餐部,将客人签好的账单交给收银处入账。如果宾客付现款,则在返回后立即向收银处报缴。

（10）递交账单后,在送餐记录单上填写返回时间、何时收台,以保证及时收回餐具等。

（11）送餐员在收餐具时,要注意保持客房内的清洁卫生。从房内收出的餐具要及时清点、及时检查缺损、及时送洗,不可滞留于楼层之内。

（二）客房送餐服务注意事项

客房送餐服务的最大特点是带给客人饮食上最舒适自由的享受。因此餐饮服务人员送餐不但动作要熟练、迅速,而且态度要礼貌周到和蔼亲切,使客人得到最佳的服务。客房送餐服务应注意以下事项：

（1）接到顾客要求房间送餐的电话时,先用英语（中文）向顾客问好；顾客点菜肴和酒水时,订单员要记录房间号码、顾客姓名、所点的菜肴和酒水、特殊要求、用餐人数、结账方式等,并向顾客重复以上内容,对不清楚的菜肴和酒水请顾客重复并确认。

（2）酒水、菜肴、点心都需要分单记录。记录点菜单时,使用规范的菜肴缩写名称,并注明顾客的特殊要求。

（3）如顾客点了菜单以外的菜品,服务员不能确定是否能满足顾客要求时,应当有礼貌地向顾客说明,过5分钟后再打电话回复。如确定不能满足顾客的要求时,主动向顾客推销其他菜品。

（4）如果客人点叫冷饮,则须准备足够的玻璃杯,以便临时增加访客所需。

（5）厨师在接到点菜单后,必须立即制作菜品,两人分量的菜肴应在10分钟内完成。

（6）送餐员应打开送餐车的保温箱并将燃炉点着,预热保温箱后送入厨房装菜。热菜和热饮必须放入保温箱内保温,冷菜放在送餐车台面上,封上保鲜膜或加盖。辣酱油、酱油、番茄汁、醋等调味品要保证新鲜。送餐车应摆上鲜花、送餐卡、开酒水瓶的用具等。这些物品务必要一次带齐全,避免三番两次补充,以免来回奔波浪费人力、时间,也易引起客人的不悦。

（7）送餐员应当乘规定的电梯并按规定的路线送餐。客人所点的食物或饮料,必须按时送达,勿使客人久候。

（8）为客人布置菜品酒水时,一定要将燃炉熄灭,并主动将餐碟盖和保鲜膜揭去。

（9）结账时,应问清楚顾客的付款方式。如果顾客签单,立即将账单连同笔递给顾客,请顾客签上房号、姓名,并提醒顾客用正楷填写,核对无误后向顾客致谢,然后到前台将顾客的签单转入顾客的账目。如果顾客用现金付款,应当面点清,从准备好的零钱袋内找钱给顾客并致谢;如果顾客以外币付款,要告知顾客当天的汇率并准确折算。

(10)离开客房前,需要向顾客询问是否还需要什么,并适当征求顾客对菜品的意见,最后向顾客道别,轻轻将房门关上。送餐一小时后,如未接到顾客要求收餐的电话,应主动打电话到顾客的房间,向顾客询问可否收餐具,并询问顾客对菜品的意见,记录后反馈给厨房。在得到顾客同意后,于5分钟内抵达顾客房间,将餐具点清收齐。如果是用托盘送的餐,收回餐具时,应当携带托盘和餐巾。收餐具时,切忌在顾客房间内刮盘、叠盘,收回的餐具要用餐巾遮盖,使用托盘托走;且要当场详细清点数目,以避免餐厅的损失。若有损失或损坏,应以和蔼态度请客人找回来,万一无法解决时,应报单位主管处理。

案例分享

曼谷东方饭店的服务

于先生两次因公务到泰国出差,下榻在曼谷东方饭店。第一次入住时饭店良好的环境和服务就给他留下了深刻的印象,当他第二次入住时几个细节更使他对饭店的好感迅速升级。

那天早上,当他走出房门准备去餐厅的时候,楼层服务生恭敬地问道:"于先生是要用早餐吗?"于先生很奇怪,反问"你怎么知道我姓于?"服务生说:"我们饭店规定,晚上要背熟所有客人的姓名。"这令于先生很吃惊,因为尽管他频繁往返于世界各地,入住过无数高级酒店,但这种情况还是第一次碰到。

于先生高兴地乘电梯下到餐厅所在的楼层,刚刚走出电梯门,餐厅的服务生就说:"于先生,里面请。"于先生又疑惑了,服务生并没有看到他的房卡啊!就问:"你知道我姓于?"服务生答:"上面的电话刚刚下来,说您已经下楼了。"如此高的效率让于先生又吃了一惊。

于先生刚走进餐厅,服务小姐微笑着问:"于先生还要老位子吗?"于先生的惊讶再次升级,心想:"尽管我不是第一次在这里吃饭,但最近的一次也有一年多了,难道这里的服务小姐记忆力这么好吗?"看到于先生惊奇的目光,服务小姐主动解释说:"我刚刚查过电脑记录,去年的6月8日您在靠近第二个窗口的位子上用过早餐。"于先生听后兴奋地说:"老位子!老位子!"

服务小姐接着问:"老菜单?一个三明治,一杯咖啡,一个鸡蛋?"现在于先生已经不再惊讶了,"老菜单,就要老菜单!"于先生已经兴奋到了极点。

上菜时餐厅赠送了于先生一碟小菜,由于这种小菜于先生是第一次见到,就问:"这是什么?"服务生后退两步说:"这是我们特有的××小菜。"

服务生为什么要先后退两步呢?原来他是怕自己说话时口水不小心落在客人的食物上。这种细致入微的服务给于先生留下了终生难忘的印象。

思考:饭店服务工作中,饭店管理层以及全体员工怎么样才能做到个性化服务,超越客人的心理期望,给予客人惊喜,获得客人的认同和赞许呢?

 思考与练习

一、名词解释

1.餐前例会

2.客房送餐

3.自助餐

二、论述题

1.餐厅卫生工作包括哪些内容?

2.接听订餐电话要注意什么?

3.如何做好点菜工作?

4.比较几种西餐服务方式的特点及适用场合。

5.试述中餐正餐接待程序。

6.试述西餐正餐接待程序。

三、案例分析

星级饭店的餐厅厕所

我国北方某城市一家星级饭店的餐厅内生意兴隆,食客熙熙攘攘。刚把皮包放好准备点菜的华先生突然感到不适,忙问服务员卫生间在哪里?服务员告诉他餐厅里有一个,另一个在离餐厅较远的商品部附近。华先生急匆匆地进了餐厅的卫生间,一进门便踩了一脚水,同时一股难闻的异味迎面而来。"天啊!这哪里是饭店的卫生间啊,这明明是一个污水池嘛。"华先生望着已经流到门口并继续蔓延的污水,差一点作呕起来。出于无奈,他屏住呼吸急速方便后马上跑出来,刚出门便滑了一跤。

"我要找你们经理投诉。你们的卫生间又脏又差,门前也不铺地毯,让我摔了一跤。"华先生怒气冲冲地向服务员叫喊着。

"我们这里的卫生间主要是为工作人员设的,楼下商品部旁边还有一个,您最好去那里。"服务员推脱地答道。

"楼下的卫生间也很脏,而且不好找。"一位食客站起来大声呼应着。

华先生又怒火冲天地找到餐厅经理投诉。没想到经理也敷衍地回答:"卫生间总是有异味的,中国人上厕所不要太讲究……"

华先生怒不可遏:"你们太不像话了,星级饭店餐饮的卫生环境糟糕到这种程度,简直难以置信!我要继续告你们,要告诉大家都不来你们这里吃饭。"华先生拿起皮包与同伴们悻悻离去。

餐厅内的气氛顿显索然,几位食客不知什么原因也站起身悄然离去。

思考:结合案例分析星级饭店餐饮卫生环境的要求。

第四章 宴会服务

> **引　言**

宴会是人与人之间的一种礼仪表现和沟通方式,是人们生活中的美好享受,也是一个国家物质文明和精神文明发展程度的重要标志之一。进入21世纪后,随着社会的不断发展和进步,宴会已经超出单纯的风俗礼仪概念范畴而成为一种新的文化产业现象。作为酒店餐饮部宴会经营管理者而言,如何对宴会业务进行全面系统的研究,不仅具有积极的理论意义,而且对于指导餐饮部进行宴会设计与管理具有现实的参考价值。

> **学习目标**

1. 了解宴会的起源、含义、作用、类型和特征,宴会设计的作用和要求。
2. 理解各类中式、西式宴会的特点。
3. 掌握宴会预订的内容,掌握宴会服务设计的要求和内容,并能按照宴会服务操作流程设计一个宴会。

第一节　宴会概述

西汉许慎所著的《说文》写道:"宴:安也。"从字义上看,"宴"的本义是"安逸""安闲";引申为宴乐、宴享、宴会。而"会"是许多人集合在一起的意思。后来,"宴会"的意思便成了"众人参加的宴饮活动"。从古至今,宴会有着不同的名称:筵席、宴席、筵宴、酒宴、燕饮(古时"宴"与"燕"通用)、会饮、酒席、酒会、招待会和茶话会。称谓虽不同,但含义大体相同。由此得出,所谓宴会就是指政府机关、社会团体、企事业单位、公司或个人之间为了一定的社会交往目的,根据接待规格和礼仪程序而举行的一种隆重、正式的餐饮活动。它是以餐饮聚会为表现形式的一种高品位的社交活动方式。

一、宴会的起源

现代宴会起源于古代筵席。殷商时期,由于没有桌椅,宴请宾客时人们席地而坐,筵与席是铺在地上的坐具。久而久之,筵席的意思便衍化成了"具有一定规格质量的一整套菜品",又引申为整桌酒菜的代称。由于筵席必备酒,因此又称宴席、酒席。

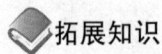拓展知识

筵与席的区别

筵与席的区别是:筵大席小、筵长席短、筵粗席细、筵铺在地面、席放置筵上。后来人们在这种坐具上摆放食物,席地而食。若筵与席同设,既表示富有,又体现对客人的尊重。

宴会的产生和发展经过了一个相当漫长的历史过程,是在社会上有了一定的富余产品,积累的食物日渐丰富,人与人之间有了一定的社交往来之后才逐渐形成的一种就餐方式。宴会的起源与我国先民祭祀、礼俗、时令、起居等因素密切相关。

(一)祭祀活动促进宴会的产生

上古时期,人们对许多自然现象都不了解,只能唯心地理解为上天或祖宗的意志所致,于是就产生了对天地神灵、祖宗的各种祭祀活动。为了表达对祭祀对象的尊重,必须准备一些祭品(如牛、羊、猪等)和祀器。起初,人们祀天神、祭祖先完毕后,部族首领就将祭祀过的食品分给族人或臣民食用,家长把祭祀祖宗的食物分给亲人享用,称为纳福。这种纳福就是古代宴会的萌芽。各种盛装用的礼器也就演变为现在宴会中的餐具。

(二)礼仪风俗影响宴会的形成

自古以来,中国就是一个礼仪之邦,非常讲究各种礼节。不管是宫廷官府还是平民百姓,各种礼仪名目繁多。如祭祀鬼神的吉礼,婚庆喜事的嘉礼,男子成年的冠礼,女子成年的笄礼,孩子出生的洗礼,庆贺祝寿的寿礼等。通常情况下,行礼就要摆宴,否则就是礼仪不周。所以说,宴会的形成与古代各种礼俗有着很大的关联。

(三)时令季节是宴会出现的重要原因

在我国古代,人们在季节气候改变、年岁更替等特殊日期都会举行一些活动,并且年复一年进行,代代相传,从而形成民俗节日。在这些节日里,人们往往要配

以各种活动,进行仪式性庆祝,其中也不乏饮食的内容。在中国古代,节日的饮食活动是一种群体的聚餐形式,加上人们聚餐是为了纪念特定的节日,由此,也使得时令季节直接导致了宴会的形成。

(四)宫室起居是宴会形成的前提条件

宴会一般都是在特定的场所和条件下举行的。殷商时期,王公贵族或富人家庭都习惯把各种草荐编织成席铺于堂室之内,主要是为了隔潮取暖、洁净卫生。开始时人们常在席上祭祀,后来又在席上进餐。可以说,宫室起居为宴会规格化、礼仪化特征的形成提供了前提条件。

二、宴会的特征

(一)宴会的基本特征

1. 聚餐式

这是宴会形式的重要特征。聚饮会食是宴会的最基本的特征。赴宴者通常由四种人组成,即主宾、随从、陪客与主人。主人是东道主,主要宾客是宴会的中心人物,常安排在最显著的位置就座,宴饮中的一切活动都要围绕他而进行。宴会即大家在同一时间、同一地点,品尝同样的菜点,享受同样的服务,为了一个共同的主题而聚饮会食。

2. 规格化

这是宴会内容的重要特征。宴会内容讲究规格和气氛,应气氛隆重、菜点丰盛、接待热情、礼仪规范。既然是盛宴,就必然要求礼仪程序井然,环境选择优美,菜点设计配套,烹饪制作精良,餐具精致整齐,整体布置得当,席面设计考究,菜点组合协调,形成一定的格局和规程。并且要制造宴会祥和、欢快、轻松的氛围,给人以美妙的精神享受。

3. 社交性

这是宴会目的的特征。宴会是社交活动的重要形式。人们设宴皆有明显目的:如国际交往、国家庆典、亲朋聚会、红白喜事、饯行接风、疏通关系、酬谢恩情、乔迁置业、商业谈判以及欢度佳节等。总之,人们相聚在一起,品佳肴美味,谈心中之事,疏通关系,增进了解,加深情谊,从而实现社交目的。这正是宴会自产生以来几千年长盛不衰、普遍受欢迎的一个重要原因。

4. 礼仪性

《礼运》称"夫礼之初,始诸饮食"。宴会礼仪是赴宴者之间表现互相尊重的一种礼节仪式,也是人们出于交往目的而形成的为大家共同遵守的习俗。宴会礼仪内容广泛。如:要求酒菜丰盛,仪典庄重,场面宏大,气氛热烈;讲究仪容的修饰、衣冠的整洁、表情的谦恭、谈吐的文雅、气氛的融洽、相处的真诚;注重餐室布置、台面点缀、上菜程序、菜品命名；重视嘘寒问暖、尊老爱幼等。此外，还要注意因时配菜，因需配菜，尊重宾主的民族习惯、宗教信仰、身体素质和嗜好忌讳等。宴会主办者为了表达自身的热情好客，总希望能营造出一种热烈、隆重的气氛。上自国宴，下到民宴，礼仪愈是隆重，愈能体现主人对来宾的尊重和欢迎。如在国宴上，宴会厅内布置豪华讲究，悬挂国旗、会标，环境庄重，突出主宾席。宴会开始时，奏两国国歌，席间播放席间曲，有关领导致祝酒词等，体现了国宴特有的华丽、庄重的气氛。民间婚宴虽不及国宴场面华丽，但其热烈程度丝毫不减。

5. 厚利性

宴会的高档次、高要求，必然带来高消费、高收益的特征。一般而言，宴会的毛利率往往远远高于零点餐厅，它是饭店餐饮业务中平均每位客人消费额最高的业务之一。

（二）宴会的其他特征

作为一种大型的宴饮活动，宴会除了具有以上基本特征以外，还具有设计的广泛性、组织的严密性、档次的差异性等特征：

1. 设计的广泛性

一个大型或重要的宴会，服务工作涉及方方面面。如环境布置、台面安排、菜单设计、菜品制作、接待礼仪、服务规程，以及灯光、音响、卫生、保安等。因此，要求宴会设计师有较高的文化素养和较全面的综合知识，综合运用心理学、民俗学、管理学、美学、营养学、烹饪学等多门学科知识，对各方面的工作进行通盘考虑、周密安排，使之配合默契，达到理想效果。

2. 组织的严密性

宴会业务运作事关诸多部门，宴会产品涉及多种细节，宴会服务除包括饮食之外还包括其他服务，故饭店应将宴会产品看作是一个系统工程进行组织和管理。在实施宴会设计方案时，必须对宴会进行过程中的每一个环节作细致、周密的安排。宴会作为一个系统工程，哪怕是在某一个细小的方面出现差错，也会导致整个宴会的失败，或者留下无法弥补的遗憾。例如，如果在会议召开前的迎宾宴上，大会主席致祝酒词"为了预祝这次大会的圆满成功，请大家干杯"时，服务小姐递上一杯盛满白酒的酒杯，或不料脚被有线话筒的电线绊了一下，托盘中的酒杯倾倒，场面将会十分难堪。

3. 档次的差异性

宴会的价格标准决定了宴会档次的差异性。低档宴会几十元或几百元一桌，中档宴会几百元或上千元一桌，高档宴会几千元或上万元一桌。宴会档次愈高，菜肴愈丰盛，服务愈讲究，反之亦然。当然宴会档次的差异性也是相对的，视不同地区、不同生活水准而定。

三、宴会的种类

现代宴会的内容与功能较之过去发生了显著的变化,根据不同的分类标准可以划分为不同的种类。下面对常见的宴会种类略作介绍。

(一) 按照餐别来划分

1. 中式宴会

中式宴会是中国传统的聚餐形式,宴会遵循中国的饮食习惯,以饮中国酒、摆中式台面、用中国餐具、吃中国菜肴、遵从中国习俗、行中国传统礼仪为主,其装饰布局及服务等无不体现中国的饮食文化特色。历代著名的宴会有乡饮酒礼、百官宴、大婚宴、千叟宴、定鼎宴等。中国传统宴会目前在宴会经营中占90%以上。

2. 西式宴会

西式宴会是鸦片战争之后的舶来品,是按照西方国家的礼仪习俗举办的宴会。其特点是遵循西方的饮食习惯,采取分食制,以西菜为主,讲究酒水与菜肴的搭配;用西式餐具,其布局、台面布置和服务都有鲜明的西方特色;行西方礼节,遵从西方习俗,突出西方民族文化传统。

3. 中西合璧式宴会

中西合璧式宴会取两种宴会之长,在近年颇为流行,是中、西饮食文化交流的产物。如我国举行的大型冷餐宴会,一般用大圆桌设座椅,主宾席排座位,其余各席不固定座位,食品和饮料均是先备好放置餐桌上,宴会开始后由客人自助进餐。此外,还有招待会、茶会、自助餐、鸡尾酒会等不同形式,其特点是:气氛活泼,客人来去自由,时间可长可短;主人周旋于宾客之间,服务员巡回服务;以冷食为主,热菜、点心、水果为辅;充分尊重宾客的自由,不受席规酒礼约束,便于交流思想感情和广泛开展社交活动;食品利用率高,较之正规宴会节约。

(二) 按宴会的规格分

1. 国宴

国宴是国家元首或政府首脑为国家庆典或为欢迎外国元首、政府首脑而举行的正式宴会。这种宴会规格最高,不仅由国家元首或政府首脑主持,还有国家其他领导人和有关部门的负责人以及各界名流出席,有时还邀请各国使团的负责人及各方面人士参加。国宴厅内悬挂国旗,安排乐队演奏两国国歌及席间乐,席间有致辞或祝酒仪式。国宴的礼仪特别隆重,要求特别严格,安排需要特别细致周到。宴会厅布置要体现庄重、热烈的气氛。国宴的形式有中式、西式,也有中西式结合宴会。

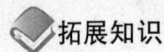 拓展知识

神秘的各国国宴菜

巴西国菜:烤牛肉

烤牛肉是巴西上层宴客的一道国菜,也是在民间最受欢迎的一道菜。烤牛肉不加调料,只在牛肉表面撒点食盐,以免丧失肉本来的香味;用炭火一烤,表层油脂渗出,外面焦黄,里面鲜嫩,有一种特有的香味。烤牛肉依部位不同有牛大腿、前臀尖、牛峰、牛排、里脊等十多道,道道色泽不同,风格各异。

墨西哥国菜:玉米宴

墨西哥人以玉米为主食,国宴也是一盘盘玉米美食。"托尔蒂亚"是将玉米面糊放在平底锅上烤出的薄饼,类似中国的春饼,香脆可口。尤以绿色玉米所制的薄饼最香。"达科"是包着鸡丝、沙拉、洋葱、辣椒,用油炸过的玉米卷;最高档的"达科"以蝗虫做馅。整席玉米国宴,包括面包、饼干、冰激凌、糖、酒,一律以玉米为主料制成,令人大开眼界。

德国国菜:香肠、火腿

德国人是名副其实的"大块吃肉,大口喝酒"的民族——吃猪肉喝啤酒。德国人每人每年的猪肉消耗量为65千克,居世界首位。由于偏好猪肉,大部分有名的德国菜都是猪肉制品。德国最负盛名的是红肠、香肠及火腿。最有名的"黑森林火腿"销往世界各地,可以切得跟纸一样薄,味道奇香无比。

乌干达国菜:蕉饭

非洲的乌干达,招待客人自始至终不离香蕉。客人进屋,先敬上一杯鲜美可口的香蕉汁,然后端上烤得焦黄的香蕉点心。正餐吃一种叫作"马托基"的香蕉饭。"马托基"是以一种不甜的香蕉品种为原料,剥皮捣成泥状,蒸熟后拌上红豆汁、花生酱、红烧鸡块、咖喱牛肉。吃过"马托基"的人,都称赞这是"世界上最好吃的饭",因而它成了乌干达国宴的主菜。

丹麦国菜:魔鬼太阳

丹麦人爱吃鸡蛋糕与甜点,做出了风靡世界的丹麦奶酥。丹麦气候寒冷,大地如同一个天然的冷冻箱,肉类不易腐败,可以拿来生吃。丹麦最有名的国菜就是用生牛肉剁成泥状,上面放一个生蛋黄,与肉搅匀了用汤匙挖下来一口一口吃掉,这道菜叫"魔鬼太阳",且身价不菲。尽管脾胃虚弱的人看到这道菜可能会作呕,但是丹麦人吃起这道大餐却是食之如甘饴。

2.正式宴会

正式宴会通常是指政府机构和社会团体等有关部门为欢迎应邀来访的宾客或

来访的宾客为答谢主人而举行的宴会。正式宴会适合执行规格较高、人数不很多的客人。由于不同国家和民族的生活习惯不同，在菜点内容的安排上也有所不同。正式宴会有时要安排乐队奏席间乐，宾主按身份排位就座。许多国家的正式宴会十分讲究排场，在请柬上注明对客人服饰的要求。往往从服饰规定上来体现宴会的隆重程度，这是西式宴会较突出的特点。另外，对餐具、酒水、菜肴道数、陈设，以及服务员的装束、仪态都要求得很严格。

3. 便宴

便宴，即非正式宴会，不拘泥于严格的礼仪，随便、亲切，多用于招待熟识的宾朋好友。规格一般较小，席间随意交谈，不作正式致辞或祝酒。菜点的道数和饮料的品种也不作具体的规定，酌情增减，例如家宴。

（三）按照形式来划分

1. 中、西餐宴会

中、西餐宴会，即参加宴会者座位固定，根据事先安排好的菜单和程序出菜，采用分餐制或合餐制的形式进行宴会。

2. 冷餐酒会

冷餐酒会的特点是不排席位，既可在室内、院里，又可在花园里举行，菜点的品种丰富多彩，以冷食为主，可上热菜。菜肴提前摆在食品台上，供客人自取，宾客可自由活动，多次取食，酒水陈放在桌上，亦可由服务员端送。可设小桌、椅子，供宾客自由入座，也可以不设座位，站立进餐。根据宾主双方的身份，冷餐酒会的规格和隆重程度可高可低，举办时间一般在中午12时至下午2时，或下午6时至8时。这种宴会形式多为政府部门或企业界举行人数众多的盛大庆祝会、欢迎会、开业典礼等活动时所采用。

3. 鸡尾酒会

鸡尾酒会是具欧美传统的集会交往形式。鸡尾酒会以酒水为主，略备小吃食品，形式较轻松，一般不设座位，没有主宾席，个人可随意走动，便于广泛接触交谈。食品主要是三明治、点心、小串烧、炸薯片等，宾客用牙签取食。鸡尾酒和小吃由服务员用托盘端上，或部分置于小桌上。酒会举行的时间较为灵活，中午、下午、晚上均可。可作为晚上举行大型中、西式宴会，婚宴、寿宴、庆功宴会、国宾宴会的前奏活动；或结合举办记者招待会、新闻发布会、签字仪式等活动。请柬上往往注明整个活动延续的时间，宾客可在其间任何时候到达或退席，来去自由，不受约束。鸡尾酒会以饮为主，以吃为辅，除饮用各种鸡尾酒外，还备有其他饮料，但一般不上烈性酒。

4. 茶会

茶会又称为茶话会，是一种比较简单的招待方式，多为人民团体举行纪念和庆祝活动所采用。席间一般只摆放茶点、水果和一些风味小吃。宾主共聚一堂,饮茶尝点,漫话细叙,形式比较随便自由。有时席间还安排一些短小的文艺节目助兴,使气氛更加喜庆、热烈。

5. 招待会

招待会是一种规模可大可小、经济实惠的宴请形式。有时用于隆重的宴请,如国庆招待会。有的规模较小,如各地方政府和企事业单位举办的招待会。

(四) 按照主题来划分

一般来说,宴会都有特定的主题,如国际友好往来,庆贺新婚、生日、宾朋团聚、各种庆典等。这类宴会往往有着明确的目的和意义,整个宴会都围绕主题进行。典型的主题宴会有以下五种。

1. 喜庆婚宴

婚宴是人们在举行婚礼时,为宴请前来祝贺的宾朋和庆祝婚姻美满幸福而举办的喜庆宴会。婚宴主办者对饭店提出的要求很高,要饭店提供精美的食品及最佳的服务。举办婚宴多在节假日,以便亲朋好友前来赴宴。许多新人选择星级饭店,看中的是其高雅的环境和宽敞的舞台,可以举办场面壮观、活动丰富的婚宴。

我国婚宴的主要特点是:依照在我国"红色"代表吉祥的传统,在餐厅布置、台面的装饰上,多采用红色;主桌设计得更美观,突出新娘、新郎的位子,桌与桌之间保持宽敞的通道,以利新娘、新郎向来宾敬酒;结婚宴会的菜肴名称讲究讨口彩,如"红运四喜""满地金钱""白年好合""龙凤呈祥""年年有余"等。

2. 生日宴会

生日宴会是人们为纪念出生日而举办的宴会。做生日一般以老年人居多,老年人喜人多、热闹。现在为小孩儿举办生日宴会的也日益增多。

生日宴会的菜点形式上要突出祝寿之意。如将冷盆制成松柏常青或松鹤延年图案。点心按我国传统习惯,配寿桃、寿面。为老年人庆贺生日的宴会菜以松软为主,在菜肴制作上尽量采用烩、扒、炖、焖的烹调方法;如果是小孩儿生日宴会还应配制一些专门的小孩儿菜肴。现在人们庆祝生日常常在生日宴会上再配上生日奶油蛋糕,庆祝生日的程序也添加了些西式的内容,如点蜡烛、吹蜡烛、唱生日歌、切蛋糕等。例如,上海虹桥宾馆曾为一位蜚声海内外的艺术大师举办百岁寿辰的祝寿宴。为充分体现祝寿的主题,在每桌席面上摆放剪纸的大红"寿"字;在主桌后面用100支大红蜡烛作为背景配以搭成宝塔形的银质、水晶烛台;菜单设计和命名也别具一格,如"南山长寿面""桃李满天下"等。宴会的喜庆气氛强烈,环境布置突出了主题,赢得了众多贵宾的赞美。

3. 纪念宴会

纪念宴会是指为纪念某人、某事或某物而举办的宴会,要求有一种纪念、回顾的气氛。因此在宴会布置时有特殊要求:要有突出纪念对象的标志;宴会厅或会客室里悬挂纪念对象的照片、文字或实物;在纪念宴会上可能有较多的讲话或其他活动,需及早准备,并相应地做好服务工作。

4. 商务宴会

商务宴会在宴会经营中占有一定比例。国内外商务客人要求饭店为他们提供增进友谊、联络感情的宴请和业务洽谈、协议签约、资料信息交流的工作条件。商务宴会的消费水准以中等偏上为多。有的是事先预定,有的是临时决定。商务宴会有以下要求:在预订时要了解洽谈双方的特点和爱好,并在设计时,布置一些双方共同爱好的物件;表现双方的友谊,使协商、洽谈在良好的环境和氛围中进行;在宴会进行过程中,宾主双方往往边谈边吃,服务人员要及时与厨房联系,控制好上菜节奏。

5. 庆典宴会

即指企事业单位为庆贺各种典礼活动而举办的各种宴会,如开业典礼、庆功宴会、颁奖宴会等。这类宴会规模大,气氛热烈。服务要求主要有:事先要做充分的准备,服务程序以简洁为主;宴会为突出庆贺的主题,往往在开宴前进行简短的致贺词,然后在开宴过程中,人们相互举杯庆贺,因此,要做好相关宴会准备。

此外,按照规模来划分,还可以把宴会分为大型宴会、中型宴会和小型宴会;按照菜式来划分,可以划分为百鸡宴、螃蟹宴、海鲜宴、山珍宴、鱼翅宴、全羊宴、野味宴、素宴、清真宴、仿古宴等;按标准划分,可以分为豪华宴会、中档宴会和普通宴会等;按时间划分有早宴、午宴和晚宴。

总之,宴会的种类按照不同的划分标准会有不同的表现形式,宴会经营管理者一定要根据不同的情况确定宴会的种类。

第二节 宴会预订

宴会的预订是宴会组织管理的第一步,也是一项既有较强专业性又有较大灵活性的工作。宴会预订过程既是产品推销过程,又是客源组织过程,其工作的好坏直接关系到宴会的效果。因此,饭店宴会部门应专门设定预订机构和岗位,建立完善的制度,并积极了解市场动态,从而推动宴会的销售。

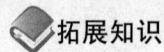 拓展知识

宴会与零点服务的最大不同点

宴会与零点餐饮服务的一个最大不同点是，宴会通常都需要事先预订。宴会预订不但能让酒店餐饮部门事先根据预订的要求做好准备工作，还可以减少因为顾客临时变更计划所带来的不必要的经济损失。

一、宴会预订的组织形式

负责宴会预订的部门或岗位设定可以根据饭店宴会部门实际情况而定。大型饭店的宴会部门可以设立专门的预订部和专职的预订人员，中小型饭店的宴会部门可以由兼职人员来完成具体的预订任务。其主要组织形式有以下四种类型：

（一）宴会预订部

大型高星级饭店的宴会部门一般可以设立专门的宴会预订部来具体负责宴会的预订工作。

（二）营销部

规模较大的饭店通常设有营销部门，其中的职能之一便是推销宴会服务。但是营销部囿于人力物力，只能承担提前较长时间的宴会预订，而且营销部一般只负责预订，不直接参与宴会服务。

（三）餐饮部

在规模不大的饭店，餐饮部都有推销宴会的功能，以服务带销售。这适合短期预订或小规模的宴会预订。

（四）营销部与餐饮部联合

有些饭店在宴会推销中还会采取餐饮部和营销部共同推销的方式，这样可以发挥两者预订中的不同优势，但是要注意两个部门的协调。

二、宴会预订的方法

（一）直接预订（面谈）

直接预订是宴会预订最有效、实用的方式。在宴会规模较大、宴会出席者的身份较高或宴会标准较高的情况下，宴会举办单位或个人一般都要求当面洽谈，直接预订。饭店宴会销售员或预订员应根据客人要求详细介绍宴会场地和所有细节安排，如厅堂布置、菜单设计、席位安排、服务要求等，应尽量满足客人提出的各项要求，并商洽付款方式，填写宴会预订单，记录预订者的联系地址、电话号码等以便日后用信函或电话等方式与客人联络。

（二）电话预订

电话预订是另一种较为有效的宴会预订方式,常用于小型宴会的预订、查询饭店宴会资料、核实宴会细节等,在饭店的常客中尤为多见。此外,大型宴会的面谈、宴会的落实或某些事项的更改等通常也是通过电话来传递相关信息的。与直接预订相同,预订员应在电话中向客人介绍、推销餐饮产品,落实有关细节,填写宴会预订单等。

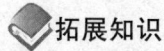拓展知识

电话预订时预订员接打电话注意要点

1.正确使用称谓。

（1）按职务称呼。若了解客人的姓名和职务,可按照姓氏加职务的形式称呼。如只知其姓氏而不知其职务,也可按照姓氏加"先生"或"小组""女士"的形式进行称呼。

（2）按年龄称呼。在无法了解客人姓名和职务的情况下,可根据客人的年龄情况予以尊称。如：先生、太太、小姐、老人家、小朋友等。

（3）按身份称呼。对军队官员用军衔、职务称呼,如师长、团长、连长等；对暂时不清楚其军衔的官员可统称"首长"；对无官衔的士兵可称"同志"或"解放军同志"。对地方官员按职务称呼,如暂不清楚职务的可统称"先生"。对宗教人士,按教名称呼,如天主教人士称主教、神甫；基督教人士称牧师；道教人士称道士、道长；佛教人士称方丈、师父。

2.正确使用敬语。

3.对容易造成误会的同音字和词要特别注意吐字清楚。

4.不要对客人讲俗语和不易理解的餐饮专业语言,以免客人不明白,造成误解。

5.接听电话或打电话时,语言要简练、清楚、明了,不要拖泥带水、浪费客人时间,引起对方反感。

6.接听或打电话时,无论对方是熟人还是陌生人,尽量少开玩笑或使用幽默语言。因为双方在电话中既看不到表情又看不到手势的配合,开玩笑或使用幽默语言往往容易造成事与愿违的结果。

7.对方拨错电话时,要耐心地告诉对方："对不起,您拨错电话号码了。"千万不要得理不让人、埋怨对方,给客人造成不愉快。自己拨错了电话号码,一定要先道歉,然后再挂线重拨。

8.接听电话要注重礼貌。

9.左手握话筒,右手记录。注意详细询问预订信息,并逐一记录。记得给客人重复记录的预订内容让客人确认,防止遗漏。

(三)信函预订

一般为与饭店或餐厅有业务往来的个人或单位进行的宴会的预订。对这种预订的回复可以通过电话、信函、面谈或登门再预订。

(四)网络预订

网络预订是现今比较时兴的一种餐饮预订方式,尽管仍落后于酒店客房的网络预订,但是近年来已得到很大的发展。主要有两种预订媒介:餐饮企业或连锁集团的官方网站的预订系统;第三方餐饮预订系统。

(五)指令性预订

指令一般带有行政命令的色彩。政府有关部门的指令性预订,一般不能拒绝。遇到指令性预订,之前所有与之相冲突的预订都必须取消或更改时间、更改地点。这种预订方式基本上是行政或事业单位附属饭店、政府或赛事等签约酒店餐厅的特殊预订方式。这种预订现在比较少见,因为这些预订的宴会服务基本上早已列入餐厅的工作计划之中了,或作为某一时期的 VIP 接待工作。

除上述几种宴会预订方式外,客人还可通过电传预订、电子邮件预订、短信预订和传真等方式来进行宴会预订。饭店应想方设法与客户联络,尽力扩大宴会销售业务,努力提高宴会设施利用率,从而为饭店创造良好的社会效益和经济效益。

三、宴会预订的程序

宴会预订必须要按照一定的程序来进行,一般包括以下几个步骤。

(一)预订前的准备工作

1.掌握饭店餐饮服务的有关资料

(1)熟悉会议室、多功能宴会厅的面积、布局、接待能力及各项设施设备的使用功能情况。

(2)掌握各式宴会菜单的价格和特色,掌握各类食物、饮料的成本。

(3)掌握宴会部门根据淡季、旺季、新老客户等不同条件制定的销售策略,熟悉部门的销售制度。

(4)熟悉各种不同类型的宴会、会议、展览、展销的服务标准和布置摆设要求。

2.掌握预订情况

（1）查阅电脑，检查宴会预订情况。弄清已预订的宴会的时间、场地、人数等，避免在预订过程中发生冲突。

（2）准备好预订的资料和用品。首先，应准备好宴会预订的各种表格，如预订单、预订表、记录表等；其次，为了方便客人预订，预订部门应根据实际需要，编制一套供客人询问、比较、选用的书面或电脑资料。

（3）要基本掌握未来半年内的预订情况，对已作预订的大型活动、重要客户或重要的节假日预订的情况要了如指掌。

（二）接受预订

1.热情礼貌地接待

一是对面谈的客人要主动热情礼貌，客人来访，需站立相迎，礼貌地向客人问好。二是对电话预订的客人要主动热情礼貌。在电话铃响三声以内接听电话，首先礼貌地向客人问好，然后告知所在部门和接听者的名字。之后询问客人需求，解答客人问询。

2.介绍相关情况

预订人员必须熟知相关宴会场地、菜点、服务、收费等方面的具体情况，掌握必要的信息资料。为了更好满足客户的意图和期望，并使客户了解饭店的情况，预订人员在接受预订时，必须在对客户有所了解的基础上，介绍饭店的相关情况，并回答客人的问询。

3.仔细倾听，认真记录，主动介绍、推销餐饮产品，并主动回答客人问询

作为预订人员，必须要听清楚顾客的每一句话，抓住每一个信息点，并进行详细记录，以确保顾客的相关要求最终得以落实。同时，不管是接受电话预订还是直接面对客户，都要尽可能地介绍顾客预订产品的详细信息，对于顾客提出的问题进行积极的解答并实施相关营销行为，让顾客充分了解产品的优点，达到产品销售的目的。

4.填写宴会预订单

宴会预订单的内容包括：宴会日期、时间、人数、形式，菜谱、饮料、价格、厨单、工程单、花房单及公关协作单等。如有特别的布置和安排，必须附加详细的说明。宴会预订单由具体跟办的营业员填写，经宴会部经理签字后，由宴会联络员负责发至有关部门。宴会预订单需按编号排列保存，以便查找核对（见表4-1）。

5.请客人在预订单上签字

表 4-1　宴会预订单

经手人：　　　　　　　　　　　　　　　　　　落订日期：
　　　　　　　　　　　　　　　　　　　　　　　落实日期：

公司名称： 接洽者姓名： 职位： 电话：　　　　电传：	宴会服务要求：
宴会形式： 日期： 抵达时间： 宴会开始时间： 宴会结束时间： 地点： 保证人数： 预算人数：	
食物　　　　　　　　价格	每位 每席
饮料　　　　　　　　价格	每位 每席
杂项收费：	
预计总消费金额：	
预订付款方式：　　　　　　　　　　　已收订金：	
寄账单地址：	
宴会预订部主管意见：	
宴会部经理意见：	

附：菜单、酒水订单

备注：一式两联　　　　第一联：宴会预订　　　　第二联：预订部门

四、宴会预订的确认、更改与落实

(一)宴会预订的确认

1. 签订宴会合同书

按国际惯例,宴会预订要有书面的确认,客户预付订金以后宴会预订才正式生效。确认书必须明确几点:宴会时间,宴会地点,客人认可的菜单、酒水单,确认保证人数和预算人数,顾客的要求,详细的价目表,付款方式,订金原则(如订金的多少、订金的退还要求制度),饭店的责任义务、顾客的权利义务等(见表4-2)。

表4-2 宴会预订合同书

宴会合同书
本合同是由_____饭店(地址)_____
与_____单位(地址)_____
为举办宴会活动所达成的,具体条款如下:
活动日期_____ 星期_____
活动地点_____
最低出席人数_____ 预计人数_____
座位安排_____
菜单计划_____
饮料_____ 娱乐设施_____
招牌_____ 预付订金_____
付款方式_____ 其他_____
顾客签名_____ 饭店经手人签字_____
签约日期_____
◎本宴会合同一式五联,一联顾客保存、二联顾客签名后收回、三联出纳留存、四联预订部留存、五联宴会部经理留存,经双方签字确认后生效。

说明:

背面的各项条款作为本合同的一部分已得到顾客的阅读、理解和接受,否则需注明。

大型宴会预收10%订金。

所有费用在宴会结束时一次付清。

　　　　　　　　甲方:　　　　　　乙方:

　　　　　　　　　　　　　　　　　签订时间:　年　月　日

2. 收取订金

制定订金制度是为了保证宴会预订的确认和避免不必要的经济损失。饭店往往按要求收取宴会账单总金额的10%~30%作为订金。

3. 填写宴会安排日记簿

将宴会预订单上的基本内容记录在宴会安排日记簿中,以备查阅(见表4-3、

表4-4)。

表4-3 宴会安排日记簿1

日期	宴会名称	举办者	人数	预订标准	开宴时间	确认情况	地点

表4-4 宴会安排日记簿2

预订员：_____　　　　　　　　　　　　　　日期：_____

宴会厅 A	宴会厅 B	宴会厅 C
早： 宴会名称_____人数_____ 时　间_____时至_____时 联系人_____电话_____ 单位名称_____收费_____	早： 宴会名称_____人数_____ 时　间_____时至_____时 联系人_____电话_____ 单位名称_____收费_____	早： 宴会名称_____人数_____ 时　间_____时至_____时 联系人_____电话_____ 单位名称_____收费_____
中： 宴会名称_____人数_____ 时　间_____时至_____时 联系人_____电话_____ 单位名称_____收费_____	中： 宴会名称_____人数_____ 时　间_____时至_____时 联系人_____电话_____ 单位名称_____收费_____	中： 宴会名称_____人数_____ 时　间_____时至_____时 联系人_____电话_____ 单位名称_____收费_____
晚： 宴会名称_____人数_____ 时　间_____时至_____时 联系人_____电话_____ 单位名称_____收费_____	晚： 宴会名称_____人数_____ 时　间_____时至_____时 联系人_____电话_____ 单位名称_____收费_____	晚： 宴会名称_____人数_____ 时　间_____时至_____时 联系人_____电话_____ 单位名称_____收费_____

4.预订确认

预订确认分以下三种情况：对已经签订宴会合同的一般预订，定时同主办方联系和再确认。对已经签订宴会合同的较早预订，定时同主办方联系，一般在宴会举办一周前落实具体时间等事项。对未落实预订、客人暂订或尚未最后落实的预订，主动及时与主办单位预订人跟踪联系，保证宴会预订的确认。

在进行预订确认时，要注意如下几点：

(1)预订确认及时性。宴会预订后,大型宴会提前3天~5天与预订人联系,中小型宴会提前1天~3天与预订人联系。

(2)确认单签发规范性。签发宴会确认单(见表4-5),告知客人饭店已做好宴会准备,请客人准时来店,防止宴会预订落空。

表4-5 宴会预订确认单

```
致              公司                    小姐/先生
承蒙光顾,不胜感谢。您代表公司于__月__日在我店所订宴会,我店已按预订要求认真准备妥当。如
有不妥之处或新的要求,请及时来电函告知,我店愿竭诚为您服务,务请按时光顾。
附宴会准备情况如下:
宴会名称:
举办时间:       年    月    日    时
宴会人数:                      保证人数:
宴会标准:

食品原料:
宴会厅堂:

酒水安排:


酒店宴会经理:
电话:                           年    月    日
```

(3)宴会联络通知规范性。大中型宴会举办前1至3天,营销部向各有关部门打印宴会通知单。通知单上的宴会名称、规格、举办单位、出席人数、宴会标准、菜单与酒水安排、厅堂布置、设备要求、座位要求、台型要求等应明确具体。

(二)宴会预订的更改和取消

1.宴会预订的更改

由于宴会大多在数月前便已预订,时间过长难免会导致发生变更。例如:客户有时候会对宴会细节稍作修改,如参加人数的增减、桌形的改变等;饭店方面有时也会发生变更。为适应这种临时变更,预订人员应当在宴会举办前一周,再与客户确认宴会相关事项,将发生错误的可能性降至最低。在以电话或传真方式与客户确认后,如果没有需要变更的事项,一切准备工作即可依照宴会通知单的要求进行。但若顾客对于宴会提出任何变更,预订人员必须马上以宴会变更单通知各相关部门,乃至最后1分钟的任何变更都应迅速通知有关的部门。宴会变更单上详细记载宴会原方案及修订后的变更项目,清楚地告知相关部门必须修改的工作项

目。各部门便可依照变更内容来调整工作,合力满足客户的要求。再者,使用变更单明确传达宴会信息,相关部门便不再允许有未接获通知的借口,因而有效避免了各部门互相推卸责任。

通常宴会预订更改程序如下:

(1)客人通过电话或面谈形式对已预订过的宴会或其他活动进行更改时,应热情接待,态度和蔼。

(2)详细了解客人更改的项目、原因,尽量满足客人的要求。

(3)将更改内容认真记录,并向客人说明有关更改后的处理原则。

(4)尽快将处理的信息传递给客人,并向客人表示感谢。

(5)认真填写更改通知单(见表4-6),并迅速送至相关营业点和生产点,请接受者签字。

表4-6 宴会预订更改单

年　　月　　日　　　　　编号:

宴会预订号		合约书号	
宴会日期			
宴会地点			
公司名称			
更改内容	从		到
日　　期			
时　　间			
地　　点			
人　　数			
其　　他			

餐饮部经理:　　　　　　　　　　　　　　　　制表人:

抄送:餐饮部、酒吧、行政总厨、管事部、工程部、管家部、财务部、市场营销部

2.宴会预订的取消

由于某种原因,预订的宴会除发生变更外,也可能被取消。如客人要求取消宴会预订,应立即做好如下工作:

(1)接受客人取消预订时,应尽量问清取消预订的原因,尽量挽留客人。这对改进今后的宴会推销工作是非常有帮助的。

(2)在该宴会预订单上盖上"取消"印章,并记下取消预订的日期和要求、取消

人的姓名以及接受取消的宴会预订员姓名,然后将该宴会预订单放到规定的地方,并及时通知有关部门。

(3)如果是大型宴会、大型会议等取消预订,应立即向宴会部经理报告。

(4)宴会部经理有责任给顾客去函,对不能为其服务表示遗憾,并希望以后有机会进行合作。

如果某暂定的预订被取消,预订人员要填写一份"取消宴会预订报告"(见表4-7)。

表 4-7　取消宴会预订报告

公司名称_____ 联系人_____

宴请或会议日期_____ 业务类型_____

预订的途径与日期

_____

失去生意的原因

_____

挽回生意的报告(简明扼要的步骤)

_____

进一步采取的措施

_____

宴会经理签名_____

日期_____

(三)宴会预订的落实

1. 落实活动的前期工作安排

对一般的活动,营业员要向部门主管汇报活动的具体情况,以便部门主管对人手做出适当安排。如属大型的、重要的活动,要及时向酒店行政领导汇报情况。必要时要由行政部门指定一名高级行政领导为总负责人,组织安排有关的协调会议。会议要做好记录,并根据记录写出接待大型活动的行动计划,并及时发至各有关部门。

2. 落实当天的活动安排

(1)整理、归纳当天的宴会、会议等各种活动资料和预订表格,联络各有关部门查询工作的完成情况。

（2）检查活动呈递的布置、摆设、卫生、安全等情况是否符合客人的要求。

（3）主动迎接客人（或主办单位负责人），向客人汇报活动的具体落实情况。如客人有任何临时性的要求，要尽快联络有关部门协助解决。

（4）要亲临现场，监督和指导服务工作，活动结束后要主动向客人征询意见。

（5）总结当天的宴会接待情况，分析存在的问题，填写工作日志并报上级审阅。

第三节 宴会准备工作

一、宴会场地布置

宴会场地布置要按照客人预订的席数、厅堂的形状位置，妥当摆好餐桌及备餐桌的位置，使餐台摆放美观大方。宴会布置分场景布置和台型布置。

（一）场景布置

中国的饮食传统从来都讲究进餐环境的气氛和情调。因而在场景布置方面，应根据宴会的性质和规格的高低来进行，既要隆重、热烈、美观大方，又要具有我国传统的民族特色。

举行隆重大型的正式宴会时，一般在宴会厅周围摆放盆景花草，或在主台后面用花坛、画屏、大型青枝翠树盆景装饰，用以增强宴会的隆重盛大、热烈欢迎的气氛。

一般的婚宴要在靠近主台的墙壁上挂上"喜"字，两旁贴对联；如是寿宴则挂"寿"字等。

中餐宴会通常要求灯光明亮以示辉煌。但国宴和正式宴会则不要张灯结彩做过多的装饰，而要突出严肃、庄重、大方的气氛。宴会厅的照明、音响要有专人负责，宴会前必须认真检查一切照明设备及线路，保证不发生事故。宴会期间要有工程部人员值班，一旦发生故障即刻组织抢修。

正式宴会设有致辞台，致辞台一般放在主台后面或右侧，装有两个麦克风，台前用鲜花围住。扩音器应有专人负责，宴会前要检查并试用，防止宴会时发生故障或产生噪声。临时拉设的线路要用地毯盖好，以防发生意外。

国宴活动要在宴会厅的正面并列悬挂两国国旗，正式宴会应根据外交部规定确定是否悬挂国旗。国旗的悬挂按国际惯例，以右为上、左为下的原则。由我国政府宴请来宾时，我国的国旗挂在左方，外国的国旗挂在右方。来访国举行答谢宴会时则相互调换位置。

宴会厅的室温要注意保持稳定，且与室外气温相适应。一般冬季保持在18℃

至20℃之间,夏季保持在22℃至24℃之间。

(二)台型布置

台型布置不仅是事务性的工作,而且涉及社交礼仪等问题。因此,宴会餐桌安排应根据宴会厅的形状、使用面积和宴会要求做到合理、美观、整齐、大方,遵守宴会台型布置的原则,即"中心第一、先右后左、高近低远"来设计。

(1)"中心第一"是指布局时要突出主桌或主宾席。主桌放在上首中心,要突出其摆设和装饰,主桌的台布、桌椅等规格应该比其他餐桌高。小型宴会在条件允许的情况下,主桌桌面应大于其他来宾桌面,大中型宴会的主桌桌面则一定要大于其他来宾席桌面。

(2)"先右后左"是参照国际惯例,主人的右席地位高于主人的左席。

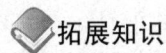拓展知识

中国以左为尊与中式宴会右席为尊的冲突

中国以左为尊的习俗来源于中国的古典文化礼仪——"拱手"。我们都知道握手时抬起右手是对对方的尊重,而拱手之理则是以左手抱右手,寓意为扬善隐恶。因为古以左手为善,右手为恶。但是为什么在中式宴会的席位安排上往往把主人位的右手边安排为第一主宾呢?原来这是为了顺应国际惯例。在欧美人眼中,太阳是从东边升起,寓示朝气蓬勃。东边按照他们的理解就是右侧。而日落西山,因而西边是不吉利的。英文有一句话:"伸出吉利的那只脚!"就是指右脚。因此在西方国家或英美文化来讲,走路是要先伸右腿的。看看英文"Right"这个词的用法就可以知道西方文化对"右"的青睐了。"Right"除了译为"右,右边"之外,最常用的意思则为"适当的,对的,正确的"。在英语里有"Right this way"的说法,中文意思为:"这边请。"并且英美人在为客人引路的时候,都是抬起右手以示方向。"Right"没有特定说明是指"右边的路",这里只是对尊贵客人的一种礼貌。因而在西餐中都会安排第一主宾坐在主人右侧表示尊敬。为实现与国际的接轨,中式宴会也就只好"以右为尊"了。

(3)"高近低远"即身份高的宾客位离主桌近,身份低的宾客位离主桌远。

(4)在布置中要做到既突出主台,又排列整齐、间隔适当;既方便宾客就餐,又便于服务员席间操作。通常宴会每张桌占地面积标准为 $10m^2 \sim 12m^2$ 以上。有些重大宴会还要留出一定的场地安排文艺演出或乐队演奏。

(5)如果一个宴会厅同时安排两家或两家以上单位或个人举行宴会,就应该以屏风或盆景等布局方法将其隔开,以避免相互干扰和出现服务差错。

在台型布置中,还应注意到一些西方国家习惯于不突出主台,提倡不分主次的做法。而酒吧台、礼品台、贵宾休息台等,要根据宴会的需要和宴会厅的具体情况灵活安排。

二、宴会菜单设计

宴会菜单在宴会经营管理中有着重要的作用,它不仅是餐饮管理者经营思想与管理水平的体现,也是沟通消费者与经营者的最直接的桥梁。从某种意义上来说,宴会菜单并不只是一张简单的产品目录,它是宴会管理的总体纲要及宴会产品和服务的宣传材料。一般来说,宴会菜单的设计包括菜名设计、菜点设计和装帧设计。

(一) 菜名的设计

好的菜名,应能让一些简单的菜点成为一种思想情感交流的工具,一种文化、艺术的载体,使这些普通的菜点具有良好的审美价值和"语言"功能。如婚宴菜单中的"花好月圆""鸳鸯戏水""鸟语花香""珠联璧合""百合莲心",其菜单暗喻夫妻的和睦恩爱,体现了人们的美好祝愿,给人一种喜悦的遐想和享受。

宴会菜名的设计,必须根据宴会的性质、主题,采用寓意性的命名方法,使其主题鲜明,寓意深刻富有诗意。

(二) 菜点的设计

菜点设计是菜单设计的核心,宴会菜点的设计要点如下:

1. 了解客人,投其所好

宴会菜点是供客人点菜时使用的,用好宴会菜点是使客人宴请达到目的的一种手段,因而宴会菜点设计一定要了解主办单位或主人举办宴会的意图,掌握其喜好和特点,并尽可能了解参加宴会人员的身份、国籍、民族、宗教信仰、饮食嗜好和禁忌,从而使我们设计的菜点满足客人的爱好和需要。

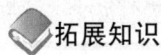
拓展知识

中国人的饮食习惯

中国人的饮食习惯大致分为"南甜、北咸、东辣、西酸",南甜的集中代表是中国八大菜系之一的苏菜,苏菜中甜味扮演的就并非可有可无的点缀了。苏州、无锡、上海人喜欢吃甜是很有名的,糖是他们做菜必不可少的原料。很多江浙人更是将这种甜的美食发挥到了极致。无锡的酱排骨,吃过的人相信都不会忘记那浓浓的酱汁,如果不习惯吃糖的人,应该会觉得非常腻。

咸口味的菜多集中在山东一带,俗称鲁菜。鲁菜,是山东菜的简称。它是中国最早的地方风味菜,也是全国著名的八大菜系之一。

湖南、湖北、江西、贵州、四川及东北的朝鲜族等地居民多喜辣,中国流传有"贵州人不怕辣、湖南人辣不怕,四川人怕不辣"之说。那么自然辣味菜应以川菜及湘菜为首。如今,人们除了管四川女子叫"川妹子"外,还称其为"辣妹子",原因大概也基于此。

山西人能吃醋,可谓"西酸"之首。他们吃饭前,往往先把醋瓶子拿过来,每人喝三调羹醋用以"解馋"。改革开放前,每逢春节,别处都供应一点好酒,太原的油盐店却都贴出一个条子:"供应老陈醋,每户一斤。"

2.分主次轻重、突出主题

宴会菜点的设计必须注意层次,突出主菜,制造使人回味的亮点。任何艺术作品均有自己的风格。宴会菜点的设计同样也应显示各个地方、各个民族、各家酒店、各个厨师的风格,独树一帜,别具一格。

3.合理搭配,富于变化

宴会菜点如同一曲美妙的乐章,由序曲到尾声,应富有节奏和旋律。因此,宴会部主管在设计菜点时,应注意以下几点:

(1)注意冷菜、热菜、点心、水果的合理搭配。造型别致、刀工精细的冷菜,能将赴宴者吸引入席,先声夺人;丰富多彩、气势宏大的热菜,能引人入胜;小巧精致、淡雅自然的点心,就像乐章的"间奏"承上启下、相得益彰;而色彩艳丽、造型奇妙、寓意深刻的水果拼盘,则像乐章的"尾声"可使人流连忘返。

(2)注意菜点原料、调味、形态、质感及烹调方法的合理搭配,使之丰富多彩,千姿百态,口味各异,回味无穷。

(3)注意营养成分合理搭配,达到膳食营养、均衡。

(三)宴会菜单的外观装帧

1.宴会菜单的制作材料

宴会菜单的制作材料好不仅能很好地反映宴会菜单的外观质量,同时也能给顾客留下较好的第一印象。因此,在选材时,既要考虑宴会的类型与规格,也要顾及制作成本,根据宴会菜单的使用方式合理选择制作材料。一般来说,长期重复使用的宴会菜单,要选择经久耐磨又不易沾染油污的重磅涂膜纸张。分页菜单,往往是由一个厚实耐磨的封面加上纸质稍逊的活页内芯组成。而一次性使用的宴会菜单,一般不考虑其耐磨、耐污性能,但并不意味着可以粗制滥造。许多高规格的宴会菜单,虽然只使用一次,但仍然要求选材精良,设计优美,以此来充分体现宴会服务规格和餐厅档次。

2.宴会菜单封面与封底设计

菜单的封面与封底是宴会菜单的"门面",其设计如何会在整体上影响菜单的效果。因此在设计封底与封面时要注意下述四项要求：

（1）菜单的封面代表着宴会的形象。因此，宴会菜单必须反映出餐厅的经营特色、宴会厅的风格和宴会的等级等特点。

（2）宴会菜单封面的颜色应当与宴会厅内部环境的颜色相协调，使餐厅内部环境的色调更加和谐。这样，当顾客在宴会厅点菜时，菜单可以作为点缀品。

（3）宴会厅的名称一定要设计在宴会菜单的封面上，并且要有特色，笔画要简单，容易读，容易记忆。这一方面可以增加宴会厅的知名度，另一方面又可以树立宴会厅的形象。

（4）菜单的封底应当印有宴会厅的地址、电话号码、营业时间及其他的营业信息等。这样可以借此机会向顾客进行推销。

3. 宴会菜单的文字设计

宴会菜单作为宴会厅与顾客沟通交流的桥梁，其信息主要是通过文字向顾客传递的，所以文字的设计相当重要。

一般情况下，好的宴会菜单文字介绍应该做到描述详尽，起到促销的作用，而不能只是列出菜肴的名称和价格。如果把菜单与杂志广告相比，其文字撰写的耗时费神程度应不亚于设计一份精彩的广告词。菜单文字部分的设计主要包括食品名称、描述性介绍、宴会厅声誉的宣传（包括优质服务、烹调技术等）等三方面的内容。

此外，宴会菜单文字字体的选择也很重要。宴会菜单上的菜名一般用楷体书写，以阿拉伯数字排序、编号和标明价格。字体的印刷要端正，使顾客在餐厅的光线下很容易看清楚。除非特殊要求，宴会菜单要避免用外文来表示菜品。并且，即使用外文，也要根据标准词典的拼写方法统一规范书写，要符合文法、防止差错。宴会菜单的标题和菜肴的说明可用不同型号的字体，以示区别。

4. 宴会菜单的插图与色彩运用

为了增强宴会菜单的艺术性和吸引力，往往要在封面和内页中使用一些插图。使用图案时，一定要注意其色彩必须与宴会厅的整体环境相协调。

宴会菜单中常见的插图图案主要有：菜点的图案、中国名胜古迹、餐厅外貌、本店名菜、重要人物在餐厅就餐的图片。除此之外，几何图案、抽象图案等也经常作为插图使用，但这些图案要与餐厅经营特色相对应。

另外，色彩的运用也很重要。赏心悦目的色彩能使宴会菜单显得有吸引力，可以更好地介绍重点菜肴，同时也能反映出一家宴会厅的风格和情调。色彩能够使人的心理产生不同的反应，能体现出不同的暗示特征，因此选择色彩时一定要注意宴会的性质和顾客的类型。

5. 宴会菜单的规格和篇幅

宴会菜单的规格应与宴会内容、宴会厅的类型与面积、餐桌的大小和座位空间等因素相协调,使顾客拿起来舒适,阅读时方便,因此对宴会菜单的开本的选择要慎重。调查资料表明,最理想的宴会菜单开本为23cm×30cm。经营人员确定了宴会菜单的基本框架和内容,将菜品清单列出后,可选择几种尺寸较适合的开本,排列不同型号的铅字进行对比。在篇幅上应保持一定的空白,通常文字占总篇幅的面积不能超过50%。

6.宴会菜单的菜品照片和图形

为了增加宴会菜单的营销功能,许多宴会厅都会把特色菜肴的实物照片印在宴会菜单上。这能为宴会菜单增加美观度,使客人对菜品一目了然,从而加快顾客订菜的速度。但是在使用菜品照片或图片时一定要注意照片或图片的拍摄和印刷质量,否则会达不到预期效果。此外,许多宴会菜单上的菜品彩色照片还存在着没有对号入座的问题,即没有将彩色照片、菜品名、价格及文字介绍列在一起。解决这一问题的最简单的办法就是用黑色线条将其框起来,或用小块彩色面使其凸显出来。

三、主题宴会席面设计

主题宴会席面设计就是主题宴会经营服务者根据宴会的主题、规模、档次、餐饮风格、就餐环境、场地形状和客人需求等要求,通过一定的艺术手法和表现形式布置的就餐席面。

(一)主题宴会席面种类

主题宴会席面由于在形状、风格、性质等方面的不同,可分为许多类别。最常用的是按照主题宴会餐饮方式划分。

1.中式主题宴会席面

中式主题宴会席面用于中餐宴会,一般使用圆桌席面和中式餐具(如筷子、骨碟、汤碗、汤勺、味碟和各种酒具)进行摆台设计。

2.西式主题宴会席面

西式主题宴会席面用于西餐宴会。常用方形、长形、半圆形等席面搭成椭圆、T形等各式席面。西式主题宴会席面摆台设计都使用西式餐具,如金属刀叉、西餐、酒具、鲜花、烛台等。

3.中西合璧主题宴会席面

由于中西饮食文化的交流,许多中餐菜肴都采用了中菜西吃的用餐方式,既保持了中餐的特色又吸收了西餐的优点。中西合璧主题宴会席面就是针对这种就餐方式而设计的,可以使用圆台或西式席面。摆放的餐具既有骨碟、汤碗等中式餐具又有西餐的金属刀叉等。

此外,主题宴会席面的分类还可以根据席面用途划分为主题宴会餐台、看台和花台。或根据席面用途及风格划分为仿古宴、风味宴、正式宴会、节日宴、休闲宴等席面。

(二) 主题宴会席面设计的作用

1. 烘托宴会气氛

餐桌设计和装饰是营造宴会气氛的重要手段。当宾客走进宴会厅,看到餐桌上造型别致的餐具、新颖独特的餐巾折花、色彩悦目的插花,隆重、高雅的气氛跃然席上。

2. 反映宴会主题

通过宴会席面设计,可以巧妙地将宴会主题和主人的愿望艺术地展现给宾客。如"孔雀迎宾""青松白鹤"等台面,分别反映了喜迎嘉宾、健康长寿的宴会主题。

3. 表明宴会档次

宴会档次与席面设计档次成正比。档次低的宴会,台面布置简洁、实用、朴素;高档宴会要求台面布置富丽、高雅。

4. 方便宾客就座

通过餐桌用品的布置,可以明确告知主人和主要宾客的席位,其他宾客也方便就座。

(三) 席面设计的要求

1. 符合宴会的主题

席面设计要紧扣主题。有些席面设计虽然不错但放错了宴会就会显得不伦不类。比如"青松白鹤"图案一般放在寿宴上,如果出现在一些年轻宾客的生日宴会就会成为笑谈。

2. 符合菜单和酒水特点

吃什么菜配什么餐具,喝什么酒配什么酒杯。高档宴会配金质、银质的餐具。宴会菜单和酒水单好比音乐会的"乐谱"。宴会设计者在设计台面时,要以"乐谱"为依据,否则,"音乐会"中就会出现杂音,破坏了整体的协调性,给餐中服务带来很多被动。

3. 符合美观性的要求

宴会席面设计的一个重要目的是美化台面,宴会设计者应结合文化传统、美学原则进行创新设计,起到烘托宴会气氛的作用。

4. 符合民族风格和饮食习惯

选用的餐具应符合民族饮食习惯,采用的图案要考虑宴会参加者的宗教信仰、生活禁忌、色彩偏好等因素。

5. 符合卫生要求

宾客用餐需要使用台面餐具、餐巾等,在台面设计时,不要一味追求独特,而忽视餐桌卫生。

（四）主题宴会席面设计的步骤和方法

成功的宴会台面设计就像一件艺术品，创造的过程要遵循一定的步骤与方法。

1. 要根据宴会主题和赴宴者的特点确定设计方案

宴会席面设计要依据赴宴者的消费目的、年龄、消费习俗、消费标准等因素，确定席面设计方案。例如，为开业庆典而设计的台面与婚宴、寿宴、答谢宴会的席面有很大的不同。

2. 根据宴会主题，为席面设计方案命名

大多数成功的席面设计都有一个典雅的名字，这便是席面命名。一个恰当的名称可以突出宴会主题，暗示台面设计艺术手法，增加宴会的气氛。其具体命名可如珠联璧合宴、蟠桃庆寿宴、圣诞欢乐宴等。

3. 规划台型

宴会场地和台型安排，原则上要根据宴会厅的类型、宴会主题、就餐形式、宴会厅的形状大小、用餐人数以及组织者的要求等因素，决定宴会台型的设计。

4. 席面布置

餐台台面的布置分为以下几个方面：

（1）台布和台裙的装饰。台布、台裙的颜色、款式的选择要根据宴会的主题和主题色调来确定。台裙常选择制作好的成品台裙，也可以根据实际需要，选择丝织品或其他材料现场制作。

（2）餐具的选择和搭配。现在宴会厅的餐具主要有中式、西式、日式、韩式等不同风格，质地、形状、档次也有很大差异，宴会设计者应根据宴会主题和酒店实际情况选用恰当的餐具，强化宴会主题氛围。

（3）餐巾折花造型。席面所选用的餐巾必须与宴会设计的其他要素色调和谐一致，突出主题，渲染宴请气氛。同时宴会规模大小也会影响餐巾折花的选择。一般大型宴会采用简单、快捷、挺括的花型，小型宴会可选择较为复杂的花型。不管选择什么样的花型，都要求整齐美观、便于识别、卫生方便，同时不要出现赴宴者忌讳的花型。

（4）花台造型。根据宴会的不同类型，设计出不同的花型，既美化环境又增加宴会的和谐美好的气氛。布置花台要根据主题立意选择花材，设计造型。由于鲜花费用较高，不环保，甚至有污染食品的危险，现在很多酒店采用了谷物和其他物品设计花台，效果也不错。

（5）餐垫、筷套、台号、席位卡的布置。餐垫、筷套、台号、席位卡是小细节，但其作用不可小视。设计者必须根据宴会的主题风格、花台的造型、餐具的档次、宴会的规格、宾客的要求精心策划与制作。

5.餐椅装饰

餐椅的主要功能是供宾客就座。它一般相对比较固定,而设计师经常利用不同的椅套改变其色调与风格,使其与整体相协调。

四、宴会酒水准备

所谓"无酒不成席""以酒佐食"和"以食助饮"是一门高雅的饮食艺术。酒水如何与宴会的档次相一致,与宴会的主题相吻合,与菜点相得益彰,这都需要事先做好细致的酒水准备工作。

宴会中使用的酒水主要是指酒类(含白酒、黄酒、果酒、药酒、啤酒、汽酒、洋酒)和清凉滋补的软饮料(一般包括能量型、矿物质补充型、维生素补充型、平衡营养型4种)。由于酒水的类别甚多,客人喜好各有不同,因而配酒的随意性较大。过去,中式宴会用酒多由厨师选定,其费用计入筵席费用,酒与冷菜一起送上。现在,宴会用酒一是客人自带,二是在酒柜点取,其费用单列。在这一情况下,目前设计宴会配套酒水难度较大。"菜跟酒走"是制席的基本法则之一,酒水是宴会中的"兴奋剂"和"指挥棒"、开展社交活动的媒介物,因而没有恰当选择酒水的宴会,收效总不好。因此,在准备酒水时要注意以下几点:

(1)预订宴会时征求主办人的意见,由客人确定酒水的品种和数量。餐厅事先准备,按酒水的属性配菜,届时依据饮用的多少与菜品一并计价。

(2)顾客自备酒水时,服务人员应为顾客当好参谋,主动介绍本次宴会饮用什么酒水比较合适,本地有何名酒,酒品有何特色及补养功能。只要讲得合乎道理,客人通常会乐于采纳。

(3)酒水与宴会档次要匹配。服务人员要掌握酒水选用的一般原则,宴会酒水的档次应与宴会的档次、规格协调一致。高档宴会选用的酒品应是高质量的。如我国举办的许多国宴,往往选用茅台酒,因为茅台酒被称为我国的"国酒",其质量和价格在我国白酒中独占鳌头,身价刚好与国宴相匹配。普通宴会则选用档次一般的酒品。如果不遵循这一原则,低档宴会选用茅台酒,则酒的档次高于整桌菜肴,往往掩盖了菜肴的风采,让人感到食之无味;如果高档宴会选用低档酒品,则会破坏整个筵席的名贵气氛,让人对菜肴的档次产生怀疑。总之,宴会用酒应与宴会档次相匹配。

(4)酒水与菜品要合理搭配。色味淡雅的酒应配颜色清淡、香气高雅、口味纯正的菜肴。比如:汾酒配冷菜,清爽合宜;干白葡萄酒配海鲜,纯鲜可口。色味浓郁的酒应配色调艳、香气馥、口味杂的菜肴。比如:泸州老窖酒宜配鸡、鸭菜肴,目的是取其酒味浓郁、厚重、香馥;红葡萄酒宜配牛肉菜,酒纯肴香,口味相投。咸鲜味的菜肴应配干酸型酒,甜香味的菜肴应配甜型酒,香辣味的菜肴则应选用浓香型酒。

此外,中国菜应尽可能选用中国酒,西洋菜尽可能选用西洋酒。在难以确定时,则选用中性酒类,比如葡萄酒,或视预订宴会客人和就餐者本人的意见而定。

第四节 宴会服务流程设计

宴会作为一种高规格的就餐形式,其显著的特点是礼仪性和程序性,因而在宴会服务中,服务流程的正确与否、服务质量的好与坏,会对整个宴会的过程起到推动作用或产生负面影响。下面就中、西餐宴会的服务基本流程作一介绍。

一、中餐宴会服务流程设计

中餐宴会中所涉及的元素大多是具有中国特色的。台面布置使用中式餐具,菜单设计充分考虑中国人的饮食特点,菜式和烹调方法都尽显中国饮食文化。在宴会的服务过程中,服务人员的着装、服务方式和服务流程都是中式的。在环境设计中也要体现出中国的民族特色。总之,一台中餐宴会能让就餐的宾客体验到中国的饮食文化特色。中餐宴会服务的礼节和规格较高、标准较严格、场面隆重,有别于其他中式就餐形式。

中餐宴会服务流程主要包括以下三个环节:

(一)餐前准备

1. 掌握客情

了解宴会的具体任务,使服务工作做到"九知""四了解"。"九知"即知道出席宴会人数、桌数、主办单位、邀请对象、宾主身份(主办人)、宴会的标准及开宴时间、菜式品种、出菜顺序、收费办法;"四了解"即了解客人的宗教信仰、风俗习惯,了解客人的生活忌讳,了解宾客的特殊需要,了解会议、客房的安排等。

2. 设计与布置

(1)按照宴会要求布置场地,如摆放花篮、横幅等。

(2)摆台:按照设计好的台型图摆好餐桌,按铺台布的方法铺底布、面布,按照10人位摆台要求的"三三二二"方法摆放餐椅,摆转台,按规范摆餐具、杯具、用具及附件,摆公筷、公勺两套,分别摆在正副主人的前方转台上,摆菜单,将宴会菜单摆在主人餐具前方,主桌摆上花盆,依台型图摆上台号卡等。宴会铺台在开宴前15分钟~30分钟完成。

(3)分区与座位应符合主办单位要求,主桌或主席区座次安排应符合主办单位要求。高档宴会客人姓名卡片应摆放端正。

3. 各种物品准备

按照宴会要求准备好餐具、酒水、饮料;宴会开餐前30分钟领取酒水,提前20

分钟上桌;根据特殊菜品菜式要求配好跟料、器皿和各类餐用具;对宾客自带酒水当面点清,存放好。宴会所需餐具、用具应整齐摆放在工作台上,洁净、卫生、分类摆放;按规定形状折叠好小毛巾存放于毛巾车或毛巾柜内,消毒合格、温度适中、数量充足;按客人要求将酒水统一摆放在餐桌上或工作台上,统一将酒水商标朝向来宾。

4.人员分工

服务员任务分工明确具体,熟悉宴会服务工作内容、服务程序和质量要求。服务人员包括传菜员、值台服务员、礼仪人员、迎宾员、领班、协调与备用人员等。

5.熟悉菜单

对宴会菜单酒水内容、风味与烹制方法了然于胸。服务员应能背诵菜单,掌握主要菜式花色品种的风味特点、主要原料、烹制方法、典故来历,便于上菜时主动向客人介绍。

具体来说,服务员应熟悉菜单的以下内容:菜单上菜品名称和出菜顺序;菜单上菜品的原料构成和制作方法;菜单上菜品所跟调配料及服务方法;菜单上菜品的口味特点和典故传说等。

6.全面检查

检查仪表仪容,复查餐台、台布、台面餐具、各种调味品、烟缸、牙签等放置是否齐全整洁、符合要求,椅子与所铺的席位是否对应;检查菜单、托盘、备用餐具、小毛巾、工作台内储存物品等是否齐全、清洁;接受领班检查。

7.召开餐前例会

参加楼面经理主持召开的班前例会,准时到达,认真听取和记录当餐宴会内容、要求,接受分配的工作任务,留意特殊菜品的上菜要求。

(二)就餐服务

1.迎宾与领位

(1)迎宾。所有准备工作结束后,确认开餐前30分钟进入工作状态。迎宾员站在大门口,服务员站在指定位置面向宴会厅门口准备迎接客人。客人到,迎宾员应热情礼貌问候,把客人引进宴会厅。如果是VIP宴会,餐厅的经理或主管应一同迎宾,将宾客引至专用的休息厅休息。迎宾要求精神饱满、站姿规范、提前进入状态,微笑、热情、使用敬语。

(2)引客入席。宾客到达宴会厅,服务员行鞠躬礼,并说"欢迎光临",协助主办单位迎接宾客。然后按宴会规定座次图把客人引入席。

(3)拉椅让座。服务员拉椅背用手示意客人入座,左膝抵椅背往里送,至客人舒适为好。拉椅的顺序是:女士、重要客人、一般客人、主人。

(4)存放衣物。接过客人衣物,挂在椅背上,征得客人同意后使用椅套将客人的衣服、包套住,并提示客人:"请保管好自己的随身物品!"明确工作范围,语言到位。靠近过道、上菜位的餐椅必须使用椅套。

2. **餐前服务**

宾客坐好后,可致开场白:站在副主人处,面带微笑对所有宾客说:"各位先生、小姐(领导):中午(晚上)好,欢迎光临本店,我是×号服务员,今天由我为诸位服务,祝大家就餐愉快,谢谢!"随后撤花瓶(席位签),为客人铺餐巾、去筷子套,送香巾。送香巾时,要从客人右侧提供服务,并说:"请用香巾。"斟茶时,斟七八成即可,且不得用手触摸杯口。

3. **斟酒服务**

值台员在开宴前5分钟斟好预备酒(一般是红葡萄酒),然后站在各自服务的席台旁等候宾客入席。为宾客斟倒酒水时,值台员要先征求宾客意见,根据宾客的要求斟倒各自喜欢的酒水饮料,一般酒水斟八成满即可。斟白酒时,如宾客提出不要,应将宾客位前的空杯撤走。

酒水要勤斟倒,在宾客杯中酒水只剩1/3时应及时添酒,斟倒时注意不要弄错酒水。宾客干杯和互相敬酒时,应迅速拿酒瓶到台前准备添酒。主人和主宾致辞前,要注意观察每位宾客杯中的酒水是否已满上。在宾主离席讲话时,主宾席的值台员要立即斟上甜、白酒各一杯放在托盘中,托好站在讲台一侧侍候。致辞完毕,应迅速将酒递上,供其举杯祝酒。当主人或主宾到各台敬酒时,值台员要准备酒瓶跟着准备添酒,宾客要求斟满酒杯时,应予满足。

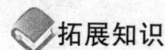拓展知识

中国宴会中茶七酒八的来历

在我国习俗中,把茶水或酒斟入杯中以多少为宜,是有讲究的。所谓"茶七酒八"是指主人给客人倒茶斟酒时,茶杯、酒杯应分别满到七分和八分。

主人若以茶待客,则以倒七分为敬,不宜过满。这可以便于客人在端茶杯饮用时,不至于因茶水外溢而失礼。而且这其中还有一定的科学道理:茶杯倒七分茶水,茶水的面距离杯口有一定空间,茶水的清沁芳香就不容易散失。在饮茶时,就能闻到浓郁的茶香,茶水也不至于烫着客人的嘴唇。

主人若以酒敬客,斟酒以斟到八分程度为好,不能斟满了。这与以茶待客的道理是一样的。如果酒斟得太满,客人端杯时,杯中的酒容易溢出而失礼,而且酒斟八分,对贪杯者来说还是一种提示。如果主人把客人杯中的酒斟得太满或溢出,那不只是失礼行为,且易被人认为是对客人的一种戏弄,使客人无法端杯或迫使客人俯首而饮。

4. 上菜服务

(1) 上菜顺序。上菜时应严格遵照上菜顺序或习俗。上菜的一般顺序是：第一道冷菜，第二道主菜(较名贵的菜)，第三道热菜，第四道汤菜，第五道甜菜(随即上点心)，最后上水果。上菜先撤盘，调整台面，腾出上菜的位置，双手端盘，将菜上至转台，并转至主宾、主人处。

(2) 上菜礼仪。上菜时，退后半步报菜名并介绍其特点、烹制方法或典故趣闻。介绍应生动简洁、声音清晰响亮。上菜应符合礼仪，上带盖的菜汤，上桌后应征得客人的同意将盖撤下。上菜时还要注意我国的一些礼貌习俗，如"鸡不献头，鱼不献脊，鸭不献掌"等。

(3) 上菜位置。大型宴会一般在副主宾右边的第一和第二位客人之间侧身上菜、撤盘，使用礼貌用语，注意不要在主人主宾身边进行，以免影响客人就餐。

(4) 出菜时间和速度。一般在正式开宴前5分钟~10分钟上凉菜，菜点摆在转盘上，应荤素搭配、疏密得当、排列整齐。值台员要熟知菜品烹制方法、过程，结合客人就餐快慢，掌握好上菜节奏，既不能造成空台又不能堆积过多，菜品太多可采取大盘换小盘和指导品尝加以解决。以桌为准，全场统一出菜，每道菜的间隔时间一般为4分钟~5分钟。

(5) 分菜分汤。凡宴会都要主动、均匀地为宾客分汤、派菜。分派时要胆大心细，掌握好菜的分量、件数，分派准确均匀。凡配有作料的菜，在分派时要先蘸(夹)上作料再分到餐碟里，分菜的次序也是先宾后主，先女后男。

现在，一些现代化的大型饭店提倡宴会"旁桌分菜"。即在席上示菜后，到席旁工作台上分菜，待分好后再给客人送上餐位。

5. 席间服务

(1) 撤换餐具。为显示宴会服务的优良和菜肴的名贵，突出菜肴的风味特点，保持桌面卫生雅致，在宴会进行的过程中，需要多次撤换餐具或小汤碗。重要宴会要求每上一道菜换一次餐碟，一般宴会的换碟次数不得少于三次。通常，在遇到下列情况时，就应更换餐碟：①上翅、羹或汤之前，上一套小汤碗；待宾客吃完后，送上毛巾，收回翅碗，换上干净餐碟。②吃完带骨的食物之后，吃完芡汁多的食物之后，上甜菜、甜品之前，应更换所有餐碟和小面碗。③上水果之前，换上干净餐碟和水果刀叉。④残渣骨刺较多或有其他脏物的餐碟，要随时更换。⑤由于宾客失误，将餐具跌落在地的要立即更换。

在撤换餐碟时，要待宾客将碟中食物吃完方可进行，如宾客放下筷子而菜未吃完，应征得同意后才能撤换。撤换时要边撤边换，撤与换交替进行。按先主后宾、最后一般宾客的顺序先撤后换，站在宾客右侧操作。

(2) 要做到一快，服务快；三轻，走路轻、说话轻、操作轻；四勤，勤问斟、勤换烟缸(不超过三个烟头)、勤换餐碟(不超过 1/3 杂物时)。当宾客吸烟时,应立即上前站在宾客右侧为其点烟,并说:"您请。"撤换烟缸时,把干净的烟缸倒扣在用过的烟缸上,一起撤下放进托盘,然后再把干净的烟缸摆回餐桌。换碟时,服务员用右手从宾主的右边依次撤去同时换上干净的碟,用礼貌用语并伸手示意:"打扰一下,给您换一下骨碟可以吗?"当客人帮忙拿骨碟时应说:"谢谢。"

(3)宾客席间离座,应主动帮助拉椅、整理餐巾;待宾客回座时应重新拉椅、落餐巾。宾客祝酒时,服务员应立即上前将椅子向外稍拉,坐下时向里稍推,以方便宾客站立和入座。宴会服务中要保持转台、餐台的整洁。并且,服务员要按规定姿势站立于离客人桌面 1.5m 处,注视全部客人的情况,出现问题及时处理。

(4)根据客人要求上饭、面点、汤时,要先分汤,再将面点规整地摆上转台。上水果前,应撤去所有餐具,换上干净盘子,视情况摆上刀叉等,端上水果,并说"水果拼盘,请慢用"。整个宴会服务过程中,值台员必须坚守岗位。

(三)收尾工作

1.结账服务

结账服务分为以下几个步骤:

(1)退酒水,清点香烟、糖果。请主办人一起分类清点酒水、名烟的使用及剩余数量,对剩余酒作退酒处理。对消费及剩余餐饮品必须集中分类清点,并让客人确认签字。用过的空瓶罐集中存放,以利于清点。

(2)核对增减菜点等花费。

(3)与主办方联系,做好结账准备工作。实际出菜桌数、酒水、菜肴等应双方确认签字;优惠事项、收费标准,按宴会预订单规定执行。

(4)结账手续。结账手续分以下几步:

①收银台打单:将所有的账单和宴席预订单一同拿到收银台汇总打单,将账单放至收银夹,请客人结账埋单。

②收银台收款:递上客人意见簿征求客人意见,收银台收款或请客人签单,并礼貌向客人致谢。

③账单确认不错不漏,找补清楚。

2.送客服务

(1)宴会结束,客人起身准备离席时,服务员应主动拉椅,留出退席的通道;并且要取椅套,提醒客人带好物品,帮助客人穿外衣。

(2)检查桌面、地面是否有客人遗留物品。

(3)欢送客人离开。将客人送至宴会厅门口,热情送客并向客人致谢。

3.清理工作

客人离开后,要及时翻台。收台时,按收台顺序依次先收玻璃器皿、银器、口布、毛巾、烟缸,然后依次收去桌上的餐具。并且整理清洁宴会厅,使其恢复原样。

4. 工作总结

大型宴会结束后,宴会部经理一般会召开总结会传递信息,并填写工作或管理日志,之后进行存档。

(四) 中餐宴会服务注意要点

(1) 客人敬酒时,应注意杯中是否有酒,并及时斟添酒水。

(2) 客人取烟,应主动为其点烟,并准备好干净烟缸及时撤换。

(3) 客人离席,应主动拉椅,叠好餐巾放于客人餐位旁。

(4) 客人上洗手间归来,应为其更换毛巾。

(5) 两个服务员不能同时为一位客人服务令其为难。

(6) 客人挡住去路应礼貌说"请让一下",不能粗鲁越过客人或挤过去。

(7) 服务员之间应配合默契,当离开时给旁边服务员打招呼,不出空当。

(8) 席间若客人感到不适应立即向上级汇报,将食物保存留待化验。

(9) 进行节目表演时需营造气氛、带头鼓掌,并向客人介绍演出。

(10) 服务操作要求轻拿轻放,严防打碎餐具和碰翻酒瓶、酒杯,以免影响宴会的气氛;"三轻"即走路轻、说话轻、动作轻。

(11) 宴会服务应注意节奏,不能过快或过慢,应以宾客进餐速度为标准。

(12) 当宴会中有祝词、讲话或其他非就餐活动时,服务员要停止操作,迅速退至工作台两侧肃立,姿势端正,排列整齐,保持安静。

(13) 客人有其他正当要求时,在不妨碍正常宴会服务的前提下,应尽量设法满足其需求。

二、西餐宴会服务流程设计

随着中国社会经济的发展,西餐已经成为中国宴会市场中不可或缺的补充。西餐宴会是一种按照西方国家的宴会形式举办的宴会。它使用西餐餐具,按照西方人的饮食习惯摆放餐台,享用西式菜肴和酒水,在服务过程中遵照西方人的礼仪礼节,通常情况下服务规格较高、服务环节复杂。

西餐宴会服务基本流程主要包括以下三个环节。

(一) 餐前准备

1. 台型设计与席位安排

(1) 台型设计。宴会的台型设计要根据宴请活动的性质、形式、主办单位或主办人的具体要求、参加宴会的人数、宴会厅的形状和面积等因素来决定。西餐宴会一般使用长台,其他类型的餐台由小型餐台拼合而成,如 T 形、U 形、一字形、课堂形餐台等。总的要求是美观适用(见图 4-1)。

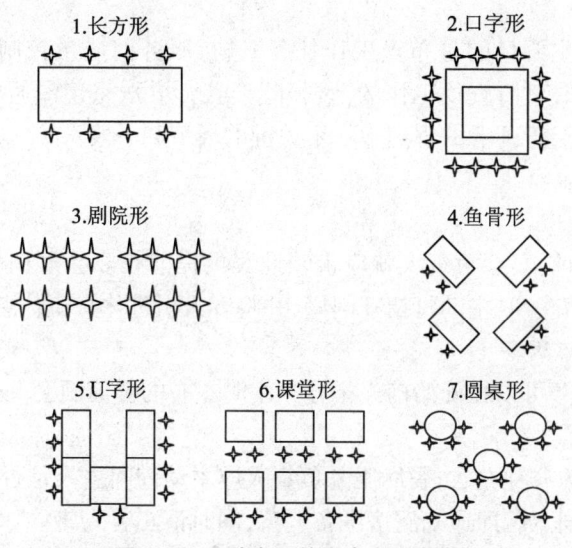

图 4-1　几种常见的宴会台型设计

（2）席位安排。西餐宴会服务对象一般为主人、副主人、主宾、副主宾、翻译及其他陪同人员。其席位都有固定的安排，主人坐在上首面对众席，副主人在主人的对面，主宾在主人的右侧，副主宾在副主人的右侧，翻译在主宾的右侧。对其他陪同人员，一般无严格的规定。

2. 掌握宴会情况

（1）服务员应掌握宴会通知单的内容，如宴请单位、宴请对象、宴请人数、宾主身份、宴会时间、地点、规格标准，客人的风俗习惯与禁忌等。

（2）服务员要掌握宴会要求的服务方式。

3. 熟悉菜单内容

服务员要熟悉宴会所备菜式的风味特点、主料、配料及制作方法，熟记上菜顺序和菜肴与酒水、酒杯的搭配。

4. 准备物品

（1）根据宴会规格、规模等准备工作台。

（2）根据宴会通知单备足所用餐用具。

5. 摆台

按西餐宴会要求摆台（具体内容参见第二章餐饮服务基本技能与技巧部分）。

6. 餐前检查

客人到达以前要将宴会台按设计布置好，服务的一切准备工作都要就绪，准备好迎接客人。餐前检查具体内容参考中餐宴会的餐前检查。

7.餐前例会

餐前例会的主要目的是布置工作任务,进行服务前质量控制;进行激励和教育,调动员工的积极性;查找工作的薄弱环节问题;增强完善沟通渠道。餐前例会是酒店领班等基层管理者的管理中一个关键的环节和手段。

(二)就餐服务

1.迎候宾客

在宴会开始前,宴会负责人就应带领迎宾员提前在宴会厅门口迎候来宾。当宾客到来,应热情欢迎,主动打招呼问好,并将客人引进休息室休息。

2.餐前鸡尾酒服务

西餐宴会服务可以在开始前先举办半小时左右的餐前酒会。

3.迎宾入席

(1)开宴前 5 分钟左右,餐厅服务负责人应主动询问主人是否可以开席。

(2)经主人同意后即通知厨房准备上菜,同时请宾客入座。

(3)值台服务员应精神饱满地站在餐台旁。

(4)当来宾走近座位时,服务员应面带笑容拉开座椅,按宾主次序引请来宾入座。

4.席间酒水服务

(1)上完饮品后要请示宴会主人是否要饮预订好的餐前酒。

(2)客人表示要上酒后,服务员用白餐巾裹住酒瓶,露出商标给主人看,主人确认后可开瓶。

(3)开瓶后用餐巾清洁瓶口,然后少斟一点在杯中,给客人品尝,让客人检查酒品质量是否符合要求。

(4)给客人斟酒时,按先女士后男士的顺序逐一斟酒。酒斟到七成满即可,不可太多或太少。客人要求加冰块时,应满足。

5.上菜服务

(1)在宴会开始前几分钟摆上黄油,分派面包。面包作为佐餐食品可以在任何时候与任何菜肴搭配进食,因此要保证客人面包盘里总有面包。一旦盘子空了,应随时给客人续添。

(2)按上菜顺序上菜。上菜顺序是:头盘、汤、副菜、主菜、沙拉、甜点、咖啡或茶。

(3)按菜单顺序撤盘上菜。每上一道菜之前,应先将用空的前一道菜的餐具撤下。客人如果将刀叉并拢放在餐盘左边或右边或横于餐盘上方,是表示不再吃了,可以撤盘;客人如果将刀叉呈"八"字形搭放在餐盘的两边,则表示暂时不需撤盘。西餐宴会要求等所有宾客都吃完一道菜后才一起撤盘。

(4)上肉菜的方法:肉的最佳部位对着客人放,而配菜自左向右按白、绿、红的顺序摆好;主菜后的色拉要立即跟汁,色拉盘应放在客人的左侧。

(5)上甜点水果:先撤下桌上除酒杯以外的餐具:主菜餐具、面包碟、黄油盅、胡椒盅、盐盅。然后换上干净的烟灰缸,摆好甜品叉匙,水果要摆在水果盘里,跟着上洗手盅和水果刀叉。

(6)上咖啡或茶前放好糖缸、淡奶壶。在每位宾客右手边放咖啡或茶具,然后拿咖啡壶或茶壶依次斟上。有些高档宴会需推酒水车,应询问客人是否需送餐后酒和雪茄。

(三)收尾工作

1.结账

宴会接近尾声时,清点所用的饮料,如果收费项目不包括饮料费用则要立即开出所耗用的饮料订单,交收款员算出总账单。宴会结束时,宴请的主人或助手负责结账,一般不签单,而收取现金、支票或信用卡。

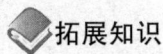拓展知识

西餐宴会结账注意事项

在西餐宴会开始之前一定要先问清楚是统一由主人埋单还是实行AA制。因为西方国家通常在聚会用餐中习惯用AA制,自己吃了多少菜肴就支付多少费用,这也是西方人的一种生活习惯。如果在宴会中没有问清结账方式,没有计算好每位客人用餐的菜肴酒水费用,可能就会产生一些不必要的麻烦。

2.送客、收台清理

当宾客起身离座时,应为其拉椅;检查客人是否有遗留物品,送宾客至宴会厅门口;检查餐台是否有未熄灭的烟头。收台时,先收餐巾,后用托盘或手推车收餐具;撤掉台布。了解下一餐宴会情况,在下班前准备下一餐宴会的餐桌摆台;领班记录宴会完成情况。

(四)西餐宴会服务注意要点

(1)加盖的菜上席后,每一位传应员负责一位客人,为客人揭盖要同时进行,动作一致。

(2)上菜时要从客人的右边上,撤碟时要从客人的左边撤;服务员在服务过程中要配合默契,统一行动。

(3)进餐过程中服务员必须细心观察,周到服务。客人抽烟时,要为客人打火点烟。

（4）若客人不慎弄脏了台布或衣物要尽快帮客人清洁，台面可用一张干净的席巾盖住脏湿的部分。

（5）有些食品，如虾、蟹等海鲜食后，要用净手盅盛上温暖净水，净水里放上一片柠檬片给客人净手。

（6）客人离开席位时，要将客人的席巾叠好放在客人装饰碟的右边，摆放要整齐。

（7）西餐宴会十分注重气氛，但它不同于中餐宴会的热闹，而是在一种优雅安静的气氛中进行。服务员要反应灵敏，注意自己的动作，步履要轻快，动作要敏捷干脆，不得有响声。向客人介绍菜单或征询（请示）意见时以客人听得清为好。背景音乐要柔和，为客人营造一种美妙的气氛、高雅的情调。

第五节　其他宴会服务

一、酒会服务

酒会是餐饮自助宴会的典型形式，是以提供各种酒水饮料为主，同时提供各种点心，少量的冷菜、热菜的自助餐宴会。用于庆祝、欢饮或其他目的主要有以下三大基本类型。第一类是冷餐酒会。如会议用餐、团体用餐等，以提供各种酒水、冷菜和点心为主的酒会。第二类是鸡尾酒会。以提供各种鸡尾酒和点心为主的酒会。第三类是自助餐酒会，除了提供各种酒水外，点心和菜肴相对冷餐酒会、鸡尾酒会都更多的酒会。

（一）鸡尾酒会

鸡尾酒会是从西方引进的，它是欧美社会传统的集会交往的一种宴请活动形式。这种酒会比较轻松活泼、随便自在，便于广泛接触交谈。酒会举行的时间也比较灵活，中午、下午、晚上均可，有时也在正式宴会开始前举行鸡尾酒会，称为餐前酒会。参加鸡尾酒会活动的宾客来去自由，可以迟到、早退，不受约束。它以饮用配制的各种鸡尾酒为主，一般不用烈性酒。食品主要是三明治、点心、面包等各种小吃，客人用牙签取食。鸡尾酒和小吃由服务员用托盘端上敬让，或部分置于小桌上。鸡尾酒会服务有以下几个步骤：

1. 鸡尾酒会准备工作

（1）酒会标准设定。酒会预订员应熟悉厅堂设施设备，接待能力，利用情况，具有丰富的酒水饮料知识；仪容仪表整洁、大方；能用外语提供预订服务；迎接、问候、预订操作语言和礼节礼貌运用得体；客人预订酒会，预订内容、要求、人数、标准和主办单位地址、电话、预订人等应记录清楚、具体；能够根据客人要求准确预订。

（2）厅堂布置。鸡尾酒会厅堂布置应与主办单位要求、酒会等级规格相适应；厅堂酒台、餐台、主宾席区或主台摆放整齐，整体布局协调。大型酒会，根据主办单位要求设签到台、演说台、麦克风、摄影机，位置摆放合理。整个厅堂环境气氛轻松活泼，能体现酒会特色与等级规格。

（3）餐厅准备。酒会开始前领班组织服务员摆台，主宾席或主宾席区设置合理，位置突出，酒台、餐台摆放整齐美观，餐具、小吃准备齐全。调酒员具有丰富的酒水饮料知识，熟悉各种鸡尾酒及饮品调配方法。酒会举办前20分钟~30分钟，调好的鸡尾酒和饮品应整齐地摆放在酒台上，酒水调制美观，按配方准确制作，酒水供应充足及时。

（4）吧台设计。鸡尾酒会的吧台设计与冷餐酒会大致相同，两者有两点区别：一是吧台数量，鸡尾酒会一般是每50位客人设置一个吧台；二是酒水数量，鸡尾酒会一般按每人每小时3杯~5杯的标准准备酒水数量（每杯220ml~280ml）。

（5）餐桌摆放。在宴会厅内摆放数量适宜的小型餐桌（方桌或圆桌），应注意餐桌之间的距离要适宜，以便客人和服务人员走动。同时在宴会厅四周摆放少量座椅，以方便需要者使用。

（6）致辞台和签到台准备。致辞台一般设在靠墙边的中央位置，以便能环视整个宴会厅。设置要求与宴会相同。签到台一般设在宴会厅门外一侧，应根据主办单位要求备好签到簿和笔。

（7）餐用具准备。宾客就餐的餐桌应摆放头盘用小号刀叉、汤勺、餐刀、餐叉、甜品叉、甜品勺、面包盘、黄油刀、餐巾、胡椒和盐瓶、桌号、鲜花、烛台等。

（8）小吃摆放。酒会开始前半小时左右在餐桌上摆放各种干果和小吃，同时摆上牙签筒（鸡尾酒会上客人用牙签取食）、餐巾纸、花瓶、烟灰缸等。

2.迎宾与引位

客人来到餐厅门口，领班员要着装整洁、仪表端庄、面带微笑，配合主办单位迎接、问候客人，表示欢迎，对主宾或主宾席区的客人特别照顾。

3.酒水服务

酒会开始，服务员分区负责。为客人递送鸡尾酒、饮料、点心、小吃迅速、准确、服务规范。

（1）主人致辞或祝酒，服务员应主动配合，保证酒水供应。

（2）服务过程中，客人取酒自便。

（3）服务员用托盘端酒水，酒会中及时收回客人用过的酒杯。

4.菜点服务

（1）餐前30分钟，准备好菜肴、点心和干果等物品。

（2）及时帮助客人取送食品、菜点。

(3)撤换餐盘、牙签,续添餐巾纸等物品。

5.吧台服务

(1)调制鸡尾酒。

(2)吧台服务员斟酒、递送酒水至工作台。

(3)做好酒吧台面的清洁工作。

6.其他服务

(1)客人走动交谈时,留心观察客人,主动及时提供服务,回答客人的问题或为客人送酒,添加小吃,服务细致周到。

(2)酒会期间如有舞会或文娱节目,应先同主办单位协调,安排具体细节。适时调整桌面,保证舞会或文娱节目演出顺利进行。

7.收尾工作

鸡尾酒会一般进行两个小时左右。酒会结束时,服务员列队送客出门,宾客结账离去后,服务员负责撤掉所有物品。余下的酒品收回酒吧存放,脏餐具送洗涤间,干净餐具送工作间,撤下台布,收起桌裙,为下一餐做好准备。

8.鸡尾酒会服务注意事项

(1)酒会结束时,所有服务人员应列队送客。

(2)酒会进行过程中,各岗位服务员应密切配合,如某岗位特别繁忙时,其他岗位服务员应及时、主动地给予协助。

(3)酒会进行过程中,应坚守自己的岗位,不要闲聊,以免冷落客人。

(4)酒会结束后,应将食物及时撤送至厨房处理,一般不提供"打包"服务。

(5)在服务过程中,应谨慎小心,防止与过往客人碰撞,如需打扰客人,应先道歉。

(6)鸡尾酒会的结束工作与中西餐宴会大致相同,应特别注意各岗位服务员之间的团结协作,以便共同把宴会厅整理好。

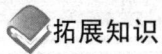拓展知识

鸡尾酒的来源

鸡尾酒起源于1776年纽约州埃尔姆斯福地区一家用鸡尾羽毛作装饰的酒馆。一天,当这家酒馆各种酒都快卖完的时候,一些军官走进来要买酒喝。一位叫贝特西·弗拉纳根的女侍者,便把所有剩酒统统倒在一个大容器里,并随手从一只大公鸡身上拔了一根毛把酒搅匀端出来奉客。军官们看看这酒的成色,品不出是什么酒的味道,就问贝特西,贝特西随口就答:"这是鸡尾酒啊!"一位军官听了这个词,高兴地举杯祝酒,还喊了一声:"鸡尾酒万岁!"从此便有了"鸡尾酒"的说法。这是

在美洲被普遍认可的鸡尾酒起源。

(二)冷餐酒会服务

鸡尾酒会与冷餐酒会都是当今较流行的餐饮服务方式。冷餐酒会是从鸡尾酒会发展演变而来的,因而二者有许多方面相似。

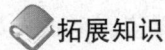拓展知识

鸡尾酒会与冷餐酒会的不同之处

1. 冷餐酒会适用于会议用餐、团体用餐和各种大型活动,一般用餐时间在正午或晚上。鸡尾酒会适用于不同场合,从主题来看,多是会餐、庆祝、纪念、告别、开业典礼等,可以在任何时候举行。

2. 冷餐酒会一般有坐式和立式两种就餐形式,有全自助、半自助和VIP服务。鸡尾酒会一般不摆台不设座(只在墙边为年老者设少量桌椅),客人是站着自由地自助式用餐,菜肴是放在食品桌上供客人自由选取食用。

3. 冷餐酒会的特点是规模大,布置华丽,场面壮观,气氛热烈,环境高雅。鸡尾酒则显得简单随便多了,它不需要豪华设备,不必十分讲究背景环境和气氛,更不拘于礼节。

4. 冷餐酒会菜肴丰富,服务准备工作量大,宴会进行中服务较简单。鸡尾酒会以供应各种酒水饮料为主,食品提供的量相对来讲小得多。

5. 冷餐酒会对客人有一定的要求;鸡尾酒会则不拘形式,客人不分高低贵贱,可以迟到早退,着装可以自由一些。相对冷餐酒会而言,鸡尾酒会形式能招待更多的客人,不存在席次问题,宴会的主人不必为结束宴会而不好意思开口。

冷餐酒会服务程序有以下几个步骤:

1. 准备工作

(1)餐台准备工作。餐台的摆放形式多种多样,除了设完整的自助餐台外,也可将一些特色菜分列出来,如沙拉台、甜品台、切割烧烤肉类的切割车等。餐台的摆设应方便宾客选取菜肴,并注意宾客流动方向。餐桌摆放要突出主桌并留有通道。

(2)吧台设计。冷餐酒会必须设置吧台,吧台数量应视客人人数而定,一般是每100位客人设置一个吧台。吧台位置一般在宴会厅靠门口的一侧。

(3)致辞台和签到台准备。致辞台一般设在靠墙边的中央位置,以便能环视整个宴会厅。设置要求与宴会相同。签到台一般设在宴会厅门外一侧,应根据主

办单位要求备好签到簿和笔。

（4）餐用具准备。宾客就餐的餐桌应摆放头盘用小号刀叉、汤勺、餐刀、餐叉、甜品叉、甜品勺、面包盘、黄油刀、餐巾、胡椒和盐瓶、桌号、鲜花、烛台等。

（5）菜点准备。冷餐酒会开始前，传菜员与餐台服务员应将大部分菜点分类在餐台上陈列完毕。部分主菜和热菜可在客人进入宴会厅后再摆上。应注意热菜、汤等的保温。冷餐酒会菜点一般较为丰盛，既有中菜中点，也有西菜西点。

同时也应将餐盘、刀叉、汤匙、筷子等餐具陈列在餐台上（数量应比来宾人数略多），另外，取菜用的服务叉、匙等也应放好，以便客人取食。

（6）酒水准备。吧台调酒师应在酒会前10分钟斟倒好酒水，份数应比来宾人数略多，以便客人进入宴会厅后能每人有一杯酒水，斟好的酒水应呈方形整齐地分类排列在吧台上。

（7）其他准备。主要有：做好衣帽间准备，打开所有灯光，播放背景音乐，调试好麦克风，控制好宴会厅室温，检查仪表仪容等，并各就各位，面带微笑、精神饱满地恭候客人的到来。

2. 迎宾工作

在酒会开始前半小时，一般在宴会厅门外为先到的宾客提供鸡尾酒、饮料和简单小吃，直到酒会时间将到才请宾客进入宴会厅。服务员见到宾客应礼貌问好并热情引领客人至宴会厅。

3. 就餐服务

除了主桌设坐席外，其他桌号无区别，宾客自由选择或根据请柬要求入座。服务员为每位宾客斟冰水，并询问是否需要饮料。宾客全部入座后，致辞、祝酒并宣布酒会正式开始。客人排队从餐台上选取自己喜爱的食品回到座位享用，也有一些冷餐酒会主桌的开胃品、汤由服务员送到餐桌上。

（1）自助餐台服务。自助餐台应有厨师值台。厨师负责向宾客介绍、推荐、夹送菜肴和分切肉车上的各类烤肉；负责及时添加菜肴，检查食品温度，回答宾客提问并负责保持餐台整洁。

（2）席间服务。服务员要随时接受宾客点用饮料，并负责送到餐桌或宾客中；巡视服务区域，随时撤空盘、换烟灰缸、替宾客点烟等。

4. 结账收尾工作

宴会接近尾声时清点酒水，核实人数，协助收款员打出账单。当主办单位或个人示意结账时，按规定办理结账手续，询问宾客对活动的满意程度。宾客离座时帮助拉椅，提醒携带自己的物品，感谢宾客的光临，礼貌送客。宾客全部离开餐厅后，厨师负责将余下的菜肴全部撤回厨房并分别按规定处理；服务员负责清理餐台、清点餐具，恢复宴会厅原样并为下一个活动做准备。

此外,冷餐酒会服务注意事项与鸡尾酒会服务相同。

(三)自助餐酒会服务

自助餐酒会服务与冷餐酒会、鸡尾酒会服务相似。

二、团体用餐服务

团体用餐的就餐形式多样,有圆桌聚餐式、分饭包餐式等。不同的团体用餐,其标准不同,档次不同,人数不等,就餐方式不同。从而造成了菜肴数量的丰俭不同,菜肴品种的档次不同,因而为其提供的服务方式也不同。

根据不同的团体用餐的就餐形式,餐厅服务工作应采取不同的方式。如接待使用圆桌、选用聚会式就餐方式的团体用餐,餐厅服务应提供具有一定面积的就餐场地、设备及相应数量的服务人员。而份饭式的团体用餐(如盒餐或盘餐。)一般是凭券领取,一人一份,标准统一,食品统一,比较简单。

(一)团体早餐服务

团体早餐服务在摆台及提供的食品种类方面都较为简单,主要应掌握以下环节:

(1)服务员根据包餐人数整理布置好餐厅,配备好相应的就餐桌椅,并在餐台上摆放台签,备齐各种物品,了解当天包餐供应的食品品种,配制好所需的各种佐料,整理好个人仪容。

(2)客人用餐前,摆齐早餐所需的各种餐饮用具和佐料。

早餐用具有:碟、碗、勺、筷子、茶具、餐巾(纸巾)、小毛巾(早餐一般不配酒杯);佐料是指各种小菜。

(3)恭候宾客,引客入座。做到客人一到立即有人提供引导服务,及时准确地将客人引导到为其指定的坐席上,便于顺利开餐。

(4)及时开餐,送餐上桌,合理摆放,按量供应。团队早餐,往往人齐一桌开餐一桌,服务员按开餐人数,及时将准备好的早餐送至餐台上,并按食品的不同合理摆放。按人数定量的食品,要保证供应数量。

(5)递送茶水、毛巾。早餐一般用餐时间较短,因此当各种食品上齐后,应将茶水及毛巾送至客人面前。

(6)以礼相送,收拾餐台。早餐客人用餐后往往是分散离台,这时服务员应随时送客,说相送语,以示服务热情。待客人全部离开餐台后,方可撤台。

(7)核对就餐人数。早餐结束后,汇总就餐人数,为结账做好准备工作。

(二)团体正餐服务

与早餐相比,团体正餐无论是菜点酒水的种类还是数量,都更为丰富。因此服务也复杂得多。具体包括以下几个步骤:

1. 仔细核对菜单

团体正餐的菜单一般都是提前拟定好。每次开餐前,服务员都要将本餐的菜单与台号、包餐单位、桌数、人数进行核对,做到准确无误。

2. 精心布置餐厅

根据用餐团体的数量,分配布置好每一团体的就餐位置,并配好必要的标志及装饰(桌号牌、席号牌)等。同时大餐厅可写出告示牌,放在客人进口处,以便客人辨认自己就餐方位。

3. 按照规格摆台

由于团队消费档次、规格不同,用餐菜肴的档次、品种等也都不同,因此,摆放的餐饮用具就要有所区别。

(1) 低规格团队(如普通包团旅游团队)用餐的档次相对较低,菜单安排一般是四道或六道热菜,一个汤菜,不设冷荤,同时主食供应量较大而丰富。餐具应配餐碟、汤碗、汤勺、筷子、牙签、调味碟、烟灰缸、两套公用餐具,不摆酒水杯。餐后,为每位宾客送一杯热茶及一条毛巾。

(2) 中等规格的团队用餐菜肴品种也较为丰富。菜单一般是大冷盆一个或四个独拼冷菜、六至八道热菜,一个汤菜。餐具除上述低规格团队用餐所有餐具外,应加摆水杯一道,因午餐配有各种饮料,晚餐可同时提供啤酒。同时,根据用餐菜肴,准备好餐间更换所需的餐碟。

(3) 宴会型用餐团队属高档次包餐,摆台时应视同宴会摆台的规格,餐具的配用应视包餐时间而定(具体内容见宴会摆台)。一般是午餐摆水杯、红酒杯,晚餐加摆白酒杯。但是,无论午餐或晚餐,所用酒具类别应以客人需要为准。

4. 备好食品、酒水、饮料

将酒水饮料瓶罐擦净备好待用。冷盘应等客人到齐后方可摆放,同时,将客人选用的白酒、红酒开启并斟入杯中,饮料也要在客人到齐后开启。在客人开餐后,按就餐速度掌握上热菜的速度。所需的各种随菜调料、佐料,应在客人到来之前准备完毕,并分装待用。

5. 恭候宾客

就餐的一切准备工作应在预定开餐时间前5分钟内做完。随后,服务员应在各自的工作岗位站立就位,恭候宾客到来。当客人来到餐厅后,服务员要主动上前询问并准确迅速地将客人引领到准备好的座位上,避免出现客人坐错位的尴尬局面,为顺利开餐做好准备。

6. 清点人数,准时开餐

负责团体包餐的服务员,在开餐前应核对好就座人数,做到心中有数。客人到齐后应迅速通知厨房准备起菜。在此同时,组织好前台及时开餐。如规定的开餐时间已到,而个别顾客未到,服务员应主动征求主办单位的意见,在得到主办单位许可后方可开餐。

7.巡台服务

团队正餐服务,应设有专门看台的服务员,以保证及时为顾客提供有关方面的服务,如斟酒、更换餐用具、递送菜肴食品、及时整理餐台,并做到随时掌握客人的需要及进餐速度,以使服务工作更加完善。

8.清点酒水饮料,结清账目

当本餐的各种菜肴食品上齐后,应告知包餐主办单位的负责人,使之心中有数,同时将本餐所用的各种酒水、饮料进行整理清点,并一一上账。

团体包餐的结账方式与其他就餐形式的结账方式不同。一般会议包餐,餐毕后将用餐账单整理好后请大会秘书处的负责人签字并交至收银台;使用餐券用餐的,则应将餐券整理、清点、汇总登记、封包后交收银台。旅游团队包餐,餐毕将用餐账单整理好后请订餐单位的陪同人员或随团的地方负责人签字并交至收银台,收银台核对无误后转入该旅行社在饭店所设的总账中,以备定期地统一结账。总之,无论是哪种结账方式,看台服务员在结账时应注意:物品上账清楚,数量准确,结账及时,不留单,不压单,以便及时汇总结账,防止出现错单、丢单。

9.礼貌送客

客人用餐完毕,服务员要站立恭候,随时送客。顾客离席后,要及时整理餐台,检查客人是否有遗留物或丢失物品,一经发现上述问题,做到及时、妥善处理。

10.清理餐台

顾客离开餐台后,应及时将餐台上的餐用具清理干净。撤台顺序应是:先撤餐巾、毛巾,而后撤酒杯、小件餐具等。台面撤净后换铺台布。整理清扫餐厅卫生,为下一餐工作打下一个良好的基础。

案例分享

谁的错

新加坡文华酒店的预订员接到某房地产开发公司业务部经理黄先生的宴会预订。黄先生讲,因业务需要,两个月后公司要宴请一批香港客户,因此在当地著名的文华酒店预订20人的宴会。预订员告诉黄先生,预订宴会除了要确定主要客人名单、就餐时间、费用标准外,还需交纳25%的订金,最低不能少于300新加坡元;客户若在宴会举行两个月以前取消宴会不扣订金,否则订金不予退还。黄先生直到宴会时间、规格和费用标准都符合公司的要求,就和酒店签订了合同,交付了600新元的订金。酒店预订员对此做了登记。

此后，酒店又接到该公司另一位先生取消预订的电话。原来黄先生在预订后不久接到电传，告之此批客户取消了新的行程，由于业务繁忙，黄先生忘记通知文华酒店取消宴会预订。之后黄先生与开发部经理一同到香港与这批客户联系，在对方宴请他们时，黄先生突然记起曾为对方在新加坡文华酒店预订过宴会，急忙通知公司同事取消预订，此时，离预订就餐时间还有两个星期。酒店认为，由于超过了取消期，订金不退还，希望预订方以其他的宴会取代，以免造成双方不必要的损失。宴会的费用和规模双方还可以进一步商量。

在酒店善意的建议下，黄先生决定将其他的业务宴请改在文华酒店举行，随即再次与文华酒店联系恢复了原预订。酒店感谢黄先生对他们的信任，并在价格上做出了一定的让步。

思考
1. 上述案例中酒店宴会预订方面有什么不足？
2. 结合案例分析作为一名宴会预订员应该具备怎么样的职业素质？
3. 结合案例分析预订员的职责有哪些？

 思考与练习

一、名词解释
1. 宴会
2. 固定性宴会菜单
3. 主题宴会席面设计
4. 西餐宴会
5. 酒会

二、论述题
1. 结合实例论述宴会台型布置的原则。
2. 结合实例分析团队正餐服务步骤。

三、案例分析题

失去的宴会业务

一天，北京某酒店宴会部的预订员孟小姐接到了某大公司总经理秘书赵先生打来的预订电话。对方在详细询问了餐厅面积、餐位、菜肴风味、设备设施、服务项目等情况后，提出预订一个三天后200人规模的高档庆典宴会。孟小姐热情地向客户介绍了各种情况，双方开始约定见面的时间。

赵先生提议道："小姐，请你明天上午9点到我们公司来签一下宴会合同，并收取订金。""我们这几天业务繁忙,人手不够,还是请您抽空到我们酒店来一趟吧。"孟小姐答道。最后,赵先生同意下午来查看场地,并签订合同。

放下电话,孟小姐感到十分高兴,暗自寻思:没想到今天预订的生意这么好,这已经是第十个预订电话了,看来这个星期的预订任务是没有问题了。

此后,孟小姐又接了几个预订电话,都是小宴会厅的中、低档客户。孟小姐对待他们的态度显然没有那么热情了,接电话的时间也显得拖拉起来。这些电话中有一位山西口音的李先生,要求预订当晚淮扬风味的8人小型宴会,每人标准100元。孟小姐很不耐烦地告诉他,预订已满,请他到其他地方预订。

下午,孟小姐一心在等赵先生的到来,结果却只等到一个回复电话。"对不起,小姐,我们李总不想在你们酒店预订这次宴会了。"赵先生说。"为什么?是不是需要我亲自到你们公司去一趟。"孟小姐急忙问。"不必了。我们李总就是刚才给你打电话预订8人宴会的那个山西人。他说连8个人的小宴会都接待不了,还谈什么200人的大宴会呢?所以他指令我把宴会订到其他地方。"赵先生含有歉意地解释着。"这……"孟小姐顿时感到茫然。

思考:试根据宴会预订相关理论分析上述案例中孟小姐的失误之处。

第四模块
管理篇

第五章 原材料管理

引 言

俗话说"巧妇难为无米之炊",餐饮原料的质量直接影响餐饮产品的质量,而其价格又直接关系到饭店企业的经济效益。因此,餐饮原料的管理对饭店企业餐饮经营来说就显得非常重要和关键。餐饮原料管理,即通过对餐饮原料的采购、验收、发放、存储等环节进行有效地计划与控制,为厨房等加工部门保质保量、及时提供原料,并使采购的价格和费用最为经济合理。

学习目标

1. 掌握餐饮原料采购的组织形式。
2. 掌握餐饮原料采购控制的要领。
3. 掌握餐饮原料验收程序及控制方法。
4. 掌握餐饮原料库存管理的基本环节与方法。

第一节 原材料采购管理

一、原材料采购的要求和组织形式

原料是食品生产的物质要素。餐饮原料的采购就是根据生产需要和计划购货,并以最低的价格购得保证质量的原料。餐饮原料采购,具有采购面广、品种规格复杂、品质易变、生产季节性强、价格涨落快等特点。餐饮原料采购工作的好坏,直接影响餐饮原料的质量和餐饮成本的有效控制。因此,加强餐饮原料采购的管理是非常重要的一环。

（一）原料采购的要求与指导思想

1. 采购要求

原料采购的要求是品种对路、数量适中、质量优良、价格合理、供货及时。具体而言体现在以下几个方面：

（1）找到正确的商品。并非所有的最高等级的原材料一定对饭店的餐饮生产合适。为了保证菜肴质量的始终如一，必须使用品质始终如一的食品原材料。因此，餐饮部要对各种原材料规格做出详细的规定，制定出食品原材料采购规格标准以指导采购工作。

（2）得到最好的价格。在保证质量的前提下，采购时要充分考虑价格因素，做到"货比三家"，或者通过减少供货环节、现金支付、自行运输、合理扩大采购量等方法获得较低的采购成本。

（3）得到最佳的品质。采购时还要考虑原材料的储存能力，以免造成原材料在运输、储存过程中品质快速变差。此外，配合季节时令的采购也是明智的方法，不但原材料品质好，价格也较便宜。

（4）找到最佳的供应商。在供应商的选择方面，应该考虑他们的地理位置、设备条件、财务状况及诚信情况等。

（5）在最适当的时间进货。目前，国内饭店餐饮经营的一个趋势是尽可能减少库存量及在库时间。这样，为了保证原材料的不间断供应，对采购时间的要求就更高。

2. 采购的指导思想

（1）以销定进。采购是为了销售，是为了卖而买。因此采购与市场调研要结合起来，买什么、买多少要符合顾客的需求。

（2）以进促销。采购要发挥引导消费、扩大销售的能动作用。采购部应扩大采购的来源，配合餐饮部推出新的菜肴品种，以刺激消费，增加营销机会。

（二）原材料采购的组织形式

1. 采购部负责采购

这种采购组织形式是由餐饮部提出采购的申请和要求，由饭店采购部统一采购。采购部属于饭店的二级部门，一般由财务部领导。该形式的优点是利于专业化管理，便于资金和采购成本的控制；不足之处是采购的及时性和灵活性较为欠缺。这种组织方式必须以严密的计划性和制度化为前提，否则就会出现相互扯皮、互相推诿，造成工序脱节等现象。

2. 餐饮部负责采购

这种采购组织形式是餐饮部负责所有餐饮原料的订货和购货业务。该形式的优点是能根据餐饮的业务状况，灵活及时地采购，便于控制原料数量和质量；不足之处是缺乏制约,容易出现财务漏洞,采购的资金及成本控制相对难以掌握。因此,采用这种组织形式的饭店企业,应制定比较严密的规章制度,加强监督控制,控制采购成本。

3. 分工采购

分工采购分两种情况:一是单体饭店,一般由餐饮部负责鲜活原料的采购,采购部负责可储存原料和物品的采购。该形式的优点是采购比较灵活,可及时满足餐饮业务活动的需要,也有利于成本控制;不足之处是多头采购,职责上划分不清,给管理和协调带来一定的困难。二是饭店联合企业,可储存原料和物品一般由饭店集团物资采供中心集中配送,鲜活原材料则由各饭店自行采购。这种形式有助于集团统一监督原料的质量、数量,同时可获得相对优惠的价格,方便控制成本,但采购灵活性和及时性也受到了一定的限制。

餐饮原料采购,究竟采用何种组织形式,应根据饭店的自身情况及饭店所在地原料市场的供应情况而定。

(三) 原料采购员的素质要求

采购工作的好坏,关键在于采购人员的素质。餐饮原料采购是一项较复杂的业务活动,需要采购人员以合适的价格,在适当的时间,采购安全可靠、符合规格标准和预订数量的原料,以保证餐饮经营的顺利进行。一般来说,一个优秀的采购人员需达到以下三个要求:

1. 良好的职业道德

品行端正,诚实可靠,廉洁奉公,吃苦耐劳,具有进取奉献精神。

2. 良好的职业能力

反应灵敏,办事精明,精打细算,善于谈判,具有服务意识、市场观念和经济头脑。

3. 良好的业务知识

了解市场行情,懂得餐饮业务,熟悉各种原料知识,掌握供货信息;熟悉财务知识,遵守财务制度。

二、原材料采购的程序

餐饮原料的采购程序为:递交请购单、处理请购单、选择供货商、与供货商洽谈、实施采购、送货验收、付款。

(一) 递交请购单

无论是厨房还是仓库,凡需要购买物品均需填写请购单(样式见表5-1和表5-2),然后将请购单交给采购部进行采购。厨房每天根据预测的正常的营业量和客人的预订量来制定请购单。当然,厨房请购的原料品种是除仓储已有的品种以外的品种,通常为鲜活原料。厨房具体订货的步骤是:各厨房以部门或生产岗位为单位,将隔天所需要的原料填写请购单,交到厨师长处,经厨师长审阅后签字,然后交采购部门采购。仓库订购,是根据仓储各类物品的库存量到达规定需进行采购数量(即最佳订购点)时,提出请购,以补足必要的存货量。

表5-1 采购申请单(一)

采购申请单(一)

申请部门　　　　　　　　　年　月　日　　　　　　　　No. ××××

编号	品名	规格型号	单位	数量	单价	金额	需要日期	采购要求
用途								
审批意见	总经理		财务部经理		采购部经理		申请部门经理	

此单一式五联。一联交采购部,一联交验收处,一联交采购员,一联交财务部,一联由申请部门自留。此申请单一般用作大宗物品、贵重物品的采购,如鱼翅、燕窝等名贵原料。申请单必须经各审批人员审批签字后,才能用于采购。

表5-2 采购申请单(二)

采购申请单(二)

类别　　　　　　　　　　　年　月　日　　　　　　　　No. ××××

品名	规格	单位	数量	参考价	要求进货日期	备注

采购部经理:　　　　　　　采购员:　　　　　　　厨师长:

申请部门:　　　　　　　　申请人:

此表一式四联,一联交给采购部,一联交验收处,一联交餐饮部或厨房中心,一联交财务部。此申请单一般用于常用料的采购,一张申请单中可填写多种订料,具体数目根据企业通常订料的多少来确定。

（二）处理请购单

采购部接受各厨房、仓库送来的请购单以后，先组织人力将请购单进行归类、分工，然后制定订购单（样式见表5-3）。有些饭店采购部对各种请购单进行处理后，直接在请购单上签署意见，即实施采购。事实上，采购部也应根据企业经营的实际需要、采购周转资金的多少来确定采购的数量，这样才能对采购成本起到监督控制作用。

表 5-3 订购单

订购单

订购单编号：　　　　　　　　　　　　订购日期：

致：　　　　（供货单位）　　　　　　付款条件：

　　　　　　　　　　　　　　　　　　订购单位：

请送下列货物：　　　　　　　　　　　交货日期：

订购数量	项目	运送单位数	单价	金额	备注

授权签字　　　　　　　　　　　　　　　　　　　总计

注：本订购单明确规定，只接受上述注明条款和条件及订购单附件或说明书内容，而不接受卖方提出的附加条款和条件。

此单一式三份，一份交供货商，一份交验收处，一份自留。

（三）征集价目表，确定供货商

采购部在采购物品之前，应把本企业的采购规格标准发放给各供货商，再从多家供货商手中获取原料的报价单（或称价目表，见表5-4）。采购人员根据不同供货商的报价、资金实力、供货信誉及职业道德，选定最佳供货商。在征集价目表时，要让供货商们知道征集价目表的目的。供货商们往往为了获得供货机会，而相互竞争，纷纷压低销售价格，以争得供货地位，这样企业就可以得到质优价廉的原料。

表 5-4 报价单

报价单

编号：　　　　　　　　　　　　日期：　　　　　　　　　　　　　　　　单位：元/500 克

品名	规格	单价	品名	规格	单价
小甲鱼	250 克~400 克	80.00	肉蟹	400 克~600 克（不带绳子）	80.00
大甲鱼	500 克~750 克	150.00	斑节虾	40 头~50 头/500 克（活）	120.00
草鱼	700 克~800 克	8.00	活龙虾	500 克~600 克	210.00

（四）实施采购、验收

当采购部门决定向某一供货商或供货单位订购原材料时，采购部要制定正式的订购单或订货记录向该供货商订货，同时将一份订货单交给验收处，以备收货时核对。当供货单位或供货商将货物送上门后，则交于饭店验收部门进行验收。待验收完毕，凡厨房订的鲜活原材料，直接交与厨房，由厨房开出领料单；仓库订的货则交与仓库进行储藏。

（五）处理票据、支付货款

验收完毕，验收人员必须做好以下工作：一要开具验收单；二要在供货发票上签字；三要将供货发票、原料订购单、验收单一起交给采购部，再由采购部转交财务部审核，经审核无误后方支付货款。

（六）信息反馈

信息反馈包括两个方面：一是将市场的供货行情反馈给厨房，二是将厨房使用原料后的意见反馈给供货商。这样，厨师长们就能及时掌握市场的货源情况和价格行情，便于在工作中进行有效的成本控制和新产品的开发。

三、原材料采购的种类和方法

餐饮原料采购的种类可分为订货和购货两种。订货，就是依据销售预测、生产计划、经营的菜单、日常的供应量和客人的预订量，来订购足量的所需餐饮原料。这项工作需要具有一定专业技术的人来担任。厨房日常所需的鲜活原材料一般由厨师长本人或指定专人负责订购；仓储餐饮原料采购则可以由食品储藏室的人员与厨房管理者共同商量后订购。购货，是餐饮企业指定专门机构（采购部）、专职人员（采购员）来完成的。购货是根据采购规格和价格、供货商的经营业务等综合因素，决定向谁购货以及如何同供货商及供货单位打交道。购货不仅关系到采购方法、采购程序，而且关系到食品的成本控制。

餐饮原料的采购方法多种多样，餐饮企业可根据餐饮经营的要求，结合市场的实际情况进行分析,选择适合本企业的最佳采购方式。目前,较常采用的餐饮原料采购方法有以下几种。

(一) 即时购买法

即时购买,就是按照当时(当日)的市场行情,对所需的餐饮原料进行选择性购买的一种方法。这种方法适用于价格起落频繁、不宜储藏的餐饮原料,如新鲜的肉类、禽类、水产品、蔬菜、豆制品、水果等。其优点是当日购买、当日使用,能较好地保证原料的质量;缺点是货源和供货价格不稳定,特别是价格往往受到市场竞争情况、天气、交通、节假日等因素的影响。

(二) 预先购买法

预先采购,就是在预先确定了经营需要后,提前购买原料储存备用。这种方法适用于餐饮经营规模较大的厨房。预先采购的优点是可使餐饮产品的销售价格和成本控制做到相对稳定;缺点是食品仓库所需的面积加大,存货成本提高,流动资金周转相对较慢。并不是所有的餐饮原料都可采取预先购买的,这种采购方法一般适用于半易腐原料和不易腐原料的采购。例如,经宰杀后的鸡、鸭以及牛肉、猪肉、干货制品、罐头食品、调味品等原料可预先购买。预先购买的主要目的是:第一,获得较稳定的货源;第二,获得较低廉的供货价格。但是,在采用这一方法时必须考虑到以下几点:

(1)采购数量要与储存的使用期限相一致。也就是说,一次性采购的数量要能在有效使用期内用完。

(2)采购量要与储存条件相适应。储藏室大,采购量可以大一些。反之,储藏条件不足,就应少购或根本不采用这一采购方法。

(3)储存后的损耗和费用要能与将来的价格上涨后的差价相抵消。

(4)储存后的原料质量不会降低。

(三) 综合购买法

现在,有许多餐饮企业不断总结经验,已初步形成了一些特有的采购方法。例如,某企业在购买水产品时,采购人员同时选择多家供货商进行保密性供货报价,在得知市场最佳的供货价格后,采购人员选择了供货信誉好的、质量过硬、价格适中的供货商送货,做竞争报价采购时不能单纯看价格,关键还在质量。竞争报价采购这种方法,在市场货源紧缺时就失去作用了。此外,目前一些大型饭店在采购餐饮原料时采用定点购买,即选定一个或几个供货商来购买所需要的餐饮原料,以保证一些市场上紧缺商品能及时供给。这里,选择供货商很重要,所选定的供货商应具备提供满足你所需原料的品种、数量、质量和价格的能力。另外值得注意的是,采用这种采购法不能完全依赖于供货商。因此,有些饭店甚至不惜巨资进行开发性投资,兴建水产养殖场、特种蔬菜种植园等,以求得稳定的货源。还有些饭店直接与种植者、养殖者、生产者、食品厂家等单位挂钩,签订供货合同,既求得稳定的货源,又能获得较满意的价格。

对于一些罐头食品、干货原料、调味品等,可由其行业内的国有大企业来供货。因为大企业的供货价格比较稳定,供货渠道也较通畅,货源充足。对这类价格、质量有保证的供货商,即可进行定点购买,以保证持续不断的供货。

此外,随着连锁饭店、联号集团饭店的出现,采购也出现了新的形式,即集中采购、联合采购、合作采购等。这些采购形式的最终目的是通过大批量的采购来降低采购的价格,以最终降低整个企业的成本,获得理想的利润空间。

以上所述的几种采购方法,各餐饮企业可根据本企业的实际情况,进行合理地选择。

四、原材料采购控制

(一)确定采购方式

餐饮部采购方式并不是拿起电话订货的一个简单动作而已,它取决于市场供应、餐饮规模和业务特色。选择合适的采购方式,能最大可能地节约采购成本,保证采购目的的实现。

一般而言,常见的采购方式有以下几种:

1. 直接市场采购

对大多数中小餐饮企业而言,采购员往往拿着现金直接在食品市场或农贸市场进行交易。采用此种方法虽然未必能得到最优惠的价格,但是库存可以降至最低,原料的新鲜程度也得到保障。

2. 供应商报价采购

对于供货次数频繁的生鲜食品原材料,往往由采购部门将其列成表单,要求供应商(至少是三个)报价,然后选择其中原料质量适宜、价格最优的供货单位。通常还要求供货商在送货时自动清点存货,以保证存量的合理性。

3. 直接到产地采购

此种方式一是可以保证原材料的新鲜度,二是易取得较低的价格。如有的海鲜餐厅直接到渔港与船主交易,更有大型餐饮企业自己在城郊建立原材料基地,如养鸡场、鱼塘等。

4. 招标采购

它是大型餐饮企业、集团公司等对大宗货物采购时采用的规范化的采购方式。采购单位以投标邀请的形式将需要采购的原材料名称及规格标准寄给有能力的供货单位,由后者进行报价投标。在招标过程中,要注意防范投标人互相串通报价,哄抬物价;同时,也要避免低于成本的报价竞标,因为这种供货合作有违市场经济的双赢原则,往往难以持久。

5."一次停靠"采购

餐饮原料的品种繁多,供货渠道各异,各供应商对同一种原料的报价有高有低,如果饭店仅以最低报价为依据决定向谁购买,势必要花大量的人力、时间处理票据和验收进货。为了减少采购、验收和财务处理的成本,饭店应将原材料进行归类,同类原料向一个综合报价较低的供应商购买。

6.其他采购方式

两家以上的餐饮企业,联合采购某些同标准的原材料,以取得供应商的批发价格优惠,我们可以称之为合作采购;某些饭店集团或联号,建有地区性采购办公室,为旗下同属该地区的饭店集中采购。

(二)餐饮原料采购价格的控制

采购价格的控制是采购工作的重要任务之一,成功采购的一大标志就是获得理想的采购价格。餐饮原料的价格受诸多因素的影响,因而价格的波动较大。影响餐饮原料价格的主要因素有:市场货源的供求情况,采购数量的多少,原料的上市季节,供货渠道,饮食市场的需求程度,供货商之间的竞争以及气候、交通、节假日等。面对诸多影响价格的因素,对采购价格实行控制是必要的。控制采购价格的途径有以下几个。

1.限价采购

限价采购就是对所需购买的原料规定或限定进货价格。这种方法一般适用于鲜活原料。当然,进货价格的限定不能单凭管理者的想象,而是要委派专人进行市场调查,获得市场的物价行情并进行综合分析后提出。

2.竞争报价

竞争报价是由采购部向多家供货商索取价格表,或者是将本饭店所需的常用原料写明规格与质量要求,再请供货商在报价单上填上近期或长期供货的价格,采购部对供货商所提供的报价单进行分析,确定供货商。在确定供货商时,不仅要考虑到供货商供货的价格,还要考虑到供货商的供货信誉,如原料的质量、送货的效率,并考虑供货商的设施、财务状况等因素。

3.规定供货单位和供货渠道

为了有效地控制采购价格,保证原料的质量,饭店的管理层可指定供货商,采购人员从规定的供货商处采购,以稳定供货渠道。这种定向采购一般在价格合理和保证质量的前提下进行。在定向采购时,供需双方要预先签订合约,以保障供货价格的稳定。

4.控制大宗和贵重餐饮原料的购货权

贵重食品原料和大宗餐饮原料的价格对餐饮成本有较大的影响。因此,有些饭店对此作出了规定:由餐饮部门提供使用情况的报告,采购部门提供各供货单位的价格报告,而具体向谁购买必须由饭店管理层来决定。

5. 提高购货量和改变购货规格

根据需求情况大批量采购,可降低原料的价格,这也是控制采购价格的一种策略。另外,当某些餐饮原料的包装规格有大有小时,购买适用的包装规格大的原料,也可降低单位价格。

6. 根据市场行情适时采购

当有些餐饮原料在市场上供过于求,价格十分低廉,且厨房日常用量又较大时,只要原料质量符合要求,企业可趁机大量采购储存,以免价格回升时再购买造成成本提高。当应时原料刚上市,预计后期价格可能会下跌时,采购量应尽可能少一些,只要满足需要就行,等价格稳定时再添购。

以上几条采购价格控制措施,需要经营管理者和有关人员共同努力才能实施。

（三）餐饮原料采购数量的控制

采购原料规格确定后,在一段时间内是相对固定的,而采购数量是每天或经常变化的,它与采购的间隔时间有密切的关联。在日常的采购管理中,要根据各方面的因素,确定每次采购的合理数量。否则,如果采购数量过多,会占用大量的资金,影响资金周转率,也会使原材料库存时间过长引起质量的下降或变质,同时增加仓储成本,增加被盗的机会;如果采购数量过少,则可能造成库存中断,原材料无法正常供应而影响企业的经济效益和形象声誉,而且为了维持正常供应而进行的紧急采购既费钱又费时,往往不能得到合理的采购价格和供应商的折扣,引起成本的增加。加强采购数量的控制,可有效地降低各种开支,减少浪费和损耗。如何进行采购数量的控制？通常是按照烹饪原料的性质决定采购的数量。

1. 餐饮原料的种类

从采购角度而言,餐饮原料一般可以分为三大类,即易腐餐饮原料、半易腐餐饮原料和不易腐餐饮原料。

(1) 易腐餐饮原料。易腐餐饮原料是指必须在短时间内消耗使用并及时采购补充的容易腐烂变质的原料,如新鲜的蔬菜、水果,鲜活的水产品,奶制品等。

(2) 半易腐餐饮原料。半易腐餐饮原料是指短时间内不会变质的餐饮原料,如经过宰杀加工的鸡、鸭、牛肉、猪肉等。

(3) 不易腐餐饮原料。不易腐餐饮原料是指相对可以久存的餐饮原料,如干货原料、罐头食品及调味品等。

2. 餐饮原材料采购数量控制

易腐餐饮原料通常是直接进入厨房的,它的采购数量由厨房根据正常的使用量、各种餐饮产品的预订情况和一些其他餐饮服务所需原料情况来确定。半易腐餐饮原料和不易腐餐饮原料通常是由仓库根据每一种物品的最佳订购点量来申请采购数量。由此可见,餐饮原料采购的具体数量是依据厨房提供的请购单和食品仓库提出的请购单来确定的。

厨房所需的采购数量,还应结合餐饮消费量预测、天气变化、节假日等因素进行适时调整。而仓库的订货也应在确定了原料存货的最高限量和最低限量后确定最佳订购点量。

原料存货的最高限量是餐饮原料在采购周期内所需的数量加上从原料订购到货被送至仓库这段时间内所需使用的数量。最高限量意味着仓库存货不得超过该数量。原料存货的最低限量就是自餐饮原料提出订购到货送至仓库这段时间内所需的使用量,又称紧急订货点量。

最佳订货点量就是最低存储量加上库存安全系数。所谓库存安全系数,就是为了在交货时间延迟、交通阻塞等特殊情况下确保原料的供给,而将最低存量的50%定为安全系数。

采购点量是指达到最经济采购量的那个点时的采购数量。采购点量计算方法:采购点量=每月使用量-(现有库存量-最佳订购点量)。

【例题】某餐饮企业采购菠萝罐头,条件如下:
采购周期:30天;采购单位:瓶;每天使用量:10瓶
每月的使用量:10×30=300(瓶)
从订购到送到仓库所需时间:5(天)
从订货到送至仓库期间的使用量:10×5=50(瓶)
安全系数:50×50%=25(瓶)
现确定订货量,方法如下:
最佳订货点量=订货到货送至仓库期间的使用量+库存安全系数
　　　　　　=50+25
　　　　　　=75(瓶)
最高限量=每月使用量+从订货到送至仓库期间的使用量=300+50=350(瓶)
最低限量=从订货到货送至仓库期间的使用量=50(瓶)
假设现有库存量为80瓶,即:
采购点量=每月使用量-现有库存量+最佳订购点量
　　　　=300-80+75
　　　　=295(瓶)
因此,本月的采购点量为295瓶。

运用最佳订购点量来确定采购点量时，首要的是调查核实采购周期。采购周期短，库存量相对减少，资金流转加快，但是采购次数增多，采购费用增大。使用最佳订购点来确定食品仓库存量时，需要有专业人员进行测算，确定每一物品的最佳订购点量。

另外，在确定采购点量时还必须考虑到以下因素，以免产生失误和混乱。

(1) 菜点的销售量。当某些菜肴销售量较大时，需要相应地增加采购量。如举办大型食品节或大型宴会、自助餐时，就必须增加采购量。

(2) 市场情况。有些餐饮原料的供应受季节影响较大，对可能发生短缺的原料，应随时调整采购周期。

(3) 储存情况。在确定采购点量时，还应考虑到仓储设施的承受能力和条件，是否会产生损耗或损坏变质的可能，对储存的费用和安全因素也应加以考虑。

(4) 运输和使用量的变化。在采购有些餐饮原料时必须考虑是否能如期到货和原料在运输途中是否有损失。原料的使用量的多少还取决于菜肴受欢迎程度，因此要不定期地适当调整库存量和采购数量。

(四) 餐饮原料采购质量的控制

餐饮原料的质量通常是指原料的新鲜度、成熟度、纯度、清洁卫生、固有的质地等。原料的质量要求既包括食品的品质要求，也包括使用要求。餐饮企业通常应为所需采购的餐饮原料制定一个明确的规格标准，作为订货以及购买人员与供应单位之间沟通的依据。

1. 采购规格标准的概念

为了避免口头叙述产生的理解误差，提高采购的有效性，通常采用书面形式对原料质量要求加以说明，这被习惯称之为采购规格标准。在制定采购规格标准时，叙述要简明扼要、言简意赅，尽量避免使用模棱两可的词语。

2. 采购规格标准的内容

(1) 餐饮原料名称。应注明所需采购的食品的具体名称。所注原料的名称，一般使用较通俗的、常用的商业名称。比如鸡，就应写明老母鸡、肉用鸡、仔鸡、光鸡或活鸡等名称。

(2) 规格要求。主要指原料的大小规格、重量规格、容器规格和包装规格等。规格的确定有两个标准：一要根据生产需求量的大小，二要根据市场的价格。比如淀粉，市场上有 500 克一袋的，以同样分量计，小袋装的价格要高于大袋装的价格。若生产使用量小，却单纯从价格角度考虑而购入大袋淀粉，往往会造成不必要的浪费。

(3) 质量要求。主要是指原材料的品质、等级、商标、产地等内容。对餐饮原料的品质应注明其新鲜度、成熟度、纯度、清洁程度和质地等特征。注明等级可以省去许多赘述,直接注明一级还是二级即可。对于有关部门还未正式规定等级的一些原料,可作适当说明,注明质量特征。注明商标是不可忽视的,在购买有些原料时要认准商标,以防买到假冒产品。注明产地可以买到正宗原料。另外,对于原料的上市状态也应作一定的说明。比如,原料是新鲜的还是冰冻的,是淡干品还是咸干品,是加工制品还是非加工制品等。对质量要求的说明要详细具体,不可含糊其辞。

(4)特殊要求。对原料有特殊要求的,可依次列在备注上。比如,是要国产货还是要进口货,以及包装标记、代号、送货要求、其他服务要求等。

3. 采购规格标准的作用

(1)促使饭店管理者预先确定原料的质量要求,以防止盲目进货或不当进货。

(2)便于统一原料规格,满足生产需要,保证菜肴质量,有助于食品成本控制。

(3)向各个供应商分发采购规格标准,便于供货商及供货单位及时了解餐饮企业对原料的质量要求,从而有目的地进行投标供货,使餐饮企业有机会选择最优价格进货。

(4)可以提高工作效率,减少工作差错。可免去每次订货时向供货商或供货单位重复解释原料的质量要求与规格要求的麻烦。

(5)便于对所采购的原料进行标准验收。

(6)可减少采购部与厨房之间的矛盾。

总之,采购规格标准应成为采购的依据、购货的指南、供货的准则、验收的标准。而且,采购规格标准应随着企业经营项目、经营要求、市场行情等方面的变化而变化。

4. 采购规格标准的编写

采购规格标准是根据菜单提供的菜品要求而编制的。在日常的经营活动中,餐饮部往往要使用成百上千种原材料,因此,乍看起来,编写一整套采购规格标准工作量非常大。事实上,大部分原材料已有政府或行业标准,企业只需对少量的食品原材料进行测试和选择,以便根据这些质量标准编写采购标准。

在编写采购标准时,还要考虑一些因素,如企业的档次和类型、客人对原材料的要求、现行的行业标准、现有设备对原材料的加工能力、市场环境与原材料的可得性等。

大型饭店一般专门成立测试委员会,由高层管理人员挂帅,餐饮部经理、厨师长、食品饮料会计师、验收员、仓库管理人员、公共关系经理等饭店员工和受邀请的顾客代表组成。测试委员会的主要任务有:

(1)根据企业对食品原材料质量的要求,协助编写采购规格。
(2)协助做出自制或购买决策。
(3)执行测试方案,检查本企业使用和供应食品的成本、质量、味道和外形。

使用固定菜单的餐厅,在一段时间内产品相对稳定,原材料的采购规格也相对稳定。如果菜单变化或市场条件发生变化,采购规格标准就应部分调整、修改或重新制定。确定采购规格标准是保证采购原料达到理想标准的一项重要措施。

5.采购规格标准的具体形式

采购规格标准有肉类采购规格标准、禽类采购规格标准、水产类采购规格标准、加工制品采购规格标准等几种形式。

(1)肉类采购规格标准。要获得适用的肉类原料,在制定肉类采购规格标准时,应着重明确以下几点:

①原料的新鲜度。肉类的新鲜度主要可以从外观、色泽、气味、弹性、骨髓等方面加以说明,新鲜肉和冷冻肉在质量要求上应有所区别。

②原料的用料部位。用料部位的选择是否得当,直接影响到菜肴的质量和菜点成本的高低。因此,在制定规格时,应明确购买哪一部位的肉品。比如,是上五花肉还是中五花肉,是前蹄筋还是整个前腿部位,是带皮还是不带皮。只有说明清楚用料部位,才能避免进货不当的现象。

③肉品的嫩度。要获得理想嫩度的肉,就必须注明肉的具体部位以及肉畜的品种、育龄和性别。因为这些因素与肉品的嫩度有很大关系。

④肉品的脂肪含量。对于各种肉类来说,肌肉中所含的脂肪量越高,其肉的质量越佳,尤其是牛羊肉。而在购买猪肉时,则应考虑到肥膘的厚度。是选用不带肥膘的精瘦肉还是选用带少量肥膘的肉,应标注清楚。

⑤卫生状况。对于肉类的包装、运输的要求,应加以说明。

⑥采购带包装的肉品,还应注明生产厂家、商标及质量标准等。

肉类采购规格标准表见表5-5。

表5-5 肉类采购规格标准表

品 名	规 格	质量要求	备 注
猪里脊肉	1.5千克~2千克/条	每条猪里脊肉不得超过规格范围,不得带有脂肪层,新鲜的或冻结良好的,无异味	送货时应予以低温冷冻
猪肋排	25千克/箱	带肋排骨,不带大排肥膘、奶脯。块形完整,不夹碎肉,净重与商标规定相符	送货时应予以低温冷冻

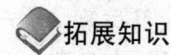拓展知识

怎样购买新鲜的猪肉

猪肉营养丰富,且纤维细软。加工烹调后,味道鲜美,热量大,饱腹性强,可以做出几百种不同风味的菜肴,深受人们的青睐。但是,市场上总有些不法商贩为利所诱,出售注水肉或劣质、变质、病死猪肉等,严重危害人们的身体健康和生命安全。

怎样才能买到放心猪肉呢?选购放心肉,除了看"身份证"(如标签、印章),通过正规渠道购买之外,还要仔细观察猪肉本身的特征。

(1)看色泽:肉皮上无红点的,是好肉;有红点的是变质或腐败肉。瘦肉色泽光亮而红色匀称的为好肉;色泽稍暗的为劣质肉。肥膘肉色泽洁白、光泽油腻的为新鲜肉;若脂肪无光泽或呈灰绿色的为变质肉,不能食用。

(2)手压:用手指按压肉的表面,压后凹处迅速恢复原状的为新鲜好肉;若凹处恢复原状较慢或不能完全复原的为次质肉;如果凹处不复原的为变质肉,不能食用。

(3)手摸:手摸肉的表面,如微干或略显湿润,切面有粘手感的为质量较次的肉;如表面很干燥,切面严重黏手的则为变质肉,不能食用。

(4)鼻嗅:用鼻闻,肉气味醇正无腥臭味的为新鲜好肉;若略带氨气味或酸味的为次质肉;有刺鼻臭味的则属变质腐败肉,不能食用。

总的来说,猪肉的新鲜程度要求是:脂肪白、肌肉红、有光泽、弹性好、肉质嫩并有鲜肉香味。

(2)禽类采购规格标准。禽类的质量有肥瘦、老嫩、肉用型和非肉用型、新鲜和冷冻等区别。禽类的肥瘦老嫩与生长期有关。禽类的品种决定其含脂量、出肉量的多少及鲜美程度,因此,在制定禽类规格标准时,应对禽类的品种、新鲜度、购买形态、生长期、重量、包装等作详细要求。禽类采购规格标准表见表5-6。

表5-6 禽类采购规格标准表

品 名	规 格	质量要求	备 注
箱装肉用鸡	1000克~1250克/只	去头、颈、爪、内脏,并将胗、肝、心整理后装入腹腔内,冻结良好,外观白净无异味	低温运输
活老母鸡	1250克~1500克/只	两眼有神、羽毛紧贴、不掉毛,叫声响亮,爪子细,2年半至3年生的散养老鸡(草鸡)	

（3）水产类采购规格标准。水产类食品包括各种鱼类、虾类、贝类等。水产品的质量指标中最重要的是新鲜度。因为水产品含水量多，组织细嫩，自身酶的分解和外界细菌的侵蚀极易使其变质而产生腥臭味，即使在冷藏温度下亦是如此。因此，新鲜度应作为制定水产品采购规格标准时的重点。

水产品的上市形态有多种，如鲜品、冷冻、罐装、干货。因此，制定采购规格标准时应明确规定其品种、新鲜品的特点、上市状态、大小、重量等。

水产品采购规格标准表见表5-7。

表5-7 水产品采购规格标准表

品 名	规 格	质量要求	备 注
鲫 鱼	300克~350克/条	鲜活草鲫	带水送货
青 鱼	1.5千克~2千克/条	新鲜、鳞片完整，腹不鼓胀，无异味	低温冷冻
螃 蟹	200克~250克/只	鲜活，阳澄湖大闸蟹，肉质坚实，壳硬，背青腹白	
甲 鱼	500克~550克/只	鲜活，爬行利落，肥壮，腹部无红印，无针孔，禁止注射水	
黑 鱼	1千克~1.5千克/条	鲜活	带水送货

> 拓展知识

怎样辨别水产品的新鲜度

1.鱼类

质量好的鲜鱼：眼睛光亮透明、眼球突起、鳃盖紧闭、鳃片呈粉红色或红色，无黏液和污物，无异味，鱼鳞光亮、整洁，鱼体挺而直，鱼肚充实、不膨胀，肉质坚实有弹性、指压后凹陷立即恢复，肛门凹陷。

不新鲜的鱼：鱼眼混浊、眼球下陷，掉鳞，鳃色灰暗污秽，鱼体松软，肉骨分离，鱼刺外露，有异味，肉松软、弹性差或没有弹性，腹部膨胀，肛门凸出等。

2.虾类

质量好的对虾：头、体紧密相连，外壳与虾肉紧贴成一体，用手按虾体时感到硬而有弹性，虾体两侧和腹面为白色，背面为青色（雄虾全身淡黄色），有光泽。

次品虾：头、体连接松懈，壳、肉分离，虾体软而失去弹性，体色变黄（雄虾变深黄色）并失去光泽，虾身节间出现黑箍，但仍可以食用。

质量严重不佳的虾：掉头，体软如泥，外壳脱落，体色黑紫。这类虾的营养价值降低较多,如果是在不洁环境下长时间存放的,有可能感染致病菌等微生物,不宜再食用。

3. 蟹类

质量好的海蟹:背面为青色,腹面为白色并有光泽;蟹腿、螯均挺而硬并与身体连接牢固,提起有重实感。

次品海蟹:背面呈青灰色,腹面为灰色;用手拿时感到轻飘,胸甲两侧壳内不实;蟹腿、螯均松且一碰即掉。

质量严重不佳的海蟹:背面发白或微黄,腹面变黑;头胸甲两侧空而无物;蟹腿、螯均易自行脱落。

(4) 加工制品采购规格标准。加工制品是指经过专营厂商加工后的各类餐饮原料,如肉制品、蔬果制品、奶制品、调味品等。此类制品的上市形态有罐装、腌制、干货、冷冻等形态。在制定加工制品的采购规格标准时,首先应了解所需加工制品的名称、商标名称、制品等级、食品的净重、产品形态及出厂日期和产地等。特别是对加工制品的包装商标要熟悉。包装商标可以说明产品的规格、数量、价格,同时还表明加工制品的形态和生产时间以及生产厂家等内容。加工制品的等级标准,是经过专门的部门检验规定的,有国家标准(代号 GB),有部颁标准(代号 BB),还有企业自己的标准(代号 QB)。在制定规格标准时,应包括以下内容:产品名称、商标、级别、食品的净重和毛重、比重和浓度、产品形态、出厂日期和产地等。

加工制品采购规格标准表见表 5-8。

表 5-8　加工制品采购规格标准表

品　名	规　格	质量要求	备　注
金华火腿	2.5 千克~4 千克/只	特级,表皮黄亮、整齐、干爽,腿爪细、腿心饱满、油头小,无哈喇味	送货时防污染
番茄沙司	净重 397 克/瓶	梅林商标,上海梅林罐头厂出品,出厂期在 6 个月~8 个月之内	

第二节　原材料验收管理

一、原材料验收的要求

原料的验收是食品成本控制流程中的重要一环。尽管餐饮企业花了大量时间和精力制定了采购规格标准,尽管采购人员有足够的专业知识,并且严格地遵照各项规定,按质按量地以合理的价格订购了原料物品,但如果缺少相应的进货验收控制,那么先前所做的各种努力都会前功尽弃。忽视原料进货验收,会使供货商马虎从事,有意或无意的缺斤少两,原料的质量也有可能不符合饭店的要求,或许会超过或低于采购规格标准,而原料的价格也可能会与原先的报价大有出入。

(一) 原材料验收体系

做好验收管理的前提,首先是要建立饭店自身的验收体系。

1. 验收员与财务部和营业部门的关系

食品原材料作为资金的实物形态,应该由财务部进行管理。因此,许多大型餐饮企业中,验收员作为财务部门的正式员工,由总会计师直接领导,并得到餐饮部领班的帮助。

目前在国内许多饭店,食品验收员归属于餐饮部。这样虽然业务上更密切,但验收员的权威性往往没有得到保障。事实上,管理人员必须给验收员一定自主权,明确他在与采购人员、厨师、其他管理人员工作交往上的特权。

2. 专设验收员岗位

在餐饮企业中,应设专人负责食品原材料的验收工作。即使是一个小餐饮企业,验收员也不能由厨师长或餐饮部经理兼任,更不能由采购员兼职。如果要节约人力,验收工作不妨由仓库保管员兼任。

3. 设备和工具

验收员办公室和验收处应尽量靠近验收台,并接近食品原料库房。验收办公室的设计要能让验收员方便地观察到每样货物的进出。

验收部应该有足够数量和多种型号的称量工具,并定期校准,以保证精确度。验收办公室还应备有多种验收单、验收便签、无购货发票收货单等。

4. 监督检查

饭店管理人员要定期或不定期地检查验收工作,确保验收标准的实施,协调验收员与其他有关部门的工作,使验收员感受到管理人员非常关心和重视他们的工作。

(二) 餐饮原料验收的主要任务

(1) 根据采购规格标准,检验各种餐饮原料的质量、体积和数量。

(2) 核对餐饮原料的价格与既定的价格或原定价是否一致。

(3) 给易变质原料加上标签,注明验收日期,并在验收日报表上正确记录已收到的各种食物原料。

(4) 及时地把各种餐饮原料送到储藏室或厨房,以防变质和损失。

（三）餐饮原料验收的要求

为了使验收工作顺利完成，并确保所购进的原料符合订货的要求，验收场地、验收的设备和工具、验收人员以及各种验收票据应符合如下要求。

1. 验收的场地要求

验收场地的大小、验收的位置好坏，直接影响到货物交接验收的工作效率。理想的验收位置应当设在靠近储藏室和货物进出较方便的地方，最好也能靠近厨房的加工场所，这样便于货物的搬运，缩短货物搬运的距离，也可减少工作的失误。验收要有足够的场地，以免货物堆积影响验收。此外，验收工作涉及许多发票、账单等，并且需要一些验收设备、工具，因此需要专设验收办公室。

2. 验收的设备和工具要求

验收处应配置合适的设备，供验收时使用。比如磅秤就是最主要的验收设备之一，磅秤的大小可以根据饭店正常进货的量来定。验收既要有称量大件物品的大磅秤，又要有称量小件、贵重物品的台秤和天平秤，各种秤都应定期校准，保证精确度。

验收常用的工具有：开启罐头的开刀，开启纸板箱的尖刀，剪刀，榔头，铁皮切割刀，起货钩；搬运货物的推车，盛装物品的网篮和箩筐、木箱等。这些验收工具既要保持清洁，又要安全保险。

3. 验收的人员要求

餐饮原料的验收人员应该是受过专职培训的，或从厨师中推选责任心较强、有较强丰富专业知识的人来担任。餐饮原料的验收涉及多方面的知识。比如检验原料的新鲜度，要了解原料的品质、纯度、成熟度、产地、商标、卫生达标情况等内容。如果验收人员没有专业知识，没有责任心，是无法胜任这一工作的。因此，必须对验收人员提出下列要求：

（1）身体健康，讲究清洁卫生。

（2）熟悉验收所使用的各种设备和工具。

（3）熟知本企业原料的采购规格和标准。

（4）具有鉴别原材料品质的能力。

（5）熟悉企业的财务制度，了解各种票据处理的方法和程序，能做正确处理。

（6）具有保护企业利益的意愿，有良好的职业道德，能坚持原则，忠于职守，秉公验收。

（7）做到验收后的物品项目与供货发票、订购单项目相符，供货发票上开列的物品重量、数量要与实际验收的物品重量、数量相符，物品的质量与采购规格标准相符，物品的价格与企业所规定的限价相符。

二、原材料验收的一般程序

科学合理的验收程序,是提高验收工作效率、保证验收工作质量、减少失误与差错的关键。验收员必须严格按照既定的验收程序开展工作。

(一)验收部门的业务活动

验收工作的性质,决定了大部分饭店的验收员是日班工作。在工作时间安排上,验收员的班次要与供应商的交货时间相一致。因此,验收员、采购员和供应商要制定一个各方都能接受的交货时间表。此外,在确定采购间隔时间时还应尽可能地把不同供应商的交货日期错开,使每天的到货量大致相同,验收工作量分布均匀,防止大批量食品原材料集中于同一天或同一时段交货。

对于验收员上班时间以外的交货,作为紧急交货处理。验收员应对餐饮部负责临时接收、检查这些原材料的人员做出明确、具体的要求。如果某段时日内紧急交货频繁,验收员要报告有关管理人员。

验收办公室应张贴一整套采购规格标准,以便送货人、验收员和协助验收工作的每个人都能看到。

(二)验收程序

1. 根据订购单或订购记录检查进货

验收时应先根据订购单或订购记录来检查货物,对未办理过订购手续的物品不予受理,以防止盲目进货或有意多进货的现象。

2. 根据供货发票检查货物的价格、质量和数量

通常供货发票是随同货物一起交付的,发票是付款的重要凭证,一定要逐一检查。检查发票时,应先验明发票上的物品价格,再验收物品的质量和数量。如果先将原料验质过秤后再验价格,当发现价格不符而决定不予购买,就会造成人力和物力的浪费。因此,要先核对价格再验质量,最后验数量。在验质量、数量时,要做到以下几点:

(1)凡可数的物品,必须逐件清点,记录下正确的数量。

(2)以重量计数的物品,必须逐件过秤,记录下正确的重量。

(3)对照采购规格标准,检查原料的质量是否符合要求。

(4)抽样检查箱装、匣装、桶装原料,检查是否足量、质量是否与采购规格标准一致。

(5)发现原料重量不足或质量不符合需要退货时,应填写原料退货单(见表5-9),并让送货人签字,将退货单随同发票副页退回供货单位。

表 5-9 退货单

退货单

No.

供货单位(供货人)全称:			收货单位全称:		
退货发票号码:			退货日期: 年 月 日		
项目	单位	数量	单价	小计	退货原因

验收员签字　　　　　　　　　　　　　　送货人签字

3.办理验收手续

当送货的发票、物品都经验收后,验收人员要在供货发票上签字,并填验收单(见表5-10),表示已收到了这批货物。也有些单位根据经营要求设计验收单,在验收完毕的物品上加盖验收章,在供货发票上也加盖上验收章。如果到货无发票,验收员应填写无供货发票收货单。

表 5-10 验收单

验收单
供货单位(人)：　　　　　　　年　月　日　　　　　　　　No.

供货发票号码	品名	数量	单价	金额	供给部门
金额(大写)￥					

验收人：　　　　　　　送货人：　　　　　　　采购人：
验收单一式三联,第一联交财务部,第二联交仓库,第三联留存。

4.分流物品,妥善处理

原料验收完毕,需要入库进行保藏的原料,要使用双联标签注明进货日期、名称、重量、单价等，并及时送仓库保藏。一部分鲜活原料直接进入厨房，由厨房开领料单。

5. 填写验收日报表和其他报表

验收工作虽然是由验收人员来完成，但作为负责餐饮产品质量控制的部门经理和厨师长，应不定期地对验收工作进行督导，以使验收工作达到管理目标。为了避免验收工作出现问题，对验收工作的监督管理应做到以下几点：

(1) 指定专人负责验收工作，不能谁有空谁来验收。

(2) 验收工作应与采购工作分开，不能由同一人担任。

(3) 对于兼做其他工作的验收员，验收时间应与其他工作时间错开。

(4) 验收要在指定的验收处进行。

(5) 货物一经验收，应立即入库或进入厨房，不可在验收处停留太久，以防失窃。

(6) 尽量减少验收处进出人员，以保证验收工作的顺利进行。

(7) 发现进货的原料质量有问题，应督促验收人员退货。凡有下列情况的，应给予退货：

冷冻食品：检查在纸箱内有无融化、渗出液体或冻冰的迹象，冷冻食品是否结有大块的冰块。如有上述现象，应退货。

冻鱼、海产品：如发现鱼已化开后又重新冻结的，应退货。重新冻结的鱼，肉质松软，有酸味，颜色不正，包装纸是潮的，发黏而褪色，纸箱底部有冰块等。

肉类：肉如发黏、颜色不正、有异味应退货。不新鲜的牛肉切开时呈暗红色，应退货。

鸡鸭：不新鲜的特征有翅尖上发暗色、脖颈周围发绿或全身发绿。有此现象的应退货。

乳制品：过有效期限的应退货。盛装黄油、奶酪的包装纸残破或肮脏，乳制品颜色不符合标准，应退货。

罐装食品：凡有锈斑、凹凸的或有小孔的都是受到污染的迹象，应退货。有些罐头打开后有异味、颜色不正，厨房不应扔掉，可留下退货退款。

干货：颜色不正或有异味，包装破损的，均应退货。

对蔬菜、水果等，也应注重新鲜，若失去固有的颜色、质感和气味的应退货。对鲜活的家禽、水产品等原料，凡发现有灌水、灌沙、灌其他物料的，均应退货。

三、原材料验收的方法

各餐饮企业因经营性质和管理模式、管理要求不同，采用的验收原料方法也各不相同。有些餐饮企业将餐饮原料验收的职权全部交给厨房管理者负责，由主管厨师长来验收;也有的餐饮企业将直接进入厨房的原料交厨房管理者验收,将需进入仓库保存的原料则交给采购部的专职验收人员验收。无论交给谁验收,都必须根据验收的程序、验收的要求来验收。餐饮原料的验收通常采用下列两种验收方法。

(一)按供货发票验收

按供货发票验收,是一种较普遍的验收方法。验收人员根据供货发票和采购订单核对原料的项目、数量和价格,较方便快捷。但要注意的是,验收人员往往直接拿着供货发票对照货物,而没有同时对照订购单,有时还可能图方便而不去逐一过秤核对原料重量和仔细检查原料的质量。因此,采用这种验收方法时应加强监督。

(二)填单验收

填单验收也是餐饮企业控制验收的一种方式。餐饮企业自制验收空白凭单,验收人员在验收时,按物品的名称、重量、数量、价格等逐一填入凭单中,然后再与供货发票相对照。这种方法可减少差错,但较费工夫。

四、原材料验收控制

餐饮企业不仅要建立良好的验收体系,制定并遵守科学的验收程序,还应指定专人负责验收体系的控制工作。

(一)明确验收体系和负责人

验收体系的控制一般归口于财务部和总会计师。验收员和财务人员是验收体系中的两个主要岗位。他们之间既要相互监督,又要分工负责,共同向总会计师汇报工作。

(二)全方位、多角度地对验收工作进行检查和协助

在管理严格、岗位职责明确的餐饮企业里,与验收工作有关的人员应依据自身所承担的岗位职责,定期或不定期地检查采购原料的数量、质量,了解原材料价格及变动趋势,并对验收工作予以帮助和指导。

(1)采购员与验收员既是上下道工序的协助关系,同时又是互相监督的关系。采购与验收之间的信息沟通非常重要。

(2)厨师长也应经常检查食品原材料的质量,了解食品成本,掌握原材料价格变化趋势,以便在订购原材料时有的放矢。

(3)总会计师作为验收体系的总负责人,在每天的工作时间内应抽空到验收处检查工作。

(4)饭店总经理、餐饮部经理和餐厅经理也应每天或不定期检查验收部的工作。

（5）在大型餐饮企业里，除上述人员外，还应经常请企业外部人员，如会计师事务所，不定期检查验收部的工作。

许多餐饮企业的验收部办公室使用来访登记簿。总经理希望会计师、厨师长、采购员、仓库主任、餐饮经理和宴会经理经常到验收处走一走。一方面，表示他们对验收工作的重视；另一方面，也使验收员知道自己的工作每时每刻都会受到有关人员的检查。验收员必须要求每一个来检查工作的人在来访登记簿上签字，并写明来访日期和时间。总经理通过查阅来访登记簿，可了解上述人员是否经常到验收处检查工作。

（三）做好验收环节的防盗工作

由于验收环节工作紧凑、原材料品种复杂、数量多、去向不一，因此容易发生偷盗事件。防盗工作的基本原则是：

（1）指定专人负责验收工作，而不是谁有空谁验收。

（2）验收员与采购员不得兼任。

（3）如果验收员还在兼任其他工作，应尽可能将交货时间安排在验收员比较空闲的时候。

（4）原材料应运到指定的验收场地。

（5）不允许推销员、送货员进入储藏室或食品生产区域。验收处应靠近原材料供货入口。

（6）验收后，应尽快将原材料送入储藏室或厨房。

（7）供货入口处大门应加锁，大门外安装门铃。送货人到达后，先按门铃。

（8）原材料在验收过程中，验收员应始终在场。

第三节　原材料库存管理

一、原材料库存管理

原材料的库存管理是餐饮原材料管理中重要的中间环节，对于餐饮质量和餐饮成本的高低关系重大。仓库是食品原料的储存区域，它的位置、容量、温度、湿度、通风条件、原料堆放方式、卫生条件、安全措施等方面都直接影响原材料质量的保持和仓储成本的控制。为了使食品储存达到理想的效果，首先必须注意食品仓库的科学设计。

（一）库存场所的设计要求

1.仓库的分类

由于不同原材料的保存要求不同的温度、湿度，因此，饭店应设置不同功能的

储藏库房。根据不同的分类依据,可做如下分类:

(1)按地点,可分为:中心库房,即饭店的总库房;各餐饮营业点库房,一般设在各厨房或酒吧,只储存短期内使用的原材料。

(2)按照物品的用途,可分为:食品库房、酒类饮料库房、非食用原材料库房。

(3)按照储存条件,可分为:

干藏库房:主要存放各种罐头食品、干果、粮食、香料及一些干性食品原材料。

冷藏库房:主要存放蔬菜、水果、蛋、黄油、牛奶及需要保鲜的禽、鱼、肉类原材料。

冷藏库房:主要存放需较长时间保存的冷冻肉、水产品、禽类和已经加工的成品或半成品食物。

2.仓库的位置和面积

在规划餐饮场所布局时,仓库往往是最容易被忽略的地方。它经常让位给餐厅、厨房等要害部门,事实上,这样做反而会造成餐饮运作环节管理效率的低下。因此,在整个餐饮场所布局中,要充分考虑仓库的位置与面积。

(1)仓库的位置。理想的仓库位置应设在原材料验收处和厨房之间,三者离得越近越好。这样可以减少原材料的搬动距离,减少人流、物流的拥挤,避免延误原材料供应。但在实际上,由于不同饭店建筑结构上的原因,各个厨房与验收处往往不处于同一楼层。这时,就会考虑把库房设在验收处附近以方便及时地把验收后的原材料入库储存;或者考虑设在地下室,因为地下室避光的储存条件和相对容易控制的温度、湿度对原材料的保存是有利的。

在中心仓库与各厨房相距较远时,要求厨房制订较为周密合理的用料计划,尽量减少领料次数。

(2)仓库的面积。仓库的面积和容量必须充裕。就一具体餐饮企业而言,它所需的仓库面积,要根据企业的类别、规模、菜单特点、客流量、原材料市场供应状况、采购方针及订货周期等因素来确定。菜单丰富或经常变化的餐厅,仓库面积就应大一些;订货周期长、采购批量大的餐厅,所需的仓库面积也大;快餐厅、咖啡厅及供应餐饮产品品种有限的餐厅,仓库面积可以小些。

仓库面积过大,会引起能源费用和维修保养费用的增加,也可能会造成存货过多,同时增加安全保卫的难度;仓库面积过小,会引起原材料存放混乱,保管人员不易整理原材料,仓库清洁工作困难等弊端。

那么仓库面积究竟应该多大?下面给出两种比较常用的推算方法:

一种方法是根据餐厅的餐位数和开餐次数来推算仓库面积。通常每天每个餐位每供应一餐约需仓库面积 $0.1m^2$。假如某饭店有 500 个餐位,日均供应三餐,则该饭店所需的仓库面积为:$500×3×0.1=150(m^2)$。

另一种方法是根据实际储存量和需要量来确定仓库面积。一般把维持两个星期营业所需的原材料储备作为前提,计算出储存这些原材料所需的仓库面积。

在确定了总的仓库面积后,还要根据不同的仓库类别进行面积分配(见表5-11)。

表5-11 各类库房面积参考表

仓库类别	占总面积百分比	总面积(m^2)	应分配面积(m^2)
干藏仓库	40%	150	60
冷冻库	10%	150	15
肉类冷藏库	8%	150	12
水果、蔬菜冷藏库	10%	150	15
乳制品冷藏库	5%	150	7.5
酒类饮料库	20%	150	30
走道面积	7%	150	10.5
合计	100%		150

3.仓库的温度、湿度、照明、通风等要求

食品原材料保质期的长短与储存过程中的温度、湿度、光照、通风等条件密切相关。仓库管理员应熟悉各种原材料的储存要求,使原材料处于最佳储存状态。

(1)仓库温度要求。由于食品的类别不同,对库存的温度条件的要求也各异。

干藏库:干藏库房一般不需要供热和制冷设备,其最佳温度为15℃~20℃。一般而言,温度更低一些,食品的保存期可以更长些。如果库房不设空调设备的话,应选择远离发热装置的位置,并且要有较好的防晒措施。

冷藏室:细菌一般在4℃以下活动能力有限,15℃~49℃最宜繁殖,在高温(90℃以上)下易被杀死。冷藏是利用低温抑制细菌繁殖的原理来延长食品的保存期和提高保存质量。饭店常用冰箱、冷藏室对食品进行低温保存。

冻藏库:冻藏的温度应在-18℃以下,而且温度要稳定。冻藏原材料的保存期也不是无限期的,一般不超过3个月。

(2)仓库湿度要求。仓库的湿度也会影响食品原材料储存时间的长短和质量的高低。湿度太大,微生物容易繁殖,原材料会迅速变质;湿度过小,会引起食物干缩、失鲜。不同原材料对湿度的要求也不一样。

干藏库:相对湿度控制在50%~60%为宜。要防止库房的墙、地面返潮,管道滴水等引起湿度的增加。干藏库应挂有湿度计和温度计以供保管员随时观察。

冷藏库：一般而言，相对湿度应保持在75%~85%之间，蔬菜、水果的储存湿度可以略高些。表5-12给出了一个食品冷藏温度、湿度的参考方案。

表5-12 食品冷藏温度、湿度的参考表

食品原材料	温度	相对湿度
新鲜肉、禽类	0℃~2℃	75%~85%
新鲜水产类	-1℃~1℃	75%~85%
蔬菜、水果类	2℃~7℃	85%~95%
奶制品类	3℃~8℃	75%~85%
一般冷藏品	1℃~4℃	75%~85%

（3）仓库照明要求。强烈的光照对原材料的保存不利。仓库如有玻璃门窗，应尽量使用毛玻璃。在选用人工照明时，应尽可能选用冷光灯，亮度以每平方米2瓦~3瓦为宜。

（4）仓库通风要求。仓库应保持空气的流通。不管何种仓库，原材料的存放都不能贴墙，也不能直接堆放在地上或堆放得过密。干藏库的空气每小时应交换四次。通风良好有助于保持适宜的温度和湿度。

（5）对仓库设备、器材的要求。具体有以下几个方面：

货架：应有一定的高度以提高单位面积的使用效率。干货仓库宜用结实的钢质或铁质货架，最好还能调节搁板的高度以适应不同原材料的存放需求。冻藏库的货架以不易导热的木质货架为好。

容器：对散装的原材料，必须有相应的能密封、防虫的不锈钢容器盛装，而且容器上最好能标明原材料信息。

搬运工具：仓库应有金属手推车，用于搬运较重的货物，还要配备坚固的梯子，以存取摆放位置较高的货物。

称量工具：仓库应配有不同精确度的称量工具，如磅秤、台秤、电子秤等，以便准确掌握原材料的重量。

其他设备：如防盗报警装置等。

（二）库存管理

1. 入库要求

购置来的食品原料（直拨原料除外）均应及时入库，以防品质改变。入库的食品原料均应系上标签，注明入库时间、数量等，便于领用发放、盘存清点，并利于掌握储存时间,做到先进先出。

2.存放要求

(1)分类储存,确保质量。分类储存,就是根据原料的种类、特征等将原料分成若干类,然后按照不同类别原料在储存时所需要的温度和湿度等实行分区固定存放,并对每个货区的每个货位进行统一编号、定位。分类储存的优点是:有利于餐饮原料的安全储存,能减少损耗;有利于原料的堆放,能提高仓容;方便存货和取货,易于查找,出入库快速。分类储存的最终目的是保证原料的质量,尽可能地延长餐饮原料的使用期。

餐饮原料在储存时必须做到以下几点:

①检查入库的原料是否适于直接存放。如果不适合,就必须进行必要的加工或重新包装。比如,对有些干货原料,为了防止其受潮发霉,要用真空机予以真空包装。

②将有特殊气味的餐饮原料与其他原料隔开存放,以免串味。

③注意各种餐饮原料所需的存放温度。

④密切注意食品的失效期,应遵循先进先出的储藏原则。

⑤一旦发现餐饮原料有霉变、虫蛀或异味,应立即予以处理,以免影响其他物品。

⑥要遵守《食品卫生法》的有关规定,保证餐饮原料的清洁和安全。

(2)科学摆放。对原材料科学合理地存放,可以保持较高的工作效率,便于原材料的入库上架、清仓盘点和领用发放。食品摆放的主要方法有:

①定位摆放,即根据仓库布局,合理规划各种不同食品原料的摆放区域,实行分区定位摆放。

②四号定位摆放,即用四个号码来表示某种原材料在仓库中的存放位置。这四个号码依次是库号、货架号、层号和位置号。任何原材料都要对号入位,并且原料的货品标牌上的编号应与账页编号一致。例如,鱿鱼干在账页上的编号是1-4-2-7,即可知鱿鱼干是存放在第一号仓库、第四号货架、第二层、第七号货位上。

③立牌立卡摆放,即对定位、编号的各类物品建立料牌与卡片。料牌上写明物品的名称、编号、到货日期,并涂上不同的颜色加以区分。卡片上填写记录物品的进出数量和结存数量。

④五五摆放,即根据分类后的原料形状,以五为计算单位进行摆放。做到五五成堆、五五成排、五五成行、五五成串、五五成捆、五五成层等。这种摆放方法能使码放的原料整齐美观,也便于清点发放、充分利用库容。五五摆放法适用于储存包装较规范的箱、罐、瓶、盒装原料。

(3)控制库存的数量和时间。储存数量的合理,是以满足餐饮生产的正常需求为前提的。仓储数量并非越多越好。因此,确定存货量时应考虑到以下几个因素:原料的耗用量大小,原料采购所需时间,原料的物理、化学属性是否适宜久存和多存,企业流动资金的多少等。

原料的合理存放量必须与合理的储存时间相匹配。储存时间的确定应考虑到生产周期、采购周期和原料储存的有效期。加速库存周转、尽量缩短原料的储存时间,这是仓库保管员的一大职责。

(4) 保持仓库清洁,应遵循以下规则:

①及时通风。

②对储藏库每天进行清理。冷藏库每周清洗一次。

③放置于货架上的带汁食品应用盘盛放。

④发现腐败变质的食品立即取走,并将受污染的相关地方清洗干净。

⑤每天打扫地面,用消毒液拖地,定期清洗墙壁、货架、设备等。

⑥专人负责杀虫灭鼠。

⑦当储存的数量降到最低时,及时安排冷藏库(箱)的清扫除霜。

⑧经常对储藏库进行卫生检查,并应规定卫生标准。

(5) 遵守仓库管理制度,确保储藏安全。为了正确反映库存物品的进、出、存动态,仓库要建立严格的管理制度,要做到账(保管日记账)、卡(存货卡)、货(现有库存数量)相符。食品仓库要以每个存货品种为单位,分批设立账户,设立明细而完整的账单。有一物必有一卡,存货卡要与账单相符,与存货相符。只有这样,才能防止差错,防止被窃与丢失。仓库管理另一个有效的方法是:定期或不定期地进行盘点,发现有错误或丢失物品时要追查责任。

严格的仓库管理还包括:无关人员不得进入仓库;仓库管理人员不得委托他人看管库房,更不能将库房钥匙交与他人保管,即使有事,也应将库门锁好后才能离去;在工作结束时应将仓库的钥匙交饭店保安部,并办理钥匙保管手续。此外,仓库还应安装防盗监视系统及防火设备。

3. 餐饮原料的库存方法

(1) 干藏。食品中的干货、罐头、米面等都可采用这种方法储藏而无须冷藏。这类食品应该放在干净、阴凉、干燥处储存。虽然按照惯例这类食品不必冷藏,但仍有防潮、防蛀、防鼠、防闷热的必要。库温在15℃~20℃是最理想的,相对湿度控制在50%~60%的范围内。干藏的具体要求是:

①食品应放置在货架上储存,货架离开墙壁至少10cm,离地面15cm,以便空气流动和清扫;要随时保持货架和地面的干净,防止污染。

②食品放置不仅要远离墙壁,同时还应远离自来水管道、热水管道和蒸汽管道;热水管道和蒸汽管道应隔热良好。

③使用频率高的食品,应存放在容易拿到的下层货架上,货架应靠近仓库入口处。重的食品应放在下层货架上,并且高度适中,轻物放在高层架上。

④仓库中的食物应有秩序地排列,分类放置,同类食品必须放在一起。

⑤存放时遵循先进先出的原则,已久存的食品移到架前面,新入库的放在后面。

⑥有些食品由于体积的原因不能放在货架上,则应放在便于取放的平台或车上。

⑦各种打开包装的食品,应储存在贴有标签的容器里,并应达到防尘、防腐蚀的要求。

⑧所有有毒的货物,包括杀虫剂、去污剂、肥皂,以及清扫用具等,禁止存放在食品储藏室。

(2)冷藏是将冷库或冰箱的温度控制在2℃~5℃,使储存的食品冷却而不冻结。这样既控制了微生物的繁殖,保证了食品的质量,又使食品不解冻而取用方便。但由于冷藏对微生物只起抑制和延缓繁殖作用,控制微生物的效果只能维持在一定时间内,保持食品质量的时间不能像冷冻那样长,因此要特别注意储存时间的控制。冷藏的食品既可以是农产品中的蔬菜类,也可以是肉、禽、鱼、虾、蛋、奶和熟食品。冷藏的具体要求是:

①通常冷藏的食品应经过初加工,并用保鲜纸包裹,以防止污染和干耗,存放时应用合适的盛器盛放,盛器必须干净。

②热食品应晾凉后再冷藏,盛放的容器须经消毒并带盖,以防止食品干燥和污染,加盖后要易于识别。

③存放期间为使食品表面冷空气流通,放置时要距离间隔适当,不可堆积过高,以免冷气透入困难。

④包装食品储存时不要碰到水,不可存放在地上。

⑤易腐的果蔬要每天检查,发现腐烂要及时处理,并清洁存放处。

⑥鱼虾类食品要与其他食品分开放置,奶制品要与有强烈气味的食品分开存放。

⑦存、取食品时需尽量缩短冷藏间开启的时间;要减少开启的次数,以免库温产生波动,影响储存效果。

⑧随时关注冷藏间的温度。

⑨定期进行冷藏间的清洁工作。

(3)冻藏的温度应该保持在-18℃以下,使食品完全处于冻结状态。低温库和低温柜都可以提供这种条件。在这种温度下,大部分微生物的生长繁殖都受到有效的抑制,少部分不耐寒的微生物甚至死亡,因而食品能长时间的储存。冻藏的具

体要求是:

①冰冻食品到货后应及时置于-18℃以下的冷冻库储藏,储藏时要连同包装箱一起放入,因为这些包装材料通常是防水汽的。

②新鲜食品需冻藏的,应先速冻,然后妥善包裹后再储藏,以防止干耗和表面受污染。

③存放时要使食品周围的空气流通。

④冷冻库的开启要有计划,需要的东西一次拿出,以减少冷气的流失,避免冷冻库温度的波动。

⑤除霜时应将食品移入另一冷冻库内,以利于彻底清洗冷冻库;通常应选择库存最少时除霜。

⑥存货取用时应实行先进先出的原则。

⑦任何时候都要保持货架的整齐清洁。

⑧定期检查冷冻库的温度情况。

⑨速冻食品一般都保藏在-18℃~-23℃之间的冷冻库内,在真空包装或保鲜膜包装的条件下,按照其库存时间保存。

另外,理论上有效日期应该是从采摘日或制成食品上市日起算。但是由于我国疆域辽阔,运输会耗费不少时日,有的水果在未成熟时就采摘,以便运输到某地时不至于烂掉。所以,在实际中很多水果和蔬菜的有效日期应该从水果和蔬菜的成熟期开始计算而不是从采摘日开始算起。

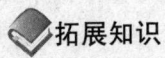 拓展知识

高档食材(燕、鲍、翅)的储存

燕窝,又称燕菜、燕根、燕蔬菜,为雨燕科动物金丝燕及多种同属燕类用唾液与绒羽等混合凝结所筑成的巢窝,形似元宝。窝外壁由横条密集的丝状物堆垒成不规则棱状突起,窝内壁由丝状物织成不规则网状,窝碗根坚实,两端有小坠角,一般直径6cm~7cm,深3cm~4cm。主要产于我国南海诸岛及东南亚各国。燕窝因采集时间不同可分为三种:白燕(古代曾列为贡品,故又称宫燕)、毛燕和血燕。

燕窝的营养价值较高,含50%蛋白质,30%糖类和一些矿物质,是中国传统名贵食品。中医认为燕窝养阴润燥、益气补中,治虚损、咳痰喘、咯血、久痢,适宜于体质虚弱,营养不良,久痢久疟,痰多咳嗽,老年慢性支气管炎、支气管扩张、肺气肿、肺结核、咯血吐血和胃痛病人食用。现代医学发现,燕窝可增强免疫功能,有延缓人体衰老、延年益寿的功效。

理想的保存方法是先将燕窝放入密封的燕窝保鲜盒内,再存放于冰箱。若燕

窝不慎沾上湿气，可放在冷气口风干，切不可烘干或以太阳晒干。

鲍鱼，素称"海味之冠"的鲍鱼，自古以来就是海产"八珍"之一。鲍鱼名为鱼，实则不是鱼。它是属于腹足纲、鲍科的单壳海生贝类。因其形如人耳，也称"海耳"。

鲍鱼一般可分为几类，干鲍、急冻鲍鱼、鲜鲍、汤鲍（罐头鲍鱼），处理工序及时间以干鲍鱼最复杂，其次是急冻鲍鱼，最方便为罐头汤鲍。

鲍鱼具有滋补养颜、平衡血压、养肝明目、滋阴清热等作用，不但营养丰富，并且含高蛋白质，尤以滋阴明目、滋补强身功效甚大，适用于肝肾虚弱、视物昏暗等症。

干鲍鱼买回后，应先以塑胶袋完整包裹密封好后存放于冷冻库中，只要不受潮，约可存放半年到一年。冷冻鲍鱼可在本地超级市场购得，购回后需储存于冷冻库中，且从冷冻库取出后即应于当餐食用完毕，否则会使原味流失，品尝不到鲍鱼的鲜美。活鲍鱼一般要求水温12℃~15℃，盐度10%~12%，最多可以放置15天，平均每5天换一次水，一般单独喂养。

鱼翅，是海味"八珍"之一，与燕窝、海参和鲍鱼合称为中国"四大美味"。鱼翅产地广阔，品种繁多，主要来自鲨鱼的"背鳍、胸鳍及尾鳍"，可分别制得脊翅、翼翅及勾翅。其中脊翅多呈三角形，与勾翅两面颜色相近，但翼翅则多呈长身，两面颜色不同，即所谓"阴阳色"。再以不同种类的鲨鱼分为群翅、海虎翅、金山勾翅、牙拣翅等。

据说鱼翅还有很多食疗价值。中国传统说法认为食鱼翅可益气、清神、去痰、利尿、开胃、润肤、养颜，能够补五脏、长腰力、解肝郁、活气血、润肌理。

鱼翅最怕受潮、虫蛀及翅根的肉耗变。因此鱼翅购回后一定要保持干燥，经常在太阳底下曝晒。小形翅可放置在密封的坛子里，底下铺上石灰。涨发好的鱼翅可用保鲜膜包好，放入冷藏柜，但忌入冷冻柜，因化冻后口感缺乏柔软细滑弹牙感。

二、原材料发放管理

领料是厨房为了获得生产所需要的各种原料而履行的一种手续，也是食品成本控制的一个方面。发料则是仓库根据领料的凭证向生产部门进行发放的一个过程。领发控制，就是要在保证厨房用料得到及时、充分供应的前提下，控制领料手续和领料数量，并正确记录厨房用料的成本。

（一）定时发放

定时发放，即规定发放时间，如上午8:30—10:30，下午2:30—4:30，并不是全天24小时开放。此举的意义是便于仓库人员有充分的时间检查、整理仓库，同时，也有利于促进厨房管理人员树立计划意识，养成计划管理习惯。

(二)凭单发放

1.领料及领料单的控制

当厨房需要从储藏室领取各种原料时,就必须填写领料单。

领料单的使用能有效地控制成本,也能较快地计算出当日食品成本。领料单在使用时应注意以下几点:

(1)书写字迹工整、清楚,不得随意涂改领料单。

(2)各项内容应填写完整,写明领用品名、领用数量、领用部门、领用岗位、领用时间、领用人。

(3)审批签字。各岗位、各部门在填写好领料单后,要经专人审批签字。审批人员一般为各部门厨师长,贵重的物品要经总厨师长或餐饮部经理等人签字。

(4)审批要求。总厨师长或部门厨师长在审批领料单时,一定要审核所填内容,特别是审核数量。审核领料单时应注意签字笔迹的一致,不能随意变换字迹。另外,还要将领料单上最后一项下面的空白划去,防止领料人在审批后加填内容领取其他原料。

对于领料单的使用,厨房的管理者不仅要把住签字关,还要把住复核关。当原料从仓库领回后,管理者要不定时地对领回厨房的原料的质量、数量进行抽查,若发现问题应立即追究责任,坚决堵住领料漏洞。

领料单是一种成本控制工具,它可反映出是何部门对何种物品有需求,用量多少。为了便于管理,有些大饭店将每个厨房的领料单用不同的颜色来加以区分,仓库或成本会计只要将不同颜色的领料单加以归类,便可迅速计算出各厨房的原料成本。另外,如果两个厨房间互领某些原料,例如 A 厨房向 B 厨房领用某原料,A 厨房应向 B 厨房递交一份原料内部调拨单。根据调拨单,成本会计就会从 B 厨房食品成本中减去调拨的金额,而在 A 厨房食品成本中加上调拨金额,这样,每个厨房的管理者都能较准确地了解到当日或隔日的原料成本情况。

2.发料的要求

发料工作不仅是从仓库中取出原料发给领料部门,而且还须对发出的餐饮原料进行控制。因此,在发料时必须做到以下几点:

(1)任何原料的发放都必须经过规定的手续进行。发料人要坚持原则,做到"五不发货",即没有领料单不发货,领料单没有经过审批不发货,领料单上有涂改或字迹不清楚的不发货,手续不全的不发货,腐败变质的原料不发货。

(2)仓库发料人必须熟悉本饭店管理者的签字笔迹,也可将各部门审批人的签字笔迹张贴在墙上,以便核对。发料人必须在领料单上签字,如有发料差错可迅速查出责任人。

(3)发料应做到及时、准确。及时发料,绝不是整天都提供领料,这种方法不符合管理的要求。仓库要安排好各生产厨房的领料时间,以免造成某一时段领料人多、工作量大,忙中出错或耽误厨房领料时间。为了保证按时供应,厨房应将第二天所需的原料提前开好领料单,交给仓库,仓库发料人在适当的时间里将厨房所需的物品取出,放置在推车上或特定的货架上,以便第二天领发。这样不仅加快了领料速度,还可减少许多差错。

(4)在发放时,如遇到仓库缺货,应在领料单上这种原料的旁边注明"缺货"二字,发料人不得随意涂改领料单。

(5)根据领料单做好餐饮原料的发放记录和存货记录,使仓库中的实物与账目一致,仓库的账目与成本控制员或成本会计手中的账目一致。

(三)先进先出

先进先出,即食品原料入库时必须注明入库日期,并做到先入库的食品原料先发放。注意食品原料的保质期,保证在食品原料的有效期内使用。

(四)准确计价

准确计价,即食品原料出库后,仓库保管员必须在领料单上列出各项原材料的单价,计出各项原料的金额,并汇总领取食品原料的总金额,以便计算餐饮食品成本。

(五)如实记录

如实记录,就是有些原料不在领取日使用,而在第二天或此后的某天使用,则应在原料领料单上注明该原料的消耗日期,以便把该原料的成本记入其使用日的食品成本。有些原料是一次领用,分次使用,则应分天计入成本。至于各部门之间的内部调拨,则同样应办理必要的手续。

(六)特殊发放处理

1.酒水的发放

酒水的发放除了遵循食品原料的发放原则外,还有一些特殊的要求。

由于酒水饮料容易丢失,且一些名贵酒水的价值较高,为了减少被盗的机会,饭店往往会对每个营业点设定一个标准储量(一般是日均消耗量的2倍~3倍)。在一般情况下,不允许酒吧领用超过标准储量的酒水。因此,一些名贵酒水的领用,不仅要有领料单,还要凭酒吧和餐厅退回的空瓶子或整瓶销售报告单。

这种做法能使酒吧(餐厅)对名贵酒水的存量保持在标准储量的水平。每天退回的空瓶数应是昨日的消耗量,每日领取的数量实际上是补充昨日消耗用的数量。例如,假如大堂酒吧轩尼诗XO的标准储量是5瓶,用完2瓶的空瓶在领料时送回仓库,再领取2瓶,这样,酒吧每天营业开始时,轩尼诗XO始终保持5瓶的标准储量。

如果有的客人将整瓶酒买走,服务员不能收回空瓶,这时就必须填写整瓶销售报告单。在领料时以此单代替空瓶作为领料的凭证。

在一些特殊销售活动(如宴会)中,无法设立标准储量,一般领取的酒水数量大于实际使用量。这些活动结束后,应将未销售完的酒水退回,退回的酒水填写在食品饮料调拨单上。

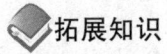拓展知识

白酒储藏

　　白酒的储藏是白酒酿造的过程中必不可少的一道工序,白酒在酿造之后都要储藏一年以上才能饮用。白酒在储藏过程中,会受到很多外界因素的影响,特别是温度和湿度的影响会使白酒发生剧烈的变化,因此储藏环境对白酒品质的影响甚大。

　　目前白酒普遍采用的是窖藏,但其实在天然的洞穴里储藏白酒更利于酒品质的成长。因为山洞是恒温恒湿的,而年代久远的洞穴更是有着不可多得的天然微生物群。在这个状态下,酒的陈酿老熟过程是缓慢、均匀完成的,一些杂质和有害物质就被释放、挥发出去。而之所以说陶瓷容器是白酒储藏的最佳容器,是因为陶瓷壁上有很多毛细孔,一方面酒不会漏出来,另一方面又保证了酒可以跟外界空气交流、与外部环境相互作用。这就是白酒储藏工艺最通俗的道理。

2.食品饮料的内部调拨

　　大型饭店往往设有多个厨房、酒吧。厨房之间、酒吧之间经常会发生食品和酒水的互相调拨。为了明确成本与收入的对应关系,使各部门的成本核算尽可能准确,饭店有必要使用"食品饮料内部调拨单"以记录所有的调拨往来。在统计一个部门的成本时,要减去该部门调出原材料的金额,加上调入原料的金额。

　　食品饮料内部调拨单见表5-13。

表5-13　食品饮料内部调拨单

编号:3422		日期:2010.04.02	
调出部门:酒吧		调入部门:主厨房	
品名	数量	单价(元)	金额(元)
绍兴加饭酒	2瓶	6	12
威龙干红葡萄酒	1瓶	25	25
金额总计			37
发货人:马红纲		发货部门主管:张尔语(酒吧经理)	
收货人:李　力		收货部门主管:王铁山(厨师长)	

食品饮料调拨单应一式三份或四份,调入与调出部门各一份,再一份交财务部,有的饭店要求留一份给仓库记账。

三、原材料盘存管理

食品原料贮存应有严格的登记制度。账目要能准确反映食品原料在入库、发放、存货等方面的时间、数量、价格和价值等情况,有效控制存货量、订货量,确保食品原料的利用达到最理想的程度。为此,必须要做好食品原料的盘存与分析工作。

(一)食品原料的盘存

餐饮原料的流动性大,为了及时掌握原料库存流动变化的情况,就必须对库存原料进行定期(如财务核算周期末)和不定期(如仓库管理人员更换之际)的盘点。库存盘点主要是全面清点库房和厨房的库存物资,检查原料的实际存货额与账面额是否相符,以便控制库存物资的短缺。通过库存盘点,使管理人员掌握原料的使用情况,分析原料管理过程中各环节的现状。

原料盘存一般由饭店财务部门派人专门负责。在盘点时,要对每一种库存原料进行实地点数。具体程序如下:

(1)制作存货清单。即根据不同类别的库房和原料编号,在清单上填好货号、品名、单位、单价等基本数据。

(2)库存卡结算。在库存卡的结存栏内,根据历次进货和发货数量,计算出应有的结存量和库存金额。

(3)库存实物盘点。即实地点数,并将实物数量填入盘点清单。为加快盘点速度,可以由一名人员清点货架上原料的数量,另一名核对货品库存卡并将实际库存数量填写在存货单上。货品库存卡和存货清单上的原料编排次序应与原料的实际存放次序一致,这样盘点既迅速又不会有遗漏。

(4)核对。将库存卡结算结果与库存实际结果进行核对。

(5)计算盘点清单上的库存物品价值。该价值为实际库存金额,若与账面库存有出入,要复查并查明原因。

盘点完毕,以实际库存金额记账代替账面数字计算出各种原料的价值和库存原料金额,作为月末原料库存额。月末库存额自然转结成下月初的库存额。月末实际库存额与账面库存额的差额计入资金平衡表的流动资产占用项"待处理流动资产损失",数量不大的金额直接打入餐饮成本。

(二)库存情况分析

通过盘点,饭店应该对以下两个指标进行分析:

1. **库存短缺率**

按照原材料实际盘点数和一定计价方法得出库房月末实际库存额。为了解实际库存有无短缺及短缺的程度,需将实际库存额与账面库存额做一比较,分析短缺额和短缺率。

其中:库存短缺额=账面库存额-实际库存额

账面库存额=月初库房库存额+本月库房采购额-本月库房发料总额

库存短缺率=(库存短缺额/发料总额)×100%

上述公式中每个项目的数据来源是:

月初库房库存额:来自于上月末的实际库存额结转。

本月库房采购额:来自于本月验收日报表中库房采购原材料金额的汇总。

本月库房发料总额:来自于本月领料单上的领料金额的汇总。

【例题】

某餐厅8月底经月末库存实物盘点,实际库存15 700元,该月库存相关数据如下:月初库房库存额为15 000元,本月库房采购额为46 000元,本月库房发料额为45 000元。

则:月末账面库存额=15 000元+46 000元-45 000元=16 000(元)

库房库存短缺额=16 000元-15 700元=300元

库房库存短缺率=(300÷45000)×100%=0.67%

根据国际惯例,库存短缺不应超过1%,否则为不正常短缺,应查明原因。

2.库存周转率

库存周转率反映原材料在库存中的周转情况,即月原料消耗额与平均库存额的比率。

用公式表示为:

$$库存周转率 = \frac{月原料消耗额}{平均库存额} = \frac{月初库存额+本月采购额-月末库存额}{(月初库存额+月末库存额)\div 2}$$

上例中,该餐厅8月份库存周转率为(15 000+46 000-15 700)÷[(15 000+15 700)÷2]=3.0。

库存周转率大,说明每月库存周转次数多,相对库存的消耗量来说库存存量较少。库存周转率应为多大,取决于多种因素,如饭店所处的地理位置、采购的方便程度、企业需储备的原材料量等。对管理者来说,重要的是库存周转率的变化。如果饭店正常周转率为每月2次,但某月周转率增加或者降低很多,就要查明原因。库存周转率太高,有时储备的原材料就会供不应求;周转率太低,又会积压资金过多。因此,管理人员应经常分析库存周转率的变化,保证适度的库存规模。

四、原材料库存控制

(一) 库存盘点

对盘点时间应以制度的形式确定下来。一般而言,饭店可选择以下时间进行定期或不定期盘点:

(1) 财务核算周期末(每年末、季末、月末)。
(2) 新开饭店营业前。
(3) 关、停、并、转企业的结算时期。
(4) 仓库管理人员更换交接之际。

(二) 盘点的内容

盘点工作主要由仓库管理人员和财务人员联合进行。通过实地清点库房内的物品,检查原材料的实物数与账面结存数是否相符,不相符的找出原因;计算和核实每月末的库存额和餐饮成本消耗,为编制每月的资金平衡表和经营情况表提供依据。

(三) 库存原材料的计价方法

在盘点结束后,我们要计算出原材料的价值。理论上,某种原材料的库存总价值应该等于实物数量乘以原材料的单价。但是,由于原材料在不同时间购入的价格存在差异,因此,原材料单价的确定就不是那么简单了。

在财务处理中,我们往往选择以下方法之一来确定原材料的库存价值:

1. 实际进价法

大型饭店一般都在库存的原材料上挂有货物标牌,标牌上写有进货价格。这样采用实际进价法来计算库存原材料的价值较为容易,也最为客观。

2. 先进先出法

如果仓库内没有采用货物标牌注明原材料的单价,可按照进料日期的先后,采用先进先出法计算。这种方法的思路是:原材料发放是以先进先出为原则,即先购进的货物,在发料时先计价发出,而剩余的原料都是最近进货,可以最近价格计算。

3. 后进先出法

一般而言,市场上价格呈上升趋势,采用后进先出法可以使计算成本的原材料价值较高,而计入库存的价值较低,企业可以在未来的经营中减少成本压力。

还需要说明的是,后进先出法只是原材料价值计算的一种财务处理方法,在实际发料过程中,还是应坚持原料实物的先进先出,即先购进的原材料先发出,以避免原材料积压。

4. 最后进价法

进货记录不全的饭店,可采用最后进价法来估计期末原材料的库存价值。当然,该方法计算的月末库存额不太精准。

5.平均价格法

平均价格法中的单价是以全月可动用的原材料的总价值除以总数量而得出的。

(四)厨房储藏物品的价值计算

饭店的厨房内,仍有相当多的原材料、半成品和成品的储存。如果对这些物品不加清点,会使它们处于失控状态,同时会使财务报表上的数据失真。

由于厨房一般没有库存记录统计制度,没有库存卡,原材料的单价也难以掌握,而且这些原料品种多、数量少、耗用频繁,客观上盘点计算比较困难,因此,对这些原材料价值的计算方法有别于库房原材料。

厨房盘点计算原材料价值的原则是对主要原材料进行盘点核算,对辅料、调料品等单位价值较低的原材料做出估算。

具体方法是:首先根据原材料单位价值的高低把原材料分为主要原材料和价值较小的原材料两大类,逐步积累需要精确盘点的主要原材料价值占总储存额百分比数据,再在每个月的月末盘点出主要原材料的价值,最后通过主要原材料的价值推算出全部原材料库存的大约金额。这里的关键是找出主要原材料价值占总储存额的百分比,这往往需要经过较长时间的观察统计。

案例分享

活虾与死虾

晚上10:30,两位客人来到饭店餐厅吃夜宵,客人翻着菜谱,挑选菜肴。他们互相商量着。一位说:"来一道白灼虾怎么样?""好的,我最爱吃虾了。"另一位回答道。他们一共点了四道菜,便吩咐服务员上菜。

10:40,四道菜已整整齐齐地摆在客人的餐桌上,客人一边品尝菜肴,一边闲聊着,似乎兴致很好。

"这儿上菜速度真够快的,只要10分钟的工夫,四道菜都上齐了。"

"来来来,先尝尝这道白灼虾,如何?"

客人笑嘻嘻地吃虾。忽然,客人脸上的笑容不见了,他们又仔细看看餐桌上的虾,显出很气愤的样子,责问一旁的服务员:"小姐,这虾一点都不热,是不是早就烧好,等我们来吃啊?"

另一位也不示弱:"是啊,你看这虾色泽深浅不匀,颜色偏暗,要么是剩虾、活虾混在一起,要么是剩菜重烹,这样的虾我们不能接受。"

服务员心平气和地说:"先生,我们饭店绝对不会卖死虾的,厨房出菜也总是根据菜单配制烹调,不可能有剩菜,请先生放心。"

客人就是不相信,执拗地说:"我们点四道菜,前后上齐只用了10分钟,这里肯定有问题,这样的虾你怎么解释?"

尽管服务员耐心地劝说,但是客人仍然不肯相信。这时,值班经理小顾闻讯走了过来,先安慰客人道:"先生,请息怒,能告诉我是怎么回事吗?我会尽快替您解决的。"

在倾听客人投诉的同时,小顾一面叫服务员为客人换上热手巾,斟上热茶,以缓和紧张气氛,一面观察席上的那盘虾。

很快,小顾就意识到问题的关键是客人对活虾烹制后的特征并不了解。要消除顾客的疑问,仅仅靠口头解释难以使客人信服。于是,小顾对客人说:"先生,这盘虾是不是活虾烹制的,我先不下结论,请你们随我到餐厅操作台来看看,如何?"征得客人同意后,小顾带客人朝操作台走去,决定以现场操作来解释。

小顾叫服务员取来卡式炉,将鸡汤烧开,然后让厨师拿来一只活虾,在客人面前进行现场烹制,再将此虾与桌面的虾比较,结果,各方面都基本相似。

见状,客人的态度开始缓和,已经相信所食的虾并非死虾,但仍有疑惑。善于察言观色的小顾又热情地对客人说道:"观虾秘诀在于观察颈尾。活虾色泽深浅不匀,原因在于生虾本身纹理之粗细。"一番内行话说得客人直点头:"原来如此。"

小顾接着又说:"我们工作中也有疏忽,虾体微温不够热。多谢您提出宝贵意见,我们一定改正……"

听到小顾诚恳的话语,客人也谦虚地说:"其实我们态度也不够好,而且你们的现场操作让我们开了眼界。"气氛又变得融洽起来。

思考

1.运用餐饮原料管理的知识,告知顾客如何区别活虾和死虾?

2.遇到不内行又固执的客人,怎样才能有针对性地找出解决问题的办法?

 思考与练习

一、名词解释

1.采购规格标准

2.易腐原材料

3.先进先出法

二、论述题

1.采购价格的控制是采购工作的重要任务之一,成功采购的一大标志就是获得理想的采购价格。分析影响餐饮采购价格的主要因素及餐饮企业可以通过什么途径来控制采购价格?

2.餐饮企业可以通过什么方式来控制原料采购质量?

三、案例分析

2015年2月25日,古浪县食品药品监管局接到群众举报,称87名就餐者在天然居大酒楼就餐后出现呕吐、腹痛、腹泻、发热等食物中毒症状。古浪县食药监局执法人员调查发现,该酒楼擅自变更了经营场所、食品加工间布局,未重新申办餐饮服务许可证;热菜加工间存有食品原料,且生熟不分;操作人员违反食品安全操作规程。上述违法行为增加了发生食物中毒风险。经对现场留样的菜品和食物中毒患者排泄物抽样检验,致病性微生物沙门氏菌超过食品安全标准限量。古浪县食品药品监管局对天然居大酒楼做出以下处罚:没收违法所得12 920元,罚款129 200元,依法吊销《餐饮服务许可证》。

思考:如果你是该酒店的管理人员,你如何看待此事?

第六章 厨房管理

引 言

厨房是从事菜肴、点心等食物产品加工、生产、制作的场所,是餐饮企业及综合型宾馆、饭店唯一通过输入食品原料,经过厨房工作人员的技术处理、艺术加工,进而向餐厅提供色、香、味等感官性状达到一定要求的产品的部门。

厨房生产和管理是通过一定的组织形式来实现的。厨房设置科学、完善的机构,可以清楚地反映每个工种及岗位人员的职责;可以直接地反映出各自的工作对谁负责,向谁汇报,避免越级或横向指挥;容易发现工作疏漏,并避免重复安排工作;使每个员工清楚自己在厨房中的位置和发展方向。

厨房设计布局要在餐饮企业确定档次、规模及经营需要的前提下,先具体结合厨房各区域生产作业特点与功能,充分考虑需要配备的设备数量与规格,对厨房的面积进行分配,对各生产区域进行定位。然后,依照科学合理、经济高效的原则,对厨房各具体岗位、作业点,根据生产风味和作业要求进行设备配备,对厨房设备进行合理布局。

现代厨房管理通过资源(尤其是设备、场地等)整合、部分流程再造,以先进的手段和方法,对厨房的生产、设备、卫生及安全等各项内容进行管理,从而提供能满足当今餐饮消费者需求的质量稳定、可靠的各类食物产品,并在此基础上做到资源的充分利用,实现效率的最大化,达到企业长久发展的目的。

学习目标

1.掌握现代厨房管理中各种类型厨房的基本组织结构模式,明确厨房各个岗位的岗位职责。

2.了解现代厨房的设计与布局的基本要求,熟知现代厨房管理的基本内容及方法,并能应用于实践。

第一节　厨房组织结构及岗位职责

餐饮企业经营规模、厨房面积、结构、功能、管理风格等的不同，决定了各餐饮企业厨房的结构也不尽相同。明确厨房各部门、各工种职能，是进行厨房结构设置的前提。设置的结果，多以组织结构图的形式体现。关键是要将结构设置的原则，有机地与本餐饮企业类型、档次及厨房现状相结合，力求有创意地设计出方便管理、节省人力、全面系统的厨房的组织结构。

一、厨房组织结构

厨房组织结构图是厨房各层级、各岗位在整个厨房中的位置和联系的图表表现。厨房组织结构并非一成不变，而是随着餐饮经营方式、策略，餐饮企业管理风格的变化而变化，厨房的组织结构图也需作相应的调整和改变，以反映厨房生产各岗位和工种之间的最新关系。以下是几种基本的厨房组织结构图示。

（一）大型厨房组织结构

大型厨房组织结构图如图 6-1 所示。这种组织结构多为大型餐饮企业或大型综合型饭店厨房所采用，特点是：集中设立，并且特别强化主厨房的职能，由主厨房加工、提供各烹调厨房半成品原料；根据餐饮企业规模，分设若干烹调厨房，领用主厨房原料，进行烹制出品；集中与分散有机结合，既便于控制加工规格，计算原材料成本，又在一定程度上保证了各烹调厨房的卫生和出品质量。

（二）中型（中餐）厨房组织结构

此种结构的特点在于岗位分工细致，职责明确，便于对基层进行督导和监控管理。组织结构图如图 6-2 所示。

（三）小型厨房组织结构

小型厨房规模小，因此组织结构也比较简单，设置几个主要的职能部门即可。加工直接隶属于切配，可不单独设组。更小的厨房可不设部门而直接设岗。小型厨房组织结构图如图 6-3 所示。

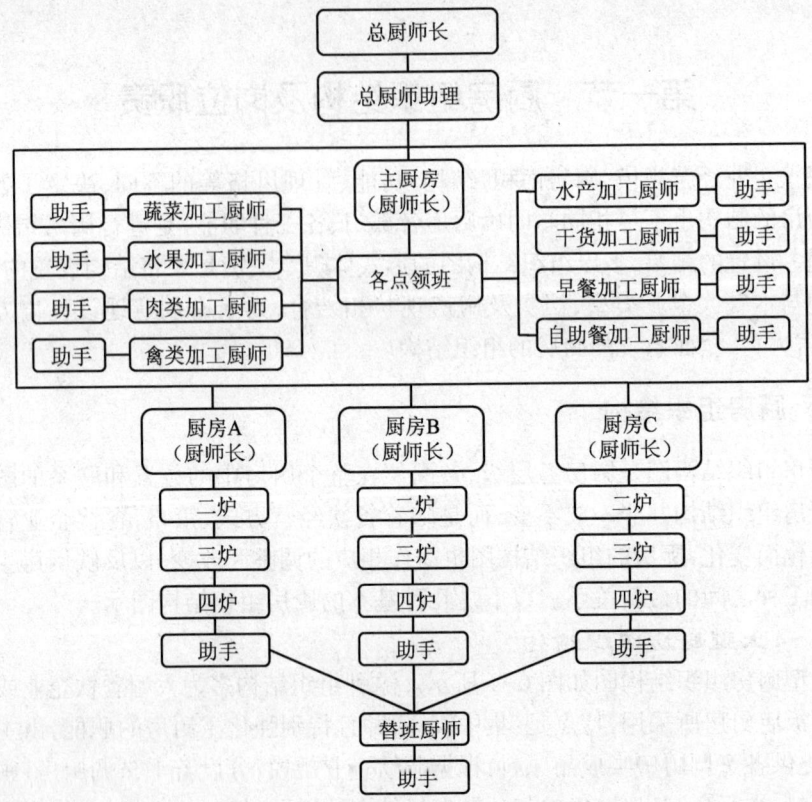

图 6-1 大型厨房组织结构图

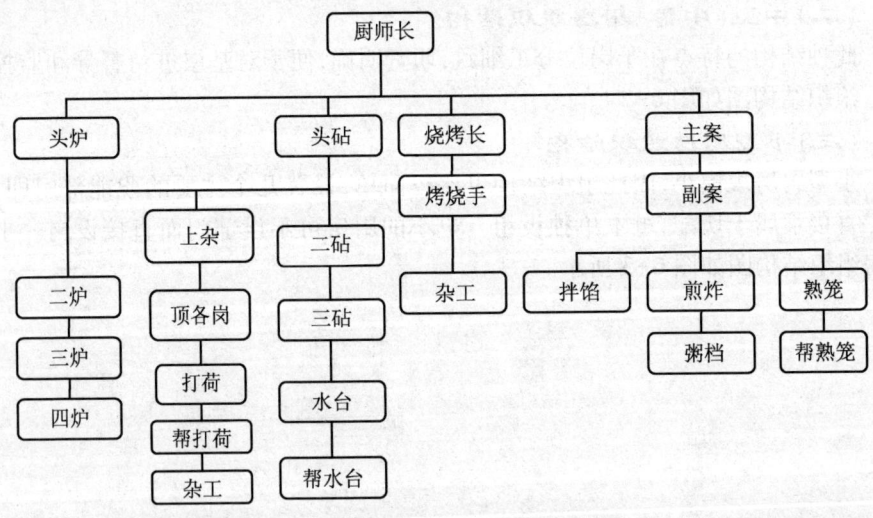

图 6-2 中型(中餐)厨房组织结构图

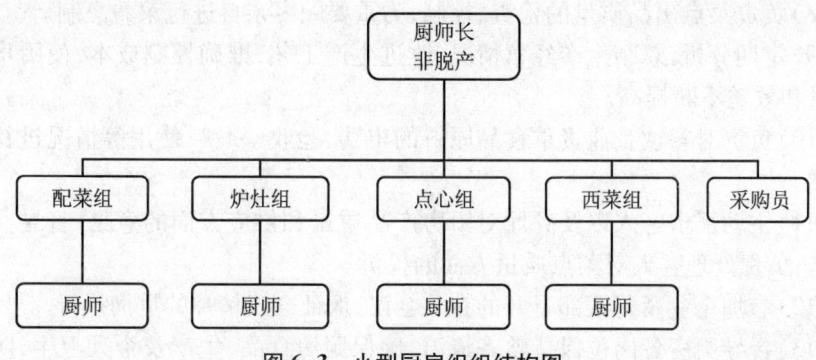

图 6-3 小型厨房组织结构图

二、厨房岗位职责

厨房岗位职责是厨房员工在厨房组织结构中应承担的责任和组织位置。设计厨房组织结构最终目的是为了有效地组织生产，使厨房各部门运转正常，各项工作都有人负责。对厨房岗位要规定工作职责、组织关系、技能要求、工作程序和标准，使岗位的每位员工都明确自己在组织中的位置、工作范围、工作职责和权限，知道向谁负责，接受谁的督导，同谁在工作上有必然的联系，知道工作要承担责任。

（一）总厨师长岗位职责

总厨师长负责整个厨房的组织、指挥、运转管理工作；通过设计、组织生产，提供富有特色的菜点吸引客人；进行食品成本控制，为企业创造最佳的经济效益。

具体职责：

（1）组织和指挥厨房工作，监督食品制作，按规定的成本生产优质产品。

（2）根据餐饮部门的经营目标、方针及下达的生产任务，负责中、西餐市场开发及发展计划的制订，设计各类菜单，并督导菜单更新。

（3）协调中、西厨房工作，协调厨房与相关部门之间的关系，根据厨师的业务能力和技术特长，决定岗位人员安排和调动工作。

（4）根据各工种、岗位生产特点和餐厅营业状况，编制工作时间表，检查下属对员工的考勤考核工作，负责对下属工作表现进行评估。

（5）根据餐饮企业总体工作安排，计划并组织实施厨房员工的考核、评估工作，对下属及员工发展作出计划。

（6）督导厨房管理人员对设备、用具进行科学管理，审定厨房设备用具更换添置计划。

（7）审定厨房各部门工作计划、培训计划、规章制度、工作程序和生产作业标准。

(8) 负责菜点出品质量的检查、控制,为重要顾客亲自进行菜肴烹制。

(9) 定期分析、总结生产经营情况,改进生产工艺,准确控制成本,使厨房的生产质量和效益不断提高。

(10) 负责对餐饮企业贵重食品原料的申购、验收、领料、使用等情况进行检查和控制。

(11) 主动征求客人以及餐厅对厨房产品质量和供应方面的意见,督导实施改进措施;负责处理客人对菜点质量方面的投诉。

(12) 参加企业及餐饮部召开的有关会议,保证会议精神的贯彻执行。

(13) 督导厨房各岗位保持整齐清洁,确保厨房食品、生产及个人卫生,防止食物中毒事故的发生。

(14) 检查厨房安全生产情况,及时消除各种隐患,保证设备设施及员工的操作安全。

(15) 审核、签署有关厨房工作方面的报告。

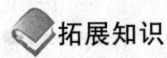
拓展知识

总厨师长任职条件

1. 热爱本职工作,忠于企业,有较强的事业心、责任感;工作积极主动,具有创新意识;熟知烹饪原料特性,掌握原料质量鉴别与保管知识。

2. 熟悉中、西厨房生产工艺流程;全面掌握菜肴生产技术,并了解一般点心食品的生产制作方法及成品特点。

3. 有较强的组织管理能力和全面的厨房成本核算和控制能力,有分析当地餐饮市场并有适应市场的能力,具有设计开发菜肴新品的能力,具有食品促销活动的计划、组织和相应的培训实施能力。

4. 具有大专以上或同等学力,有4年以上从事厨房管理工作经验,已达高级烹饪厨师水平。

5. 身体健康,精力充沛。

(二) 加工厨房岗位职责

1. 加工厨师长岗位职责

加工厨师长全面负责中、西加工厨房的组织管理工作,保证及时向各类烹调厨房提供所需的、按规格加工生产的各类烹饪原料。

具体职责:

(1) 检查加工原料的质量,根据客情及菜单要求,负责加工厨房各岗位人员的安排和生产组织工作。

（2）收集、汇总各厨房所需的加工原料，具体负责向采购部门订购各类食品原料。

（3）检查原料库存和使用情况，并及时向总厨师长汇报，保证厨房生产的正常供给和原料的充分利用，准确控制成本。

（4）检查督导并带领员工按规格加工各类原料，保证各类原料加工及时，成品合乎要求。

（5）主动征询各厨房对原料使用的意见，不断研究和改进加工工艺；对新开发菜肴原料的加工规格进行研究测试和规定。

（6）检查下属的仪表仪容，督促各岗位搞好食品及加工生产的卫生。

（7）负责加工厨房员工的考核、评估，协助总厨师长决定对其的奖惩。

（8）督导员工检查维护各类加工设备，并对其维修保养和添置提出意见。

（9）制订加工厨房员工培训计划，并组织实施。

2. 加工领班岗位职责

加工领班协助加工厨师长负责加工厨房的管理工作，带领员工按规格加工各烹调厨房所需各类烹饪原料，并保证及时有序发货。

具体职责：

（1）根据生产需要，负责安排摘菜、水台、切割、上浆等岗位工作，保证加工原料的供给。

（2）根据原料的质地、作用，带领员工进行合理分割，严格按规格加工、切割，努力提高出净率，准确控制成本。

（3）严格检查每天宴会菜单、自助餐菜单及各厨房原料申订情况，确保加工生产的各类原料没有遗漏。

（4）协助加工厨师长负责检查冷库原料，合理申购原料；协助把好原料进货的质量和数量关，杜绝浪费。

（5）安排员工值班、轮休，协助加工厨师长负责本组员工工作表现的考核和评估。

（6）检查员工的仪表仪容及个人和包干区卫生，督促员工做好收尾工作。

（7）督导员工做好加工设备的维护保养工作。

3. 切割浆腌厨师岗位职责

切割浆腌厨师负责蔬菜、家禽、家畜、水产品的加工、切割、上浆等工作，保证及时向各烹调厨房提供合乎质量标准、需要数量的加工成品原料。

具体职责：

（1）了解客情和菜单，负责备齐切割、浆腌原料。

(2)负责按加工规格要求对原料进行切割、浆腌(上浆、腌制)。

(3)与各烹调、出品厨房配份、点心及冷菜等岗位密切联系,保证提供的加工原料及时适量,不断改进加工工艺,提高出净率。

(4)及时清运垃圾,保持本岗位卫生整洁。

(5)正确使用和维护所用器械设备,妥善保管加工用具。

(6)及时、妥善保藏未加工及加工好的原料,杜绝浪费。

(7)负责每日各点所需已加工原料的发放。

(8)负责每日菜肴盘饰用品的加工雕刻工作。

4. 初加工员岗位职责

初加工员负责家禽、家畜、水产品、蔬菜等原料的初步整理、洗涤、宰杀等加工工作,并负责厨房区域地面、墙壁的清洁卫生工作。

具体职责:

(1)在加工厨师的指导安排下,具体负责食品原料的初步加工整理工作。

(2)负责将蔬菜等原料按规格要求去皮、筋、枯叶、虫卵等杂物,洗涤干净。

(3)负责将禽畜、鱼虾水产类原料按规格去净羽毛、鳞壳、脏器等杂物,洗涤干净。

(4)认真钻研加工业务,努力提高出净率,保证加工原料符合营养卫生及烹制菜肴的规格质量要求。

(5)主动打扫,并保持厨房区域地面及墙壁的清洁和干爽。

(6)妥善保管加工用具,保持本岗位使用设备用具的卫生整洁。

(三)中厨房岗位职责

1. 中餐厨师长岗位职责

中餐厨师长协助总厨师长全面负责中厨房零点菜点的生产管理工作,带领员工从事菜点生产制作,保证向客人及时提供达到规定质量的产品。

具体职责:

(1)协助总厨师长做好零点厨房的组织管理工作。

(2)安排零点厨房的生产,检查并督促切配、炉灶、冷菜、点心等各岗位按规定的操作程序进行生产。

(3)与总厨师长一起编制零点菜单,协助总厨师长制定菜肴规格和制作标准;向采购部门提供所用原料的规格、标准;参与研究开发新品菜点,策划食品促销活动。

(4)督导下属按工作标准履行岗位职责,主持高规格以及重要客人菜点的烹制工作,带头执行各项生产规格标准。

(5)具体负责预订及验收零点厨房每天所需原材料,负责原料、调料领用单的审核签字。

(6)负责协调零点厨房各班组的工作,负责对下属进行考勤考核,根据其工作表现向总厨师长提出奖惩建议。

(7)督导零点厨房各岗位搞好环境及个人卫生,防止食物中毒事故的发生。

(8)负责拟订零点厨房员工的业务培训计划,报请总厨师长审定并负责实施。

(9)负责零点厨房所有设备、器具正确使用情况的检查与指导,填写厨房设备检修报告单,保证设施设备良好运行。

(10)根据总厨师长的要求,负责制订零点厨房年度工作计划。

2. 中餐炉灶领班岗位职责

中餐炉灶领班带领本组员工及时按规格烹制中餐各类菜肴,安排打荷工作,做到出品质量稳定、风味纯正,出品有序。

具体职责:

(1)了解营业情况,熟悉菜单,合理调配打荷、炒灶、汤锅、油锅、蒸笼等各岗位工作。

(2)负责调制本厨房所有烹调菜肴的调味汁(芡汁、酱汁等),确保口味统一;督促打荷备齐各类餐具,准确及时安排员工做好开餐前的准备工作。

(3)带领员工按规格烹调,与切配领班密切合作,保证生产有序,出品优质及时。

(4)负责检查炉灶烹制出品的质量,检查盘饰的效果,妥善处理和纠正质量方面的问题。

(5)督导本组员工节约能源,合理使用调料,降低成本,减少浪费。

(6)安排本组员工值班、轮休,负责本组员工工作表现的考核、评估。

(7)检查员工的仪表仪容及个人和包干区卫生,督促员工做好收尾工作。

(8)负责炉灶员工菜肴烹制技术的培训与指导工作。

(9)负责检查员工对设备及用具的维护和保养情况,对需要修理或添补的设备和用具提出报告和建议。

3. 中餐切配领班岗位职责

中餐切配领班带领本组员工按规格切配各类中餐菜肴,保证炉灶烹调的顺利进行。

具体职责:

(1)根据中餐营业情况和菜单,合理分配本组员工从事各项切配工作。

(2)负责检查每日冰箱及案板工作柜中原料的库存数量和质量,准确申订原料并充分利用剩余原料。

(3)督导员工按规格切配,合理用料,准确配份,准确控制成本,保证接收订单与出品有条不紊。

（4）负责对本组员工进行工作安排，并对其工作表现进行考核、评估。

（5）督导本组员工搞好与炉灶厨师的关系，把握出品节奏与顺序，理顺工作秩序。

（6）检查员工的仪表仪容及个人和包干区卫生，督促员工做好收尾工作。

（7）督导员工做好设备、用具的维护保养和保管工作。

（8）检查砧板常用储备原料的库存数量，及时补充订货。

（9）根据营业情况，每天及时、准确地对次日所需原料进行预订。

4. 中餐冷菜领班岗位职责

中餐冷菜领班组织安排本组员工按规格加工制作中餐各类风味纯正的冷菜，保证出品及时有序。

具体职责：

（1）根据正常营业情况和中餐冷菜菜单，合理安排本组员工工作；遇有大型宴会活动，主动与宴会厨师长协调，分担冷菜制作与出品工作。

（2）负责安排冷菜原料申领、加工和烹调工作。

（3）督导员工按规格加工制作冷菜，保证出品冷菜的口味、装盘形式等合乎规格要求；负责制作冷菜所需的调味汁。

（4）每天检查冰箱内的冷菜质量，力求当天制作冷菜当天出售，严把冷菜质量关。

（5）自觉钻研，适时推出新品冷菜。

（6）负责对冷菜装盘形式和重量进行检查，准确控制冷菜成本。

（7）每天检查所用冷藏设备运转是否正常，发现问题及时报修。

（8）合理安排本组员工值班、轮休，确保生产及出品正常进行；负责本组员工工作表现的考核、评估。

（9）检查员工的仪表仪容及个人和包干区卫生，确保食品卫生、安全，督促员工做好收尾工作。

5. 中餐点心领班岗位职责

中餐点心领班负责中餐点心单的制定以及点心间的生产管理工作，带领本组员工制作、出品风味纯正的中餐点心。

具体职责：

（1）制定中餐点心单以及点心制作规格标准，报厨师长审批后督导执行，定期推出新品种点心。

（2）负责安排原料的申领、加工，掌握客情，根据菜单做好开餐的准备和收尾工作。

(3)检查冰箱及工作台冷柜原料的贮藏情况,确保原料质量,杜绝浪费。

(4)负责检查各种馅料的配比、口味,严格把好质量关。

(5)带领员工按规定操作程序和质量标准,加工制作早餐及午、晚餐各类面点;做到点心出品质量达标,准确及时;节约使用原料,控制点心成本。

(6)主动与热菜厨房等岗位协调,合理调配、安排大型活动点心的生产与出品工作。

(7)安排本组员工值班、轮休,负责本组员工工作表现的考核、评估。

(8)督导维护和保养设备,负责对面点生产所需设备、器具的添补和维修提出建议和报告。

(9)检查员工的仪表仪容及个人和包干区卫生,督促员工做好收尾工作。

(四)宴会厨房岗位职责

1.宴会厨师长岗位职责

宴会厨师长在总厨师长的领导下,主持宴会厨房的日常生产及管理工作,协助总厨师长负责宴会菜单安排和生产组织,向客人提供优质宴会菜点,以创造最佳的效益。

具体职责:

(1)负责宴会厨房生产计划的安排,检查并协调炉灶、案板、冷菜及点心各班组宴会菜点的生产和出品工作,保证宴会的顺利开餐。

(2)负责不同规格宴会标准菜单的制订工作,并针对不同客源,负责临时或特殊客情宴会菜单的制定工作。

(3)根据宴会菜单,负责审签原料请购单和领用单,检查领取原料的质量和数量,保证宴会菜肴所用原料都达到规定的质量要求。

(4)制定并督导执行宴会菜肴规格,负责菜点制作过程中的质量控制工作,确保出品符合规格、质量要求。

(5)虚心听取顾客的意见和要求,不断提高菜点的质量;设计、创新菜式,适时翻新变更宴会菜单。

(6)根据宴会工作任务,合理安排员工工作,确保出品的质量和速度都得到有效的控制。

(7)对下属不断进行业务指导,并组织实施各项技术培训;负责对下属进行工作评估,并向上级提出奖惩建议。

(8)负责督导员工做好本范围内工具、设备、设施的正确使用、清洁和维护保养工作,督导员工做好工作区域的清洁卫生工作。

2.宴会厨房领班岗位职责

宴会厨房领班带领本组员工及时按规格生产出品宴会的各类菜肴,安排打荷工作,做到出品质量稳定、风味纯正、前后有序,不断提高菜品质量。

具体职责:

(1)了解营业情况,根据菜单,合理安排切配、打荷及炉灶等岗位工作。

(2)带领员工备齐宴会菜肴原料,检查落实冷菜及点心的生产和提供工作,督促打荷根据宴会菜单备齐各类餐具,做好开餐前的准备工作。

(3)督导盘饰工作,检查宴会菜肴的出品质量,保证出品合乎规格要求。

(4)安排员工值班、轮休,负责对员工进行考核和评估。

(5)主动征询意见,提高出品质量,积极开展菜肴创新活动,适时调整宴会菜单。

(6)检查员工的仪表仪容及个人卫生和包干区卫生,督促员工做好收尾工作。

(7)带头维护和保养宴会厨房设备,对所需维修或添补设备及用具提出报告和建议。

(8)负责对宴会厨师进行菜肴生产技术的培训与指导。

(五)西厨房岗位职责

1.西餐厨师长岗位职责

西餐厨师长协助总厨师长全面负责西厨房的生产管理工作,带领员工从事菜肴生产及包饼制作,保证向顾客及时提供达到规定质量的产品。

具体职责:

(1)协助总厨师长做好西厨房人员及生产的组织管理工作。

(2)根据总厨师长要求,制订年度培训、促销等工作计划。

(3)负责咖啡厅厨房及西厨房人员的调配和班次的计划安排工作。

(4)根据厨师的技艺专长和工作表现,合理安排员工的工作岗位,负责对属下进行考核评估。

(5)负责制定西餐菜单,对菜品质量进行现场指导把关。

(6)根据菜单,制定菜点的规格标准;检查库存物品的质量和数量,合理安排、使用原料;审签原料订购单和领用单,把好成本控制关。

(7)负责指导西餐厨房领班工作,搞好班组间的协调工作,及时解决工作中出现的问题。

(8)负责西餐厨房员工培训计划的制订和实施;适时研制新的菜点品种,并保持西餐的风味特色。

(9)督促员工执行卫生法规及各项卫生制度,严防食物中毒事故的发生。

(10)负责对西厨房各点所有设备、器具的正确使用情况进行检查与指导,审批设备检修报告单。

(11)主动与餐厅经理联系,听取顾客及服务部门对菜点质量的意见;与采购供应等部门协调关系,不断改进工作。

(12)参加餐饮部门有关会议,贯彻会议精神,不断改进、完善西餐生产和管理工作。

2.西厨领班岗位职责

西厨领班负责西厨房及咖啡厅厨房菜肴生产及管理工作,保证向客人及时提供优质的西餐菜肴。

具体职责:

(1)协助厨师长做好西厨房及咖啡厅厨房各岗位的协调、组织管理工作。

(2)协助西厨厨师长制定各类西餐菜单、菜肴制作规格及工作程序和标准。参与制定自助餐菜单,研究开发特选菜品。

(3)检查、督导员工按标准加工、切配、烹制菜肴。

(4)具体负责每日所需原料的预订和进入厨房原料质量的检查工作。

(5)检查员工的仪表仪容、个人卫生及包干区卫生,督促员工做好收尾工作。

(6)安排员工值班、轮休,督促做好各班次间的交接工作。

(7)负责对下属岗位员工工作表现进行考核和评估,向厨师长提出奖惩建议。

(8)实施对下属员工的技术培训。

(9)带领下属员工做好设备的维护保养工作。

(六)包饼师岗位职责

包饼师负责企业内部及外卖所有面包、蛋糕及甜品的生产制作,并保证正常供给。

具体职责:

(1)负责检查所有包饼、甜品的库存情况。

(2)检查落实面包糕饼制品的原料,并及时补充。

(3)根据客情需要,有计划地按规格标准生产包饼、甜品,保持有一定的周转成品。

(4)检查冰箱、冷库,保证各种存放原料、成品的卫生和质量。

(5)维护保养各种设备,正确使用、保管各种用具。

(6)保持个人、工作岗位、器具及包干区的卫生整洁。

第二节 厨房的设计与布局的要求

厨房的设计布局,即指根据餐饮企业经营需要,对厨房各功能所需面积进行分配、所需区域进行定位,进而对各区域、各岗位所需设备进行配置的统筹计划、安排工作。具体来讲,厨房设计布局要在餐饮企业确定档次、规模及经营需要的前提下,着重做好以下两个方面工作:其一,具体结合厨房各区域生产作业特点与功能,充分考虑需要配备的设备数量与规格,对厨房的面积进行分配,对各生产区域进行定位;其二,依据科学合理、经济高效的原则,对厨房各具体岗位、作业点,根据生产风味和作业要求进行设备配备,对厨房设备进行合理布局。

一、厨房设计布局的意义与原则

厨房设计布局是厨房基础建设,设计布局的结果直接影响到厨房出品的质量、出品速度和建设投资。因此,对厨房进行设计布局必须充分研究,切实遵守相关原则,以免产生遗憾工程。

(一)厨房设计布局的意义

1.厨房设计布局决定厨房建设投资

厨房设计布局包括厨房各工种、各区域的面积分配,计划并安排厨房的设施、设备。面积分配合理,设施、设备配备恰当,则厨房的投资费用就比较节省。厨房面积过大,设备配备数量多、功率过大,超出本企业厨房生产需要,或片面追求设备先进、功能完备,都将增加厨房的建设投资。反之,厨房面积过小,设备设施配备不足或功率不够,生产和使用过程中就会捉襟见肘,不仅需要追加投资以满足生产需要,而且还会影响正常生产和出品。

2.厨房设计布局是保证厨房生产特定风味的前提

无论厨房的结构怎样,其功能分隔和设备的选型与配备,都是与厨房生产经营的风味相匹配、相吻合的。不同菜系、不同风格、不同特色的餐饮产品,对场地和设备用具的配备要求是不尽相同的。经营粤菜要配备广式炒炉;以制作山西面食为特色的餐饮,则要设计较大规模的面点房,配备大口径的煮锅、蒸灶。厨房设计布局为生产和提供特色餐饮创造了前提。正因为如此,随着企业餐饮经营风味的改变,厨房的设计布局必须作相应的调整,这样才能保证出品的质量优良和风味纯正。

3.厨房设计布局直接影响出品速度和质量

厨房设计流程合理,场地节省,设备配备先进,操作使用方便,厨师操作既节省劳动时间,又得心应手,出品质量和速度便有物质保障。反之,厨房设计间隔多,流程不畅,作业点分散,设备功能欠缺,设备返修率高,无疑将直接影响出品速度,妨碍出品质量。

4.厨房设计布局决定厨房员工工作环境

假日旅馆集团创始人凯蒙·威尔逊说过:没有满意的员工,就没有满意的顾客;没有使员工满意的工作场所,也就没有使顾客满意的享受环境。因此,良好的厨房工作环境,是厨房员工悉心工作的前提。而要创造空气清新、安全舒适和操作方便的厨房环境,关键在于从节省劳动、减轻员工劳动强度、关心员工身心健康和方便生产的角度出发,充分计算和考虑各种参数、因素,进行面积分配和设备选型、配备,创造厨房先进合理、整齐舒适的工作环境。

5.厨房设计布局是提供顾客良好就餐环境的基础

厨房相对于顾客就餐的餐厅来说是餐饮的后台。要提供顾客清新高雅、舒适自如的就餐环境,就应将厨房设计成与餐厅有明显分隔和遮挡的且不可能有噪声、气味和高温等污染前台的、独立的生产场所。不仅如此,为顾客提供完整而有序的出品所必需的备餐服务,也应在厨房设计内统筹考虑。

(二)厨房设计布局的原则

在对具体厨房进行设计时,不仅不能简单地顺其自然,贪图省事,草率定案,相反,应在全面了解实际情况的基础上,充分尊重厨房生产客观规律,自觉遵守设计原则,严肃认真地做好每一项设计布局工作。

厨房设计布局时,具体应遵循如下基本原则:

1.保证工作流程连续顺畅

厨房生产从原料购进开始,经过加工和切割配份到烹调出品,是一项接连不断、循序渐进的工作。因此,在进行厨房设计时,首先应注意所有作业点、岗位的安排,设备的摆放,应与生产、出品次序相吻合。同时要注意厨房原料进货和领用路线、菜品烹制装配与出品路线,要避免交叉回流。厨房物流和人流的路线在设计布局时应给予充分考虑,不仅要留足领料、清运垃圾的推车通道,而且要兼顾大型餐饮活动时,餐车、冷碟车的进出是否通畅。

2.厨房各部门尽量安排在同一楼层,并力求靠近餐厅

厨房的不同加工作业点,应集中紧凑,安排在同一楼层、同一区域。这样可以缩短原料、成品的搬运距离,提高工作效率,便于互相调剂原料和设备用具,有利于垃圾的集中清运、减轻厨师的劳动强度、保证出品质量、减少客人等餐时间。同时,也更便于管理者的集中控制和督导。厨房与餐厅越近,前后台的联系和沟通就越便利,出品的节奏、速度就越便于控制,销售产品的质量就越能达到规定要求。

3.注重食品卫生及生产安全

厨房设计布局必须考虑卫生和安全因素。厨房选址要远离污染区,要考虑设备的清洁工作是否方便,厨房的排污和垃圾清运是否通畅。进入厨房的原料存放、保管、加工生产过程的卫生必须引起足够重视,这是生产经营正常进行的前提。如冷菜、熟食间必须加以分隔使各自独立,并配有空调降温、消毒杀菌等设施;要配备专供操作人员洗手消毒用的水池,拣摘蔬菜等加工均不得直接在地面或直接在店外露天进行,必须配备相应的工作台,有相应的室内工作区等。另外,厨房的防火、防盗设施,工作人员的安全通道,在设计布局时都应予以充分考虑。使用管道气的饭店,煤气表房及控制阀应安放在明显而远离明火的位置。对液化气、柴油等燃料更要分开设计,存放在独立、安全、通风的场所。

4.留有调整发展余地

厨房设计布局不仅要考虑当前,而且还应考虑到餐饮企业中、长期发展规划和餐饮发展可能出现的新趋势,以及未来厨房生产对场地、设备及其功能的需要,为调整和扩大经营以及企业的发展留有适当余地。在设备的功能选配和厨房场地面积的确定上要有适当的前瞻性。在设备的布局和安装上,要注意保留一定的间隙,以方便以后的调整。

二、厨房面积确定

厨房的面积应有一个合适的比例。厨房面积对能否顺利进行厨房生产是至关重要的,它影响到厨房工作效率和工作质量。

(一)厨房面积的考虑因素

(1)原材料的加工作业量。
(2)经营的菜式风味。
(3)厨房生产量的多少(生产量根据用餐人数确定)。
(4)设备的先进程度与空间的利用率。
(5)厨房辅助设施状况。

(二)厨房总体面积确定方法

1.按餐位数计算厨房面积

按餐位数计算厨房面积要与餐厅经营方式相结合。一般来说,与供应自助餐餐厅配套的厨房,每一个餐位所需厨房面积约为 $0.5m^2 \sim 0.7m^2$;供应咖啡厅制作简易食品的厨房,由于出品要求快速且供应品种相对较少,因此每一个餐位所需厨房面积约为 $0.4m^2 \sim 0.6m^2$。风味餐厅、正餐厅所对应的厨房面积就要大一些,因为供应品种多、规格高,烹调、制作过程复杂,厨房设备多,所以每一餐位所需厨房面积约为 $0.5m^2 \sim 0.8m^2$。

2.按餐厅面积来计算厨房面积

国外厨房面积一般占餐厅面积的 40%~60%。根据日本相关数据统计,饭店餐厅面积在 $500m^2$ 以内时,厨房面积是餐厅面积的 40%~50%,餐厅面积增大时,厨房面积比例逐渐下降。

我国内地餐饮企业厨房由于承担的加工任务重,制作工艺复杂,机械加工程度低,设备配套程度不高,生产人员多,因此厨房与餐厅的面积比例要大些,一般要接近 70%。但同样,随着餐厅面积的增大,厨房占餐厅面积比例也在缩小。

3.按餐厅面积比例计算厨房面积

厨房的面积在整个餐厅面积中应有一个合适的比例,餐饮企业各部门的面积分配应做到相对合理。一般来说,厨房的生产面积占整个餐厅总面积的20%左右。需要指出的是,这里的厨房面积包含员工设施、仓库等辅助设施在内。在市场货源供应充足的情况下,厨房仓库的面积可相应缩小一些,厨房的生产面积可适当扩大一些。

三、厨房布局类型

厨房布局应依据厨房结构、面积、高度以及设备的具体规格进行。通常厨房设备布局可参考以下几种类型。

(一)直线型布局

直线型布局适用于高度分工合作、场地面积较大、相对集中的大型餐馆和饭店的厨房。所有炉灶、炸锅、蒸炉、烤箱等加热设备均作直线型布局。直线型布局,通常是依墙排列,置于一个长方形的通风排气罩下,集中加热制作,集中吸排油烟;每位厨师按生产分工相对固定地负责某些菜肴的烹调熟制,所需设备工具均分布在附近,因而能减少取用工具的走动距离;与之相应,厨房的切配、打荷、出菜台也直线排放。整个厨房整洁清爽,流程合理、顺畅。但这种布局对餐厅出菜来说,可能走的距离较远。因此,这种厨房布局又大多服务厨房两头餐厅区域,两边分别出菜,这样可缩短餐厅跑菜距离,保证出菜速度。

(二)相背型布局

相背型布局是把主要烹调设备如烹炒设备和蒸煮设备分别以两组的方式背靠背地组合在厨房内,中间以一矮墙相隔,置于同一抽排油烟罩下,厨师相对而站,进行操作。工作台安放在厨师背后,其他公用设备分布在附近。相背型布局适用于方块形厨房,厨师分工可能不很明确。这种布局的优点是由于设备比较集中,只使用一个抽排烟罩而比较经济。缺点是厨师操作时必须多次转身取工具、原料,并且厨师必须多走路才能使用其他设备。

(三)L形布局

L形布局通常将设备沿墙壁设置成一个犄角形,通常是把煤气灶、烤炉、扒炉、烤板、炸锅、炒锅等常用设备组合在一边,把另一些较大的如蒸锅、汤锅等设备组合在另一边,两边相连成一犄角,集中加热排烟。当厨房面积、形状不便于设备作相背型或直线型布局时,往往采用L形布局。这种布局方式在一般酒楼或包饼房、面点生产间等厨房得到广泛应用。

(四)U形布局

厨房设备较多而所需生产人员不多、出品较集中的厨房部门,可按U形布局,如点心间、冷菜间、火锅、涮锅操作间。将工作台、冰柜以及加热设备沿三面摆放,留一出口供人员、原料进出,甚至连出品亦可从窗口接递,这就是U形布局。这样的布局,人在中间操作,取料操作方便,节省跑路距离,设备靠墙排放,既平稳又可充分利用空间,布局更加经济和整洁。源于我国台湾、生意一直红火的一品火锅店就是这样的布局。厨师、服务人员站在中间递送菜品、调节火候、提供服务;顾客围坐四周涮食,既节省店方用工,又便于服务。

四、厨房设计的要点

(一)厨房环境设计要点

厨房环境设计得好,厨师会在方便舒适的环境内进行生产,心情舒畅,干活效率高;设计不好,厨师心里不踏实,干活放不开手,即使想做好,有时也难以把握、判断菜肴质量,甚至给安全生产带来隐患。

1.厨房的高度

厨房应有适当的高度,一般应在4m左右。根据人体工程学要求和厨房生产的经验,厨房毛坯房的高度一般为3.8m~4.3m,吊顶后厨房的净高度大约以3.2m~3.8m为宜。这样的高度的优点是便于清扫,能保持空气流通,对厨房安装各种管道、抽排油烟罩也较合适。

2.厨房的顶部

厨房的顶部可采用防火、防潮、防滴水的石棉纤维或轻钢龙骨板材料进行吊顶处理,最好不要使用涂料。暴露的管道、电线容易积污纳垢,要尽量遮盖。吊顶时要考虑到排风设备的安装,留出适当的位置,避免重复劳动和材料浪费。

3.厨房的地面

厨房的地面通常要求耐磨、耐重压、耐高温和耐腐蚀,厨房的地面和墙体还需进行防水处理,否则易造成污水渗漏。厨房的地面必须坚固,否则将经不起重压。目前餐饮企业厨房地面一般都选用耐磨、耐高温、耐腐蚀、不积水、不掉色、易于清扫的防滑地砖。地面的颜色不能有强烈的对比色花纹,也不能过于鲜艳,否则易使厨房人员感到烦躁不安、产生疲劳感。

4.厨房照明

厨房在生产时,操作人员需要有充足的照明,才能顺利地进行工作。特别是炉灶烹调,若光线不足,容易使员工产生疲乏劳累感,产生安全隐患,降低生产效率和质量。厨房照明不仅要从烹调厨师正面射出,没有阴影,而且还要与餐厅照射菜点的灯光条件一致,使厨师烹制的菜点色泽与客人接受、欣赏的菜点色泽一致。厨房照明应达到每平方米10瓦以上,在主要操作台、烹调作业区照明要更强。

5.厨房噪声

噪声一般指超过80分贝的强声。厨房噪声的来源有排油烟机、搅拌机、蒸汽箱等发出的声音,其噪声在80分贝左右。在开餐高峰期,除了设备的噪声,还有人员的喊叫声。强烈的噪声不仅破坏人的身心健康,还容易使人性情暴躁,工作不踏实。因此,对噪声的处理也是一件很重要的工作。可以通过选用先进厨房设备、安装消音装置、隔开噪声区、留足空间等方法减少厨房噪声。

6.厨房的温度和湿度

(1)温度。绝大多数餐饮企业的厨房内温度太高。在闷热的环境中工作,不仅员工的工作情绪受到影响,工作效率也会变得低下。在厨房安装空调系统,可以有效地降低厨房环境温度。在没有安装空调系统的厨房,可以使用排风扇,进行隔热处理、通风降温,避免在同一时间及同一空间内集中使用加热设备等,这些方法均可降低厨房内温度。

(2)湿度。湿度是指空气中的含水量多少;相对湿度是指空气中的含水量与在特定温度下饱和水气中含水量之比。对人体较适宜的湿度为30%~40%。厨房中的湿度过大或过小都是不利的。湿度过大,人体易感到胸闷,有些食品原料易腐败变质,甚至半成品、成品质量也受到影响。反之,湿度过小,厨房内的原料(特别是新鲜的绿叶蔬菜)易干瘪变色。厨房内较适宜的温度应控制在冬天22℃~26℃,夏天24℃~28℃,相对湿度不应超过60%。

7.厨房的通风

传统的厨房大多采用自然通风,也就是通过厨房的门、窗、烟囱进行通风换气和自然通风。过去在厨房的设计中强调窗子的作用,自然光照、自然通风,窗子与墙面的面积比例要求不低于1∶6。然而在实际工作中,仅靠自然通风是不够的。随着科学技术的发展和厨房工作条件的改善,厨房通风还应该包括送风和排风两个方面。

8.厨房排水

厨房排水系统要能满足生产中最大排水量的需要,并做到排放及时、不滞留。厨房排水,往往水中混杂油污,因此要通过厨房内的排水沟连接建筑物下水道,再通往建筑物外面的污水池来进行处理。厨房内排水沟的设计合理与否,直接关系到排水效果的好坏,也关系到厨房生产能否顺利进行。

(二)厨房作业间设计布局要点

1.加工厨房设计布局要点

加工厨房将整个餐饮企业与各餐厅相对应的烹调即出品厨房所需原料的申领、宰杀、洗涤、加工集中于此,按统一的规格进行生产,再分别供各点厨房加以烹调、装配出品。

(1)集中设计加工厨房的优点:①集中原料领购,有利于集中审核控制;②有利于统一加工规格标准,保证出品质量;③有利于原料综合利用和进行细致的成本控制;④有利于厨房统一进行不同性质原料的加工测试;⑤有利于提高厨房的劳动效率;⑥有利于厨房的垃圾清运和卫生管理。

(2)加工厨房的设计要点。集中设计加工厨房,对厨房生产和管理有明显的益处。而要充分发挥加工厨房的积极作用,在对加工厨房进行设计时,必须力求符合以下要求:

①应设计在靠近原料入口并便于垃圾清运的地方;②应有本餐饮企业加工所需的全部生产原料的足够空间与设备;③加工厨房与各出品厨房要有方便的货物运输通道;④不同性质原料的加工场地要合理分隔,以保证互不污染;⑤要有足够的冷藏设施和相应的加热设备。

2. 中餐烹调厨房设计布局要点

中餐烹调厨房负责将已经切割、浆腌的原料,根据零点或宴会等不同出品规格要求,将主料、配料和小料进行合理配伍,并在适当的时间内烹制成符合风味要求的成品;再将成品在尽可能短的时间内递送给顾客。其设计必须符合以下要求:

(1)中餐烹调厨房与相应餐厅要在同一楼层。为了保证中餐烹调厨房的出品及时,并符合应有的色、香、味等质量要求,中餐烹调厨房位置应紧靠与其风味相对应的餐厅。考虑到传菜的效率和安全,尤其是会议、团体用餐等要大批量出品,可能需用推车服务,因此,应尽量使烹调厨房与相应餐厅在同一楼层,并且无上下台阶。

(2)中餐烹调厨房必须有足够的冷藏和加热设备。中餐烹调厨房的整个室温(在没有安装空调或通风设备的情况下)正常在28℃~32℃,这个温度给原料的保质储存带来很多困难。因此烹调厨房内用于配份的原料需随时在冷藏设备中存放才能保证原料的质量和出品的安全。因而,设计配备足够冷藏设备是必需的。同样,烹调厨房承担着相应餐厅各类菜肴的烹调制作任务,因此,除了配备与餐饮经营规模、餐厅经营风味相适应的炒炉外(炒炉若配备不够,将直接影响出菜速度),还应配备一定数量的蒸、炸、煎、烤、炖等设备,以满足出品需要。

(3)抽排烟气效果要好。中餐烹调厨房工作时会产生大量的油烟、浊气和散发的蒸汽,如不及时排出,会充斥在厨房内,甚至倒流进入餐厅,污染客人的就餐环境。因此在炉灶、蒸箱、蒸锅、烤箱等产生油烟和蒸汽设备的上方,必须配备一定功率的抽排烟设施,力求做到烹调厨房每小时换气50次左右,以形成空气清新的环境,方便烹调人员判别菜肴的口味。

(4)配份与烹调原料传递要便捷。配份与烹调应在同一开阔的工作间内进行,配份与烹调区域之间距离不可太远,以减少传递的劳累。客人提前预订的菜肴,配置后,应有一定的工作台面或台架,以暂放待炒。不可将已配份的菜肴搁在烹调出菜台(打荷台)上,以免出菜混乱。

(5)要设置急杀活鲜、刺身制作的场地及专门设备。随着消费者对原料鲜活程度和出菜速度、节奏的重视,客人所订、点的海、河鲜等鲜活原料在经客人鉴别认可后,大部分客人希望在很短的时间内烹饪上桌。因此,如果开生间(水产加工间)离餐厅距离较远,对鲜活原料的宰杀,则需要设计、配置方便操作的专用水池及工作台,以保证开餐繁忙期间其操作仍十分便利。刺身菜肴的制作,要求有严格的卫生和低温环境,除了在管理上对生产制作人员的操作要有严格的操作规范外,在设备的设计配备上也应充分考虑上述因素。设置相对独立的作业间,创造低温、卫生和方便原料贮藏的小环境是必需的。

3.西餐厨房设计布局要点

西餐厨房是生产制作西餐菜肴、西式点心的场所。由于西餐的烹饪方法、成品特点等与中餐有着明显的区别,因此西餐厨房的设计布局也与中餐厨房不尽相同。

(1)西餐烹调厨房设计。西餐烹调多以烤、扒、焖、炸、炒为主,多将各类原料单独烹制,配汁调味,分别装盘,对菜肴的成熟度也更加注重。目前,国内大部分宾馆、饭店西餐烹调厨房主要承担咖啡厅食物产品的生产任务;有些宾馆、饭店西餐烹调厨房还兼顾客房用餐产品的制作与出品。实践证明,在西餐烹调厨房内布置适当的中式烹调设备,对节省企业投资、节约用工人数、满足不同功能的生产需要是有效的。

西餐制作热菜的厨房有一类很有名气,叫西餐扒房。之所以叫扒房,主要因为该厨房设计在餐厅,厨师在用餐客人面前现场制作,其菜品无论是鱼类还是牛排、羊排等,多采用扒类烹调方法制作。扒房厨房餐厅合一,是西餐颇有情调、用餐环境十分高雅的餐厅。扒房设计重在扒炉位置,要既便于客人观赏,又不破坏餐厅整体格局,形成餐厅集生产、服务、销售于一体,又融合制作表演与欣赏品尝的特有氛围。扒炉上方多装有脱排油烟装置,以免煎扒菜肴时产生大量油烟浊气污染、破坏餐厅环境。

(2)西餐冻房、包饼房设计,主要包括:

①西餐冻房设计。西餐冻房即制作西餐冷、凉、生(未经烹调,可直接食用)食品的场所,有与中餐冷菜厨房大致相同的功能。在冻房要完成冷头盘、色拉、凉菜、果盘的制作与出品。因此,西餐冻房设计中,对其室内温度、消毒环境以及其他设计等要求都应与中餐冷菜厨房一样。其设备的选配及布局方式,大体与中餐冷菜厨房相似。

②包饼房的生产功能。包房即面包房,负责生产餐饮企业各点生产、经营所需的各种面包。面包品种一般有甜面包、咸面包、软质面包和法式丹麦面包等。面包既是西餐客人的主食,又是西餐制作其他菜式的原料,如吐司面包用于早餐,也用于冻房制作各式三明治、热菜厨房做面包粉等。包房还制作一些供自助餐或餐饮企业宣传用的装饰面包——象形面包,如辫子包、鳄鱼包等。

饼房即制作西式小点心的厨房,其生产功能是制作零点、套餐、团队用餐、鸡尾酒会、自助餐、宴会所需的各式糕点,同时也供应餐饮企业外卖的各种糕点,如生日蛋糕、各式曲奇饼等。西饼的种类很多,大致可归纳为:蛋糕类(清蛋糕和油蛋糕)、清酥类、混酥类、沙勿来、饼干类、冷冻甜食类、冰激凌、巧克力制品等。

包房、饼房既各具功能,又同为一个工种,技艺上相似甚多。一般餐饮企业为便于操作、节省设备投资和人员,多联合设计、综合布局。

第三节　厨房业务管理

厨房业务管理,就是将厨房生产中各种专业工作进行系统的安排,使之形成一个高效率的整体。厨房业务管理要使整个厨房成为一个科学的、精练的、有成效的生产运转系统。主要包括生产管理、设备管理、卫生管理和安全管理等方面。

一、生产管理

厨房产品大多要经过多道工序才能生产出来。菜肴的生产工序为:原材料初加工→刀工切割→配菜→烹调→成菜装盘;面点的生产工序为:和面→下碱→揉面→搓条下剂儿→制皮→上馅→成型→熟制(上笼或入烤箱)→成品出笼(或出烤箱)。各个工序、工种、工艺密切配合,按序操作、按规格出品,构成厨房生产主要流程。概括地讲,厨房生产流程主要包括加工、配份、烹调三大阶段,加上点心、冷菜相对独立的两大生产环节,便构成了生产流程管理的主要对象。厨房生产运作过程见图6-4。

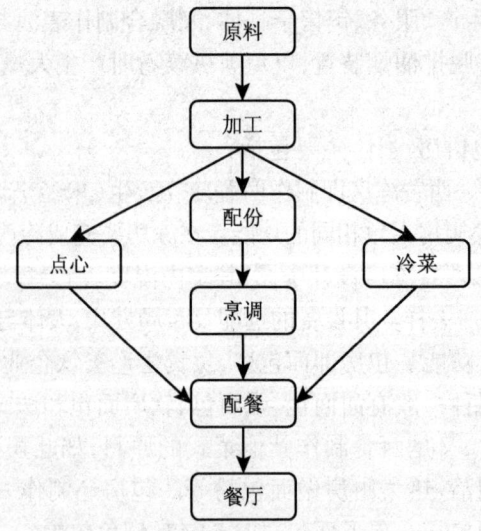

图6-4　厨房生产运作过程

(一)原料加工管理

加工阶段包括原料的初加工和深加工。初加工是指对冰冻原料进行解冻,对鲜活原料进行宰杀、洗涤和初步整理;而深加工则是指对已经过初加工原料的切割成形和浆腌工作。

1. 加工质量管理

加工质量主要包括冰冻原料的解冻质量、原料的加工出净率和加工的规格标准等几个方面。

(1)冰冻原料的解冻。即对冰冻状态的原料通过采取适当的方法,将其恢复新鲜、软嫩的状态,以便用于烹饪。冰冻原料解冻,要使解冻后的原料尽量减少汁液流失,保持其风味和营养。解冻时必须注意以下要点:

①解冻媒质温度要尽量低。用于解冻的空气、水等,其温度要尽量接近冰冻物的温度,使其缓慢解冻。将解冻原料适时、提前从深冻库领至冷藏库进行部分解冻,是方便而节省能源的可取做法。切不可操之过急,将冰冻原料直接放在热水中化冻,造成原料外部未经烧煮已经半熟,而内部仍冻结,使原料的营养、质地、感官性状受到破坏。

②被解冻原料不要直接接触解冻媒质。冰冻保存原料,主要为抑制原料内部微生物活动,以保证其质量。解冻时,微生物随着原料温度的回升而渐渐开始活动;加之解冻需要一定的时间,无论是暴露在空气中,还是在水中浸泡解冻原料,都易造成原料氧化、被微生物侵袭和营养流失。因此,若用水解冻时,最好用聚乙烯薄膜包裹解冻原料,然后再进行水泡或水冲解冻。

③原料外部和内部解冻所需时间差距要小。解冻时间越长,受污染的机会、原料汁液流失的量就越多。因此,在解冻时,可采用勤换解冻媒质的方法,以缩短解冻物内外解冻时间差。

④尽量在半解冻状态下进行烹饪。有些原料需用切片机进行切割,如切涮羊肉片、切炖狮子头的肉粒,原料略作化解,即可用于切割。

(2)原料的加工出净,是指有些完整的、没有经过分档取料的毛料,需要在加工阶段进行选取净料(剔除废料、下脚料)处理。加工出净率是指加工后可用作做菜的净料和未经加工的原始原料重量的百分比。出净率越高,即原料的利用率越高;出净率越低,菜肴单位成本就越大。因此,把握和控制加工的出净率是十分重要的。具体可以采用对比考核法,即对每批新使用的原料进行加工测试,测定出净率后,再交由加工厨师或助手操作。在加工厨师操作过程中,对领用原料和加工成品分别进行称量计重,随时检查,看出净率是否达标。未达标准则要查明原因。如果是因技术问题造成的,要及时采取有效的培训、指导等措施;若是态度问题,则需更加强化检查和督导。管理人员有必要经常检查下脚料和垃圾桶,检查是否还有可用原料而未被利用,使员工对出净率引起高度重视。

(3)原料加工的规格标准。除了控制加工原料的出净率,还需要严格把握加工品的卫生指标和规格标准,凡不符合规格要求的加工品,禁止流入下道工序。加工原料的洗涤,是厨房产品卫生的基础。原料洗涤不净,不仅有损菜肴味道,甚至会引起客人不满和投诉。原料加工的分工要明确,一方面是为了分清责任,另一方面可以提高厨师专项技术的熟练程度,有效地保证加工质量。加工过程中应尽量使用机械切割,以保证加工成品规格标准一致。原料加工规格明确、精细,加工成品整齐一致,就为厨房菜肴口感和卖相的一致提供了前提。加工规格标准的一致,包括原料的刀工成型,(即片、丝、块、条、段等均匀整齐、一致)、原料的先期调味(即上浆腌制)等,对菜肴后期的口味、质地等质量指标也会造成联动影响。

2. 加工数量管理

原料的加工数量主要取决于厨房配份等岗位销售菜肴、使用原料的多少。加工数量应以销售预测为依据,以满足生产为前提,留有适当的贮存周转量,避免加工过多而造成质量降低。厨房原料加工数量的控制,是厨房管理的重要基础工作。加工多了,使用不完,大量剩余,加工成品原料质量急剧下降,甚至成为垃圾被废弃;加工少了,经营使用断档,开餐期间免不了混乱,影响生产。加工原料数量的确定和控制过程如下:

(1)各配份、烹调厨房根据下餐或次日预订和客情预测提出加工成品数量要求。餐饮企业所有厨房在约定时间(如中午开餐后、下班前)填好加工原料订单提交加工厨房。

(2)加工厨房收集、分类汇总各配份厨房加工原料,按各类原料出净率、涨发率,推算出原始原料(即在市场可购买的原料)的数量,进而代表整个厨房向仓库申领或向采购部申购。此申购总表通常必须经总厨师长审核,以免过量进货或进货不足。待原料进入本企业之后,再经加工厨房分类加工,继而根据各配份、烹调厨房预订,进行加工成品原料的分发。这样可较好地控制各类原料的加工数量,并能做到及时周转发货,保证厨房生产的正常进行。

(二)配份、烹调与开餐管理

配份与烹调虽属两个岗位,但联系相当密切,沟通特别频繁,在开餐期间也常常最受厨师长关注。

菜肴配份即根据标准食谱的菜肴成品质量特点,将菜肴的主要原料、配料,及其料头(又称小料)进行有机配伍、组合,以提供炉灶岗位进行烹调。配份阶段是决定每份菜肴的用料及其成本的关键。因此,对配份阶段的控制既是保证出品质量的需要,也为实现赢利所必需。

烹调则是将已经配份好的主料、配料、料头,按照烹调程序进行烹制,使菜肴由原料变成成品。烹调阶段是确定菜肴色泽、口味、形态、质地的关键。

厨房开餐管理主要指烹调、出品厨房在开餐期间(即有客人在餐厅消费期间)围绕、配合餐厅经营,针对开餐的不同进程开展的各项控制管理工作。厨房开餐管理既是配份烹调厨房的工作重点,也是整个餐饮企业厨房日常生产管理的控制要点。

下面从配份、烹调、开餐管理三方面进行具体介绍。

1. 配份质量管理

(1)配份数量与成本控制。配份数量控制具有两方面的意义:一方面它可以保证每份配出的菜肴数量合乎规格,成品饱满而不超标,使每份菜产生应有的效益;另一方面,它又是成本控制的核心。因为原料通过加工、切割、上浆,到配份岗位其单位成本已经很高,配份时如疏忽大意,或者大手大脚,将使餐饮企业原料大量流失,菜肴成本居高不下。因此,配份的数量控制至关重要。其主要手段是充分依靠、利用标准食谱规定的配份规格,养成用秤称量、论个计数的习惯,既切实保证就餐顾客利益,又对企业的经营负责,有利于塑造好的产品形象和餐饮声誉。

(2)配份质量控制。菜肴配份,首先要保证同样的菜名其原料配伍必须相同。经常见到餐饮企业发生这样的事:前后两客"三鲜汤",一客为之配了鸡片、火腿、冬笋片,价格昂贵,口味鲜美;另一客为之配了青菜、豆腐、鸡蛋皮,色彩悦目,成本低廉。厨师用心、制作皆良,可食客为之纳闷,颇感不悦;厨房管理者更是不快:质量难保,成本难控。可见,配份不一,不仅影响着菜肴的质量,而且还影响到餐饮企业的社会效益和经济效益。按标准食谱进行配份,统一配菜用料,并加强岗位间监督、检查,则可有效地防止随意乱配菜肴的现象发生。

配份岗位操作,同时还应考虑烹调操作的便利性。因此,要求每份菜肴的主料、配料、料头(小料)配放要规范,即分别取用各自的器皿,三料三盘,这样烹调岗位操作就十分便利,有利于提高出品速度和质量。配菜的质量控制,还包括在工作程序中,要严防和杜绝配错菜(配错餐桌)、配重菜和配漏菜现象出现。一旦出现上述疏忽,既打乱了整个出菜顺序,又妨碍了餐厅的正常操作,这在开餐高峰期间是很被动的。要防止错配、漏配菜的发生,可以通过制定配菜工作程序以及健全出菜制度等方法,理顺工作关系,防止有意或无意错、漏配菜现象发生。

2. 烹调质量管理

烹调岗位管理主要应从烹调厨师的操作规范,烹制数量,出菜速度,成菜口味、质地、温度,以及对失手菜肴的处理等几个方面加以督导、控制。

首先应要求厨师服从打荷派菜安排,按正常出菜顺序和客人要求的出菜速度烹制出品。其次,在烹调过程中,要督导厨师按规定操作程序进行烹制,并按规定的调料比例投放调料,不可随心所欲,任意发挥。尽管在烹制某个菜肴时,不同厨师可能有不同做法，或各有"绝招"，但仍要保证整个厨房出品风格、质量的一致性。例如"凤梨猪肝"这道炒菜，猪肝切片后有人喜欢入油锅拉油，有人则习惯焯水，尽管出菜都能达到熟、嫩的效果，可吃起来口感是不同的。一家餐饮企业、一道菜品，只能以一个风格、一种面貌出现。

另外，控制炉灶一次菜肴的烹制量也是保证出品质量的重要措施。坚持菜肴少炒勤烹，既能做到每席菜肴出品及时，又可减少因炒熟后分配不均而产生误会和麻烦。曾经有一家酒店的厨师将两份"姜葱炒膏蟹"一并烹制，出品后其中一桌客人为膏蟹少一蟹螯而投诉。因此，烹调期间，尤其要加强对炉灶烹调岗位的现场督导管理，既要控制出菜秩序和节奏，又要保证成菜及时用于服务销售，以合适的温度、应有的香气、恰当的口味服务顾客。

3. 厨房开餐管理

厨房开餐管理主要包括开餐前准备、开餐期间生产出品、开餐后清理收档等。

（1）厨房开餐前准备工作。厨房进行有效、周到的开餐前准备是餐厅准时开餐、厨房及时提供优质出品的前提。厨房开餐前准备工作包括：①菜单供应品种原料准备齐全；②当餐时蔬供应品种确定；③当餐缺售，推销品种通报；④提供备餐物品齐全足量；⑤调料、汤料添足、备齐；⑥菜点装饰、点缀品到位；⑦开餐餐具准备归位；⑧检查炉火、照明、排烟状况，确保运行良好；⑨处理废料、垃圾的清洁用具到位；⑩员工衣帽穿戴整齐等。

（2）厨房开餐期间生产管理。加强厨房开餐期间的现场督导，不仅可以有效防止次品流出厨房，而且可以提高工作效率，理顺工作秩序。厨房开餐期间生产管理主要包括：①检查、控制出品速度与顺序；②检查关照重点客情；③督导配份规格与摆放；④检查菜肴质量；⑤检查、协调冷菜、热菜、点心的出品衔接；⑥督查出品顺序与订单的妥善收管；⑦强化餐中炉灶、工作台整洁与操作卫生管理；⑧督导厨房出品与传菜部的配合；⑨及时进行退换菜点处理；⑩及时解决可能出现的推销和清洁问题等。

（3）厨房开餐后管理。加强烹调厨房开餐后管理，是厨房生产整洁安全、形成良好工作秩序的保证。厨房开餐后管理主要包括：①收齐并上交所有出品订单；②检查、落实下餐的准备工作；③调料、汤料及时妥善收藏；④对配菜所用的水养原料进行换水处理；⑤检查水产品活养状况，防止原料变质；⑥检查、确保冰箱正常运行；⑦督查炉灶、餐具的处理；⑧妥善做好刀、砧、布的处理；⑨及时进行彻底的垃圾及地沟等卫生处理；⑩关闭水、电、气阀门，关锁门窗等。

二、设备管理

厨房设备的配备是从事厨房生产的前提条件，而设备的良好运行才能保证厨房生产的连续、有序进行，也才能在餐饮企业产生效益的同时，有效防止设备维修费用的增加，企业的可持续发展、理想的经营效益才能真正实现。厨房设备管理，就是调动各方面积极因素，采取相应措施，主动实施对厨房各类设备的维护、保养，以保持和提高设备完好率，方便厨房生产运作。

厨房设备管理是一项日常性、长期性、具体性的管理工作内容，要使厨房设备管理起到应有效果，必须综合做好以下几方面工作：

1. 制定设备管理制度

针对厨房生产及各岗位工作特点，制定切实、具体的设备管理制度，健全主要设备资料档案及操作规程，这是厨房管理要做的基础工作。厨房设备种类不同、功能各异、使用频繁程度也不一样，有的设备使用者也不好固定，因此需要有严格而明确的规章制度，使设备的使用、保养、维护都有章可循。厨房设备管理制度体现了餐饮企业对厨房设备的重视程度，同时规定了厨房员工有责任和义务正确操作、精心爱护各类设备。将各类厨房设备管理制度向员工进行直观、形象、具体的系统培训，对厨房员工规范、高效地使用厨房设备是至关重要的。

2. 规定设备操作、保养规程

每一台设备都有一定的操作规程，正确地使用设备，就必须按规定的先后次序进行操作，严禁违章操作。因此对每一台设备都应根据产品说明书制定出操作使用规程。设备的操作使用规程一般包含以下几方面的内容：①使用前的检查工作；②操作使用程序；③停机操作及检查；④安全操作注意事项。

设备运行得正常与否，设备使用寿命的长短，不仅与设备的正确使用与否有关，更与设备平时的维护保养有密切的关系，只使用不注意保养是厨房设备常出故障、容易损坏的主要原因。因此必须对每台设备制定详细的维护保养规程，并按设备的维护保养规程认真操作。厨房设备维护保养规程的主要内容有：①设备的日常保养；②设备的周期保养；③设备的定期维修保养。

3. 明确设备管理责任

将厨房设备根据其布局位置和使用部门、岗位及人员情况，进行合理、详细的分工，变设备质量大家都负责实则无人关心，为特定部门专人专岗负责某类或某件设备质量，这才是行之有效的方法。

4. 健全设备维修体系

尽管设备分工明确、随时有人清洁维护，也很难避免设备的损坏，因为厨房设备除了人为操作损坏，还有些零部件是因其自身老化或磨损等缘故而必须进行更换或维修。因此，理顺厨房设备报修渠道，及时对有问题的设备进行科学修理，不仅是维持厨房正常生产的需要，也可以减少维修的不及时导致设备损坏程度的加重、维修时间的延长和维修费用的增加。

5. 适时更新添置设备

积极、适时为厨房更新或添置功能先进、操作便利的生产设备,不仅可以减轻厨师的劳动强度,提高厨师劳动积极性,而且可以防止因原有设备的老化或超年限使用妨碍厨房生产、影响出品质量,同时还能节省对老化设备频繁维修的高额费用。

三、卫生管理

厨房卫生管理是指从厨房生产所需原料采购开始、经过加工生产直到服务销售为止全过程对原料及每个环节、岗位人员进行的卫生操作、检查、督导与完善的一系列管理工作。

1. 原料加工阶段卫生管理

原料的卫生决定和影响着产品的卫生。因此,从原料的采购进货开始,就要严格控制其卫生质量。必须从遵守卫生法规、合法的商业渠道和部门购货,对有毒动植物严格禁止进货。加强原料验收的卫生检查,对购进有破损或伤残的原料更要加强对卫生指标的查验。原料的贮存要仔细区分性质和进货日期,严格分类存放,并坚持先进先出的原则,保证贮存的质量和卫生。厨房在正式领用原料时,要认真加以鉴别。罐头原料如果两头已隆起或罐身接缝处有凹痕,说明罐头密封不严,已受细菌污染,细菌产生气体,导致罐体膨胀;如果罐头食品有异味或里面的食品似乎有泡沫或液休混浊不清,就不应使用。肉类原料有异味,或表面黏滑,也不宜使用。任何原料出现发霉、混浊、有异味,都不可再用。果蔬类原料如已腐烂也不得使用。对感官判断有质疑的原料,应送卫生检验员或卫生防疫部门鉴定,再确定是否使用。

2. 菜点生产阶段卫生管理

生产阶段是厨房卫生工作的重点和难点所在。这个阶段不仅生产过程涉及的环节较多,如加工、配份、烹制,以及冷菜、熟食的装盘等,而且生产设备的种类多,设备卫生管理的工作量很大。因此,厨房生产过程和设备卫生管理均不可忽视。

(1) 生产过程的卫生管理。厨房加工从原料开始。冰冻原料的解冻处理是加工工作所必需的,但该环节的卫生控制常常被忽视。对冻结原料的解冻,一要用正确的方法,二要尽量缩短解冻时间,三要避免解冻中原料受到污染。而烹调解冻是既方便又安全的一种方法。对于罐头的取用,开启时应先清洁表面,再用专用开启刀打开,切忌使用其他工具,避免金属或玻璃碎屑掉入,且破碎的罐头不能取用。对蛋、贝类原料加工去壳,不能使表面的污物沾染内容物。容易腐坏的原料要尽量缩短加工时间,大批量加工时应逐步分批从冷藏库中取出,以免最后加工的原料在自然环境中放久而降低质量,加工后的成品应及时冷藏。

菜点配制须用专用的盛器,切忌用餐具作为生料配菜盘。尽量缩短配制后的原料闲置时间,配制后不能及时烹调的原料要立即冷藏,需要时再取出,切不可将配制后的半成品放置在厨房高温环境中。

对原料烹调加热是决定食品卫生的重要工序,在这一过程中要充分杀灭细菌。原料是热的不良导体,杀菌的重要原则是要使原料内部达到安全温度。另外,成品盛装时餐具要洁净,切忌使用工作抹布擦抹。

冷菜的卫生尤为重要,因为对冷菜的装配都是在成品的基础上进行的。首先,在工作区域、设备、用具方面应同生菜制作分开。此外,切配成品应使用专用的刀、砧板和抹布,切忌生熟交叉使用。这些用具要定期进行消毒。操作时要尽量简化手法。装盘不可过早,冷菜装盘后不能立即上桌时应用保鲜纸封闭,并进行冷藏。生产中的剩余产品应及时收藏,并尽早用完。另外,水果盘的制作、销售与冷菜相似,在要特别重视水果清洁卫生的同时,还要严格注意切制装盘与出品食用时间。要使用专用刀具、砧板,防止切制时沾染异味,还要注意传送途中在保证造型的前提下不受污染,并把握节奏,在客人恰需食用时出品。

(2)生产设备的卫生管理。厨房生产设备主要有加热设备、制冷设备以及加工切割设备等。对各类设备进行清洗、消毒和各种卫生管理,不仅可以保持设备整洁、便于操作,而且可以延长设备使用寿命,减少维修费用和能源消耗,保证食品的卫生和安全。

①油炸锅:油炸锅所用的油应每天过滤,除去油中的食品渣子,这样能延缓油的分解。油锅在不用的时候应盖严。油锅外部应每天擦拭,每周至少把锅里的油倒空并清洗一次锅。如果厨房制作的油炸食品很多,就必须每天清洗。

②烤盘:每次烤完后应用一个金属刮刀把盘上的食物渣刮净。然后,每周至少彻底清洗一次。烤盘必须用两步来清洁,以防止食品粘在盘上。第一步,烤盘受热的表面应当用不含盐的混合油剂擦洗,使烤焦而粘在盘底的残渣软化。第二步,用热水加合成洗涤剂再洗。洗净后,把烤盘表面漂净、揩干,最后用油剂擦拭,以保护烤盘表面。

③烤箱:烤箱包括利用热风、微波、煤气和电力的烤箱几种。所有撒落下来的食品渣都应在烤箱凉后扫掉。在炉膛内的食品渣,可以用一个小刷子去扫,然后用浸透了合成洗涤剂溶液的布去擦洗。千万不能把水直接泼在开关板上,因为水可以使热的烤箱变形。也不能用含碱的液体去洗炉子的内腔和外部,因为那样会损害镀膜或烤漆。烤箱的喷嘴应每月清洁一次。控制开关也应定期校正。鼓风式烤箱的风扇应每月拆开清洗一次。微波炉的内部一般只需用合成洗涤剂溶液擦洗。

④炒灶:炒灶是最通用的厨具。所有溢出、溅出在灶台上的东西都应立即清除。灶面和灶台应每天清扫。每月应将煤气喷嘴用铁丝通一次,将油垢清除掉,把

灶上的油腻清除掉。

⑤蒸箱、蒸锅：每次用后都应保持清洁，将剩余残渣擦去。如果有食品渣糊在笼屉里面，应先用水浸泡，然后用软刷子刷洗。筛网（箅子）也应每天清洗。有泄水阀的应打开清洗。

⑥冰箱及其他制冷设备：制冷设备的种类很多。有可以容人进出的大冰库；有可容手推车推入的冰柜；有两边开门、可以推着走，把食品从厨房运到餐厅的移动式冰箱；有带玻璃门可以展示柜内所陈列食品的冷藏柜；还有厨房内用于贮存当日所用原料的抽斗式冷藏柜。冰箱的保洁工作比较容易，每天用含合成洗涤剂的温水擦拭外部，然后再用清水漂净并用干净布擦干。清洗冰箱，忌用有摩擦作用的去污粉或碱性肥皂。蒸发器、冷凝器应每月检查一次，看是否需要维修。冰库地面应每天用抹布拖擦。冰库每月至少去霜一次，在去霜期间挪走的食品和原料，不能使其解冻，应转移贮存到另一个冰库内。若使用带轮可移动货架，运送起来就更为方便。制冰机虽可结冰，但不宜作为贮存食物的设备。制冰机也应每天擦拭。应定期（每个月一次）把制冰机里的冰全部倒掉，把机器彻底清洗一遍。

⑦搅拌机：每次在用完搅拌机之后，应用加入合成洗涤剂的热水溶液将其擦洗，再用净布擦干。搅拌碗和搅拌浆可在原处清洗。需上润滑油的可拆卸部件要每月清洗上油一次。

⑧开罐器：开罐器必须每天清洗，把刀片上遗留的食品和原料清除干净。刀叶变钝以后要注意有可能将金属碎屑掉到食品里，应予以重视。

3.菜点销售服务卫生管理

菜点在由服务人员送到客人的餐桌及分菜的过程中，都必须重视食品卫生问题。不管菜点是由跑菜员传至餐桌，还是陈列于自助餐台由客人自取，都应注意以下几点：

（1）菜点在供应前和供应过程中应用菜盖遮挡，以防受灰尘、苍蝇、打喷嚏、咳嗽等污染。

（2）凉菜、冷食在供应前应放在冰箱里。要控制冷菜的上菜时间，尤其是大型宴会活动的冷菜。

（3）菜点不要过早装入盘中，要在成熟后和客人需要时装盘。

（4）使用适当的用具。食物供应时必须用刀、叉、勺、筷、夹子等用具，不可用手接触食物。

（5）用过的食物不能再食用。客人吃剩的食物绝不能再加工烹制。

（6）分菜工具要清洁。每次使用的分菜工具一定要确保清洁，不同口味、色泽的菜肴，其分菜工具要有所区分。

（7）养成良好个人卫生习惯。工作时，服务人员不能在咳嗽、打喷嚏时用手捂嘴,不能吸烟、抓头、摸脸。这些不良习惯会污染手部,并进而污染到操作的食物。

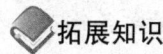拓展知识

认识"五常法"

1. 什么是"五常法"

"五常法"是香港何广明教授借鉴日本"5S"管理法,结合香港实际创建的现代餐饮优质管理的方法。它不仅对餐饮业,而且对各行各业也具有普遍的适用性。

"五常法"是优质管理的一种模式、一种技术、一种管理理念、一种生活的哲学,是一种长期运用后使管理出奇效的利刃,在确保安全、效率、品质与减少故障方面发挥了简易可行而又显而易见的作用。

2. "五常法"的由来

(1)可上溯至日本江户时代(17世纪初—19世纪中期)。"五常法"源于五个日本字(其中Seiri意为整理,Seiton意为整顿,Seiso意为清扫,Seiketsu意为清洁,Shitsuke意为修养),全部是"S"带头的字,所以它也被称为"5S"。"5S"在日本民间已流传了200多年,江户时代的日本人,已开始习惯抛掉不想要的东西,以"空"为佳。

(2)成形于香港:"五常法"是香港人何广明教授在1994年始创的概念。何广明教授在日本研究优秀企业的时候,发现了"5S"在其中所起的巨大作用。1994年,他整理出了基于"5S"的优质管理方法,那就是"五常法",即"常组织""常整顿""常清洁""常规范""常自律",同时此法获得香港政府的支持,在当地推广。十年间,他的"五常法"被广泛运用于各机构中,创造了管理方面的奇迹。

(3)发展、应用于各种行业,餐饮业于2000年开始引进。上海饮食业行业协会近几年从香港引进"五常法",结合上海餐饮业实际,创建餐饮优质管理,很快就取得了显著成效。2003年9月,上海天天渔港集团率先由董事长亲自带队参加香港"五常法"培训,将"五常法"引入其所属的三家餐馆,成为上海餐饮业实施"五常法"的示范单位。上海饮食业行业协会有计划地展开推广工作,于2004年共开办了三期"五常法"培训班,先后有王朝、小南国、美林阁、鲜墙房、上海人家、金色港湾、唐宫海鲜舫、绍兴饭店、宝山宾馆等著名酒店、餐饮企业学习并实施"五常法",初步尝到了"甜头"。

3. "五常法"的要义是:工作常组织,天天常整顿,环境常清洁,事物常规范,人人常自律

"常组织"是:判断出完成工作所必需的物品并把它与非必需的物品分开,将必需品的数量降低到最低程度,并把它放在一个方便的地方。

"常整顿"是:将需要的物品按照规定定位、定量摆放整齐,明确标示。目的是不用浪费"时间"找东西。

"常清洁"是:卫生清洁和检查是由整个组织所有成员一起来完成的。每个人都有负责清洁、整理、检查的职责。

"常规范"是:将以上"三常"的做法制度化、规范化,并维持成果。目的是通过制度化来维持成果。

"常自律"是:创造一个具有良好氛围的工作场所,持续地、自觉地执行上述"四常"要求,养成遵守规章制度的习惯。

四、安全管理

安全是保证厨房生产正常进行的前提。厨房既存在一系列不安全因素,生产又必须保证安全。安全管理不仅是保证餐饮企业正常经营的需要,同时也是维持厨房正常工作秩序和节省额外费用的重要措施。因此,厨房管理人员和各岗位生产人员必须意识到安全的重要性,并在工作中时刻注意正确防范。

(一)厨房员工安全操作守则

(1)员工上岗应按要求身着餐饮企业工作服及工作鞋。

(2)厨房员工穿着制服、戴帽子、穿平底鞋、系围裙,衣袖要扎好,胸前口袋中不得放火柴、打火机、香烟等物。

(3)员工当班时应保证精力集中,不在厨房内跑动、打闹。

(4)厨房的设备应由主管人员定期检查,以防意外事故发生。

(5)厨师使用厨房设备须严格遵守正常的操作规程(新员工须由主管人员对其进行设备使用方面的培训)。

(6)炸锅在使用过程中应保证人员不离岗。

(7)当油、水、食物泼到地面上时,要立即清除。

(8)碗、盘、玻璃器皿打碎时,不得用手去捡拾,要用扫帚去清理。

(9)擦拭锅炉要先确定已经不会烫手,然后才可用手去拿。

(10)衣物、桌布等易燃物不得在火炉上烘烤。

(11)搬运重物特别是热汤汁时不要一人操作,以免扭伤和烫伤。

(12)刀具和锋利的器具落地前不要用手接拿。

(13)应保证刀具的锋利,不锋利的刀具最易导致人员受伤。

(14)厨房员工不得随意处理突发的断电事故。

(15)工作时应注意保持地面清洁,以免滑倒受伤。

(16)工程人员断电挂牌操作时,切忌合闸。

（17）每天打烊后，值班者应最后离开，在离开前要切实检查炉灶是否还有余火，煤气开关的把手是否在关闭的垂直位置，逐一检查电气用具插头是否拔下，最后关灯离去。

（18）值班人员在逐项检查后，必须填写安全检查表并签字，亲自送到规定的地方，下班前检查冷库、冰库运行状况对保持食品和设备管理安全都是必不可少的。

（二）煤气炉具的安全操作规定

（1）煤气炉具应设计在通风良好的厨房中使用，须远离易燃物品，并要求安置在不易燃烧的物体上，如水泥板、石板、铁板。

（2）使用煤气前，应检查所有煤气开关是否处于关闭状态。点火时，要做到火等气，先开煤气总阀，再划火凑近火眼，最后开灶具的开关点燃灶具。千万不要先开灶具上的开关，后划火柴点火，以免煤气放出与空气混合，再遇火种，极容易发生爆炸。

（3）调节风门可对火焰进行调节，使火焰呈蓝色。如果火焰发红和冒烟，则说明进风量小，应调大风门。如果发生回火，则要关闭灶具开关，调小风门再点火。火点着后，再调节风门，使燃烧火焰正常。如果发生离焰，则说明进风量大，应调小风门。

（4）经常保持灶具的清洁，尤其要保持火眼畅通。灶具点燃后应有人看管，防止火焰被溢出的汤水浇熄或被风吹灭使燃气大量泄漏，造成事故。

（三）液化气（管道煤气）安全使用规定

（1）液化气罐必须直立放置，并使其不致被撞到而倾倒。

（2）液化气罐须隔离火源，避免日光直射。应置于通风良好的位置，保持35℃以下的温度。

（3）液化气罐若须放在木箱内时，箱底须有换气孔，以维持通风。液化气罐腰部用锁链固定，防止震动或意外碰撞。

（4）液化气罐及其周围不得放置易燃品，如汽油、酒精、抹布、纸张等。

（5）装卸液化气罐时，须确定附近无火源、引火物以及易燃物。

（6）在室内使用液化气器具须注意通风，不得在密闭室内使用液化气燃烧器具。

（7）液化气燃具的周围须有一定的空间，燃具周围必须留出30cm以上、上方1m以上的空间，以防引发火灾。

（8）液化气输气管必须是金属管，不能使用塑料软管代替。装置在室内时，应距离电源线30cm以上。

（9）输气管衔接处的螺旋纹至少要9圈以上，并须结合紧密，不漏气。

(10)使用液化气前的注意事项:
①注意闻闻是否有液化气臭味,以确定是否有液化气漏出;
②火炉附近是否有可燃性物质;
③打开或关闭液化气开关时须缓慢旋转;
④在打开液化气开关或总阀之前,先察看出气开关(或炉灶开关)是否已先打开,出气阀应紧闭。

(11)点火时的注意事项:
①先慢慢地旋开炉灶出气开关,使用点火器点火;
②如使用火柴点火,应先将火柴持近炉灶出气嘴,再慢慢旋开开关。

(12)点火后的注意事项:
①燃烧中的火焰要调整到完全燃烧的状态,即呈蓝色的火焰,没有完全燃烧时火焰呈红色;
②火焰是否完全燃烧要依靠空气孔或燃具旋塞的调整,应调整至完全燃烧的状态;如果没有完全燃烧,一氧化碳有毒气体的扩散将造成严重后果;
③注意不要让火焰被风吹熄。

(13)使用后的注意事项:
①要先关总阀或液化气罐旋式开关,让煤气断绝后再关炉灶的开关;
②若是停用时间长,总开关的把手要上锁,液化气罐开关须旋紧;
③液化气用完后,液化气罐开关也须旋紧。

(14)液化气漏气的处理:
①关紧液化气罐开关;
②熄灭附近一切火焰、切断电源;
③将门窗打开,使室内空气流通良好;
④将液化气罐迅速移至室外空旷地方。

(四)防火管理规范

1.厨房防火制度

(1)厨房各种电器设备的安装使用必须符合防火安全要求,严禁超负荷使用,绝缘要良好,接点要牢固,并有合格的保险设备。

(2)厨房的各种机电设备操作使用必须制定安全操作规程,并严格遵照执行。

(3)厨房在炼油、炸食品和烤食品时,必须设专人负责看管。炼、炸、烘、烤时油锅、烤箱温度不得过高,油锅不得过满,严防油溢着火引起火灾。

(4)厨房的各种煤气炉灶、烤箱点火使用时必须按操作规程操作,不得违反,更不得用纸张等易燃品点火。

(5)不得往炉灶、烤箱的火眼内倒置各种杂质、废物,以防堵塞火眼,发生事故。

(6)各种灭火器材、消防设施不得擅自动用。

(7)会使用各种灭火器材、火灾报警器,能熟练地掌握其性能、作用和使用方法。

(8)知道所在部门灭火器材和手按报警器的位置,知道最近的消防疏散门位置。

(9)一旦发生火情,速拨电话通知总机或餐饮企业消防中心。

2.厨房液化气防火安全管理制度

(1)液化气灶操作人员必须经过专门学习,掌握安全操作液化气灶的基本知识。

(2)员工进入厨房应首先检查灶具是否有漏气情况,如发现漏气,不准开启电器开关(包括电灯)。

(3)员工进入厨房前应打开防爆排风扇,以便清除沉积于室内的液化气。

(4)操作前应检查灶具的完好情况。

(5)点火时,必须执行"火等气"的原则,千万不可"气等火",即点燃火柴,再打开点火棒供气开关,点燃点火棒后,将点火棒靠近灶具燃烧器,最后打开燃烧器供气开关,点燃燃烧器。

(6)各种液化气灶具开关必须用手开闭,不准用其他器皿敲击开闭。

(7)灶具每次使用完毕,要立即将供气开关关闭;每餐结束后,值班人员要认真检查每只灶具供气开关是否关闭好;每天夜餐结束后要先关闭厨房总供气阀门,再关闭各灶具阀门,然后通知供气室关闭气源总阀门。

(8)发现问题应立即关闭总阀门,并及时报告主管领导和安全部门。

(9)经常做好灶具的清洁保养工作,以便确保安全使用液化气灶具。

(10)无关人员不得动用液化气灶具。

(11)食品加工和制作,要牢记食品卫生准则,切实注意安全。

(12)下班时关闭所有电灯、排气扇、电烤箱等电器设备,并锁好所有门窗,一切检查无误后,方可下班。

(13)坚守工作岗位,起油锅时绝对不准离人,要集中思想,正确掌握油温,防止外溢或过热引起火灾。

(14)严格执行安全操作规定,经常检查电器、机械设备的完好状况,发现不安全因素及时报请维修。

(15)一旦发生火灾事故,应立即关闭液化气总阀,关闭电源,一面报警,一面动用灭火器材扑救。

☞ 案例分享

制作和加工

赵先生和常先生来到北京某星级饭店的中餐厅就餐。席间,赵先生指着一盘"翡翠虾仁"对常先生说:"这道菜他们做得不对。菜中的虾仁应该用色泽浓绿的菜汁,再浇上热油,方能显出'翡翠'的效果。这里的厨师为了省事,只在盘中配了一些青菜,并没有用菜汁处理虾仁,所以不是真正的'翡翠虾仁'。"常先生听后连连点头,对赵先生的餐饮知识表示十分佩服。当他们要的"清蒸鳜鱼"上桌后,赵先生尝了一口,皱起眉头又对常先生说:"这条鱼不是咱们看到的那条活鱼,很可能是一条冻鱼,肉质发紧,根本嚼不动,那条'值班鱼'早就放回鱼缸去了。""'值班鱼',哈哈……"常先生被赵先生的幽默逗乐了。"咱们找服务员换条鱼吧?"常先生对赵先生说。他们把服务员叫过来,提出了对"翡翠虾仁"和"清蒸鳜鱼"的疑问,并要求退换鳜鱼。"你们这条鱼是冻鱼,肉质发紧,根本嚼不动,不信请你尝尝。"常先生用刚学会的知识对赶过来的餐厅经理说道。餐厅经理向他们解释,由于厨师的问题,虾仁没有做好。鱼是绝对新鲜的,只是火候太大,所以嚼不动。"这样吧,鱼和虾的价格不算在餐费之内,感谢您二位给我们提出的意见,我们一定努力改进。"经理最后对他们说。看到经理把责任都揽到自己身上,两位顾客也就作罢了。

思考:本案例中厨房和餐厅经理的做法有何不妥,请指出。

 思考与练习

一、简答题

1.按厨房生产功能划分,厨房可分为哪些种类?

2.厨房组织机构设置原则是什么?

3.加工厨房的设计要点有哪些?

4.中餐厨师长岗位职责是什么?

5.煤气炉具的安全操作规定有哪些?

二、论述题

1.根据所学知识试论述厨房设计布局的意义?

2.运用所学内容结合"五常法"试论述厨房卫生重要性?

三、案例分析

一位餐饮行家应邀去一家酒店指导工作,他在午餐时点了一个豆腐煲,里面有香菇和咸鱼等配料,他觉得很对胃口。晚餐时他继续点用豆腐煲,但上来后他发现与中午的完全不同:颜色差异很大,原因是配料中有西红柿。他找来管理人员,管理人员的解释无法让他满意:中午与晚上的切配厨师换人了!

思考:

1.那位行家为什么不满意管理人员的解释?
2.你如何看待这一问题?

第七章 菜单管理

引 言

菜单是餐饮服务设施的基础,是餐饮服务生产和销售活动的依据,也是餐饮服务最重要的推销工具。一方面,菜单体现了饭店餐饮服务水平和风格特色;另一方面,又直接影响着餐饮服务的经营成败。就整个餐饮服务系统运行过程而言,菜单是整个餐饮服务系统运行过程中的聚焦点,并且在多数情况下,菜单又是首屈一指的食品推销员。因此,从菜单设计、文字描述、菜肴选择及合理定价等方面对菜单进行分析管理是十分必要的。

学习目标

1.根据餐饮企业实际情况及发展目标设计各类菜单。

2.根据餐饮企业经营特点,选择适宜的策略和方法对菜肴进行选择及合理定价。

3.根据餐饮企业经营发展的不同阶段对菜单进行分析管理。

第一节 菜单概述

菜单是餐厅所提供餐饮产品的目录和说明书。一方面,菜单是餐厅向顾客提供有关餐饮服务的内容、特色及价格等信息的一个渠道;另一方面,又是一种销售工具,它将餐厅所有能提供的菜肴、食品、酒水、饮料等经过科学地组合,排列在纸上,供就餐者从中选择。一份良好的菜单既要能够引导客人选择食品饮料,满足顾客就餐及审美的喜好,同时又要适应餐饮企业管理人员推销某些菜品的需要。

一、菜单的功能

菜单在餐厅经营中起着十分重要的作用,是对餐厅经营管理进行控制不可缺少的管理工具之一,它具有定位、指导、宣传、沟通和控制功能。

1. 定位功能

首先,菜单可以体现餐厅的经营方针。菜单是餐厅经营者和生产者通过对客源市场需求的分析及对竞争对手产品的研究后,结合本餐饮企业具体资源状况制定的,是餐厅经营方针和经营思想的具体体现。其次,菜单可以体现餐厅的目标市场。餐饮企业通过菜单向顾客介绍、推销餐饮服务,顾客凭借菜单选择自己所需要的食品饮料,因此,菜单必须迎合市场的需求,尤其是目标市场的需求。

2. 指导功能

菜单具有指导功能,它在很多方面影响和支配着餐饮的组织和经营管理活动。首先,菜单指导餐厅选择配备厨师和服务人员。其次,菜单指导餐饮设备的选配和布局。在进行餐厅布局及选择餐饮设备时,无论是设备种类、规格、质量、数量,还是布局空间的大小、布局风格都取决于菜单的菜式品种及特色水平。生产制作不同风味的菜点,需要有不同规模、类型的餐饮设备。菜式品种越丰富,所需的设备种类就越多、所需空间就越大;菜式水平越高,所需设备、餐具等品质要求就越高档、专业,其设计布局方式自然就不一样。再次,菜单指导餐厅采购和储存食品原料。菜单内容规定了采购和储存工作的内容和对象,菜单类型则决定着采购活动的规模、方法和要求。最后,菜单指导餐厅明确服务方式及规程。餐厅选用何种服务方式,采用什么样的服务规程,使用哪些服务用具等,都必须依据菜单来决定。菜单是餐厅制定服务规程、选购服务器具的主要依据。

3. 宣传功能

菜单具有宣传功能。一方面,菜单标志着餐厅的特色水准。餐厅经营的风味特色和产品水准是通过列入菜单的品种及其制作工艺复杂、难易程度等体现的。另一方面,菜单可宣传餐饮企业的形象。一份制作精美的菜单可以增强用餐气氛,能够反映餐厅的格调,可以使客人对所列的美味佳肴留下深刻印象,并可作为一种艺术欣赏品,予以欣赏,甚至留作纪念,引起客人美好的回忆。这个过程实际上就是一个广告、宣传的过程。

4. 沟通功能

菜单是为顾客与餐厅传递信息的最佳渠道,菜单具有沟通功能。菜单是连接顾客与餐厅的桥梁,餐饮企业通过菜单向顾客介绍、推销餐饮产品及服务,顾客凭借菜单选择自己所需要的产品。同时,餐饮企业可以在客人点菜过程中通过服务员了解到客人或目标市场对菜品的需求,便于餐厅引进或开发新菜品。

5. 控制功能

菜单具有控制功能。首先,菜单可以控制餐饮成本的高低。菜单在体现餐饮服务规格、水平、风格特色的同时,也决定了企业餐饮成本的高低。原料价格昂贵的菜式过多,必然导致较高的食品原料成本;而精雕细刻的菜式过多,又会相应增加企业的劳动力成本。其次,菜单可以控制餐饮销售的好坏。菜单是管理人员分析菜肴销售情况的基础资料。管理人员定期对菜单上每项菜肴的销售情况、顾客喜爱程度、顾客对菜肴价格敏感度进行分析和调查,会发现菜肴生产计划、菜肴烹调技术、菜单定价以及菜肴选择方面存在的问题,从而能帮助管理人员及时更换菜单品种,改进生产计划和烹调技术,改善菜肴的促销方法和定价方法。

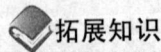拓展知识

菜单的起源

最初的菜单,就是一份带价目表的菜肴清单。但最初菜单的作用并不是向客人说明菜肴内容和价格,而是厨师制作菜肴的备忘录。

菜单的英文为 menu,粤菜称为餐牌、菜牌。

据说在 16 世纪初期,法国宫廷菜肴是很一般的。1533 年法国国王昂里二世的王妃卡得里努从意大利佛罗伦萨带来了厨师作为陪嫁,从此法国宫廷菜肴才逐步得到改善。法国的厨师为了记住这些意大利菜肴的烹制方法及原材料,将它们记录下来,这就是菜单的雏形。

而真正向客人提供菜单,已是 16 世纪中叶的事情了。

1554 年,布伦斯维克侯爵在自己的宅第举行晚宴,每上一道菜,侯爵都要看看桌上的单子。当客人们知道他看的是今天的菜单时,十分欣赏这种做法,引起大家争相仿效,在举行宴会时,都预先制作了菜单,菜单便真正出现了。

二、菜单的种类

随着餐饮业的发展,新的餐饮经营形式的不断出现,菜单的种类与形式日趋丰富。不同类型的餐厅、不同的餐饮类别以及不同的就餐场合常常使用不同种类的菜单。菜单按不同的分类标准可作出如下分类。

(一)按客人用餐时间划分

菜单按客人就餐时间可划分为早餐菜单和正餐菜单。

1. 早餐菜单

为客人享用早餐所准备的菜单,内容较为简单,食品、菜肴及酒水种类也较少。早餐菜单一般注明供应时间。中式早餐一般以风味小吃和主食为主,配有各式清淡小菜;西式早餐则一般以美式早餐和欧陆式早餐为主,同时设有早餐选点菜式供客人自行选择。

2.正餐菜单

正餐菜单包括午、晚餐菜单,通常设计美观、正规讲究。因为它可以体现饭店的经营水平,所以在西式菜单中又称正餐单。正餐菜单要求品种齐全、丰富多样、富有特色,各种菜式搭配均衡,并对一些能反映本餐厅特色的拿手菜加以重点推销,菜式罗列顺序一般按进餐顺序和原料分类排列。

(二)按菜单定价方式划分

菜单按定价方式可划分为零点菜单、套菜菜单、无定价菜单和混合式菜单。

1.零点菜单

零点菜单是最常见、使用最广泛的一种菜单形式。零点菜单的标价特点是对菜单的每一道菜都标明价格,无论是西餐菜单还是中餐菜单。零点菜单的价格档次跨度大,能迎合不同层次的宾客的需求。而且由于所有菜式分别标价,因而宾客只需选择自己喜欢的菜肴,而不必按套菜菜单那样,即使其中有不喜欢的菜肴,也非得一次购买成套多道菜肴。因此,零点菜单不但普遍适用于一般餐馆,同样也适用于旅游饭店等各类餐厅。

2.套菜菜单

套菜菜单也称公司菜、和菜、定菜,在日本称之为定食。套菜菜单是针对顾客需求特点把整套餐食饮品所包括的主食、菜肴、饮品等合理地结合在一起,并以包价形式出售的一种菜单形式。价格也是以整套为单位,这是区别于零点整单的地方。

3.无定价菜单

无定价菜单上的各种菜点不直接标价,而是先掌握客人用餐标准,然后选择菜点,按客人的用餐标准收费。这种菜单主要适用于团体用餐、会议用餐、宴会、冷餐会、鸡尾酒会等。这种菜单往往根据客人的用餐标准及需要而确定,不同团队、宴会各不相同。通常此类菜单的封面事先设计好,菜点内容则临时安排打印,以适应客人用餐标准的变化。

4.混合式菜单

混合式菜单是零点菜单与套菜菜单的结合,它综合了二者的特点与长处。最初的混合式菜单是一份零点菜单及一份套菜菜单印制在一起,但缺点是菜单过大,使用不便。因此现在一些餐厅所提供的混合式菜单的菜肴以套菜形式为主,同时欢迎宾客再随意选择点菜,单独付款。这样客人既有了一定的自由选择机会,同时餐厅又增加了收入。

(三)按菜单经营特点划分

菜单按经营特点可划分为固定菜单、循环菜单、即时菜单。

1.固定菜单

固定菜单是一种菜式内容标准化而不做经常性调整的菜单。它通常是饭店针对客源市场的顾客构成复杂多变、流动性大、人数众多的特点,本着以不变应万变的原则而使用的,大多饭店都采用这种菜单形式。固定菜单相对稳定,一经合理制定,便能长期使用,至少在数月之内是固定不变的。与其他形式的菜单相比,固定菜单具有以下优点:有利于控制食品采购,减少食品库存;有利于实现加工烹调标准化;有利于提高产品质量、创造名牌菜肴;有利于选购设备,降低成本。

固定菜单存在的不足之处有以下几个方面:一是菜单的灵活性小,难以提供多种风格的餐饮,顾客会对菜单产生厌倦情绪而易店就餐;二是在制作中多为重复性劳动,厨房工作人员会感到工作单调,容易产生厌倦感;三是由于菜式固定不变,即使原料价格上涨也缺乏变更的弹性,饭店的赢利能力会受到成本的牵制;四是固定菜单对市场就餐习惯和潮流的变化难以迅速适应。

2. 循环菜单

循环菜单是以一定天数为周期循环使用的菜单。这类菜单适合于旅游饭店团体餐厅、长住型饭店的餐厅,以及企业和事业单位食堂使用。使用循环菜单的饭店必须按照预定的固定天数制定一套菜单,每天使用一份,周期多少天,菜单就设计多少份,通常循环周期为7天~21天。

循环菜单周期的长短一般根据市场特点决定。如果就餐宾客变换不多或固定不变,如某些度假疗养型饭店的宾客,那么循环菜单的周期应该适当放长,一般认为以30天~45天为一个周期,以避免相同的菜式经常地重复出现。而旅游饭店餐厅如使用循环菜单,周期一般以一周左右为宜,因为大多数旅游者在饭店逗留时间在一周以内。

与固定菜单相比,循环菜单具有以下优势:由于确定几套菜单循环使用,餐厅提供的菜肴品种限制于几套菜单内,这样便于对食品的采购保存、生产和销售进行标准化管理,职工能较快地熟悉每道菜的生产和服务。标准和流程由于菜单每天都有变化,顾客不容易对菜单感到厌烦,职工不易对工作感到单调。使用循环菜单其原料、库存虽多于固定菜单,但有一定的限度。不过,使用循环菜单同时也存在需要较高的劳动成本和设备投资、剩余食品原料不易处理、菜单的编制和印刷费用较高的缺点。

3. 即时菜单

即时菜单是根据某一时期内原料的供应情况而制定的菜单。这种菜单的编制依据是菜肴原料的可得性、质量和价格以及厨师的烹调能力。即时菜单使用时间较短或每天更换,常与固定菜单或循环菜单合用。

即时菜单灵活性强,能迅速适应顾客的需求、口味和饮食习惯的变化,能根据季节和原料供应的变化及时变换菜单,既能反映时令特色又能及时换掉原料价格上涨的菜肴而降低食品成本;即时菜单能充分利用库存原料和剩余食品,可充分发挥厨师的烹调潜力和创造力,生产出较多的创新菜,并减少员工的工作单调性。但由于菜单变化较大,对原料的采购和保管、食品的生产和销售难以标准化,因此管理比较困难。因而一般供应品种较少。

以上三种菜单各有利弊,所以大多数餐厅综合采用上述两种或三种菜单形式。例如,有的餐厅使用固定菜单,但在不同季节即时地附加时令菜;有的餐厅虽使用固定菜单,但对一些主要菜则多设几套,将它们附在菜单上循环使用。

(四) 按客人用餐方式划分

菜单按客人用餐方式可划分为宴会菜单、团队菜单、自助餐菜单、客房送餐菜单、特殊菜单、酒单。

1.宴会菜单

宴会菜单讲究规格、传统、名菜和特色,一般较为灵活。在接到客人预订后,根据客人需要和具体的宴会形式,如公务宴请、生日宴、婚宴等来设计菜单。一般注重突出宴会主题特色、营养搭配均衡、菜肴数量合理、讲究菜肴命名等要求。如2001年10月,亚太经济合作组织(APEC)第九次领导人非正式会议在中国上海举行。在这次会议中,有一场比国宴规格还高的午宴。所用的原料都是很平常的,但经厨师精心烹饪,成了一道道让客人赞不绝口的蕴涵中国烹饪文化精髓的佳肴。午宴菜单设计成一首诗:

相辅天地蟠龙腾(迎宾龙虾冷盘)
互助互惠相得欢(翡翠鸡蓉羹)
依山傍水鳌匡盈(炒虾仁蟹黄斗)
存抚伙伴年丰余(炸银鳕鱼松茸)
共襄盛举春江暖(锦江品牌烤鸭)
同气同怀庆联袂(上海风味细点)
繁荣经济万里红(天鹅鲜果冰盅)

设计者独具匠心,将菜名巧妙地融入诗中,且诗的每行句首字联词为:相互依存,共同繁荣,正是 APEC 所倡导的宗旨和目标。

2.团队菜单

团队菜单是一种循环使用的菜单。菜单内容按一定的时间周期安排,每天花色品种不重复,主要适用于团体、会议用餐。

3.自助餐菜单

自助餐是按每位客人规定的价格收取费用的。在设计自助餐菜单时,要预计目标顾客所喜爱菜肴类别、预订客人数量,提供相当数量的多种类别的菜肴,供客人自由选择。自助餐是靠食品的展示来招徕、吸引宾客的,因而自助餐的菜肴要巧妙而美观地陈列出来。所以,自助餐菜单要注意选用颜色搭配漂亮和形状吸引人的菜肴,往往要配用食雕装饰品和鲜花,靠餐桌的装饰、环境的布置来烘托气氛。

自助餐菜单菜肴选择要遵循以下几个原则:一是要选用能大批量生产且放置后质量下降幅度小的菜肴;二是要选用有特色、有一定风味的菜肴;三是选用较大众化的菜肴,避免使用个别人喜欢的菜肴。

4. 客房送餐菜单

客房送餐服务是针对因某种原因不能或不愿去餐厅就餐,或在开餐时间以外要求用餐的顾客提供的服务。具有这些特殊需要的顾客为求方便,一般对时间、质量较为敏感,对价格不敏感。因而客房送餐菜单应选用菜品质量高,加工速度快,放置后质量不易变差的菜肴,并且菜单品种要搭配合适、不宜太多。饭店为了满足这些顾客的特殊需求,必须配备各种额外的工作人员和设备,如电话接听人员、专用送餐电梯、各式服务推车、保温容器等。因此,客房送餐菜单的菜价一般要比其他菜单的价格高,也有的饭店采取增加服务费的办法。

客房送餐菜单通常设计为床头柜菜单和门把手菜单。床头柜菜单,通常摆放在客房的床头柜上,菜单中一般列出饭店各餐厅中较容易烹制和制作速度快的菜肴,适用于午、晚餐及夜宵。门把手菜单是为方便客人而挂在门把手上的一种纸质的一次性菜单,一般适用于早餐。上面列有各种菜肴、酒水饮料、各式套餐的名称,供餐时间、价格。客人订餐时,只要简单地在菜单名称前的小方框内打"√",然后挂在门外把手上即可,由送餐服务员收取。

5. 特殊菜单

餐厅通过推销各种特殊菜肴促进销售的潜力是巨大的。这些特殊菜单需要餐饮工作者挖掘潜力,寻找市场机会,积极地、创造性地去开发。特殊菜单可分为以下两种:

(1)特殊推销菜单。一般作为辅助正餐菜单,用于扩大营业收入,餐厅通常根据不同季节、不同节日和不同场合用此菜单进行主题推销或采取每日/每周厨师特别推荐菜单的形式。

(2)特殊人群菜单。一些餐饮企业为吸引不同的目标顾客,有针对性地设计特色菜单,如儿童菜单、美容菜单、素菜菜单、银发菜单、药膳菜单等。这类菜单的特点是针对性强、主题突出。以儿童菜单为例,儿童菜单的设计首先要具有艺术性,要能够引起儿童的兴趣;要图文并茂,最好注明汉语拼音,可以用著名童话故事画面做封面,并配上小故事;儿童菜单可以是大人菜单的缩小版,菜量和价格减半;儿童菜单一般附设赠品——不需太奢侈只要小孩儿喜欢的一个玩具、一本书即可;最值得注意的是儿童菜单上的菜肴要有营养成分说明,必须是健康食品及对儿童生长发育有益的食品。

6. 酒单

酒吧向客人介绍所提供的饮料的单子称为酒单。餐厅供应的饮料可单独制作一张酒单,也可附在菜单上。酒水饮料是获利很大的产品,酒单选用的酒水饮料以及其在酒单上的位置直接影响酒水饮料的销售。一般附在菜单上的饮品应设在醒目的位置上,大多都设在菜单的最后面,单独印制的酒单要根据顾客就餐习惯适时递上。

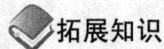拓展知识

餐厅经营不同阶段对菜单的要求

餐厅的经营一般可分为四个阶段,在不同的阶段对菜单有不同的要求。

1. 构思阶段。开业构思阶段的菜单,在树立餐厅的形象方面是一个十分重要的工具,它可帮助管理人员决定餐厅经营的类别。通常将这一阶段的菜单称为试验性菜单,设计时需注意以下几点:首先,试验性菜单是针对餐厅的目标顾客群进行设计的,应反映出其目标顾客群的需求;其次,试验性菜单是一份计划书,对加工菜单上的菜肴相应应购置什么餐具、炊具和设备,厨房和餐厅需要多大空间和工作条件应有指导性;再次,试验性菜单可反映出食品生产和服务的难度,作为决定餐厅应雇用什么人员的依据;最后,试验性菜单应对餐厅装潢的要求有指导性。菜单提供的菜式风格必须与餐厅的装潢相协调,菜单提供的菜式品种应指导餐厅就餐环境的布置。

2. 经营阶段。在经过开业初期的试营业后,通常餐饮企业会将自己的试验性菜单,根据饮食潮流和公众就餐习惯适当调整后确定自己的经营菜单,这类菜单在一定时期内保持固定不变。这一阶段的菜单设计需注意以下几点:首先,此阶段菜单一经制定,在一段时期要保持不变,这有利于餐饮企业控制成本、提高产品质量、创造名牌菜肴或餐厅特色;其次,针对顾客求新的特点,可采用补充即时菜单的方法,避免因菜单长期不作变动、灵活性小,使客源下降的情况发生;最后,对于饮食潮流,要快速做出反应,及时调整加入能使销售额和利润额增加的菜肴,去掉那些难销售而赢利低的菜肴。

3. 衰退阶段。如果餐厅的生意出现衰退,餐饮企业的利润率和投资回收率不断下降,就要对菜单进行变革,对价格进行重新评估,对市场的大小和结构进行重新分析,对菜肴做必要的更换。在衰退阶段,可设法提供一些每日特色菜来吸引客人,要着重推销那些赢利大、受顾客欢迎的品种。有时,菜单外观的改造(变换菜单的布局、设计、色彩、印刷效果格调)也会影响餐厅的生意。

4. 转化阶段。当人们的饮食潮流和习惯发生变化时,餐厅应该及时地改变菜单和变换目标市场。转化阶段涉及餐厅的更新改造、餐厅业务的扩展和经营目标的改变,用于增加营业量和利润额。这个阶段,菜单改革是首要任务。

三、菜单的内容

(一) 菜肴的品名和价格

根据国际菜单法规，菜肴品名和价格要有真实性。这种真实性主要体现在：

1. 菜肴名称真实

菜肴的名称应该好听，但必须真实，不能太离奇。故弄玄虚而离奇的名字、顾客不熟悉或不符合实际的名字都不容易被顾客接受。

2. 菜肴质量真实

菜肴的质量真实包括原料的质量和规格要与菜单的介绍相一致。如菜单上标明是用里脊肉，成品不能用其他部位的肉；菜单上介绍是澳洲进口牛排，则原料必须是澳洲进口；菜单上标明的分量为500克，其成品就必须是500克等。

3. 菜肴价格真实

菜单上的价格应该与实际供应的一样。必须注明计价单位和货币种类。以份为计价单位的，应分别注明大、中、小份的价格；以重量为计价单位的，应注明原料或成品重量的单价。如果餐厅加收服务费，则必须在菜单上注明，若有价格变动更需注明。

4. 外文名字准确

常出现的拼写错误会使顾客产生失望及不信任感，翻译的不准确则会使客人感到莫名其妙。

5. 菜单上列出的产品应保证供应

菜单上列出的产品不应缺货，应保证供应，否则会引起顾客的不满。

(二) 菜肴的介绍

对一些重点推销菜肴或餐厅特色菜肴在菜单上通常需做简要描述，其标准描述的基本内容主要包括以下几个方面：菜肴的类型或种类，菜肴的出处(历史、典故、名人)、与何种菜肴相似，菜肴的味道、用料及产地，菜肴准备程序，菜肴成品的样子，有什么配菜及汁料。另外，在介绍时要多用形容词描述菜品。

(三) 告示性信息

菜单除了要有菜肴名称、价格及介绍之外，还应提供一些让顾客一目了然的告示性信息，以便于餐厅推销。这些信息包括以下五点：

1. 餐厅的名字

通常安排在封面。

2. 餐厅的风味特色

通常体现于餐厅名字中。

3.餐厅的地址、电话和徽标

一般列在菜单的封底下方,有的菜单还列出餐厅在城市中的位置。

4.餐厅经营时间

标注在封面或封底。

5.餐厅加收的费用

一般列在菜单里页下方。

(四)机构性信息

菜单上还应介绍餐厅的质量、历史背景和餐厅的特点、特色等,菜单是介绍此类信息的最佳途径。

四、菜单设计

(一)菜单设计的步骤

1.准备所需材料

进行菜单设计前应准备的材料有:本企业用过的各种旧菜单及目前在用菜单,所在城市或地区竞争对手的菜单资料,本企业标准菜谱档案,库存原料信息资料,菜肴销售结构分析资料,菜肴成本分析资料,客史档案,烹饪技术书籍,菜单词典等。

2.制定标准菜谱

标准菜谱一般由餐饮部和财务部共同制定,其内容有:菜肴名称(一菜一谱);该菜肴所需原料(主料、配料和调料)的名称、数量和成本;该菜肴的制作方法及步骤;每盘分量;该菜肴的盛器、造型及装饰(装盘图示);其他必要信息,如服务要求、烹制注意事项等。

3.菜单设计实施

菜单设计的具体实施步骤如下:根据菜单设计依据确定菜肴种类,根据进餐先后顺序决定菜单程式,进行菜单定价,进行菜单的装帧设计。

(二)菜单内容的安排

1.菜单的排列顺序

菜单的内容一般按就餐顺序排列。因为顾客通常按就餐顺序点菜,也希望菜单按就餐顺序编排,以便能很快找到菜肴的类别,不致漏点。中餐菜单的排列顺序一般是冷菜、热菜、汤菜、主食、酒水饮料。西餐菜单的顺序一般是开胃品、沙拉、汤、主菜、三明治、甜点、饮品。

2.主要菜肴的编排

主菜应该尽量列在醒目的位置,单页菜单应列在单页的中间,两页菜单应该列在右页,三页菜单应该列在中页,四页菜单应该列在第二页、第三页上。

3. 重点推销菜肴的编排

菜肴在菜单上的位置对于菜单的推销效果有很大的影响。菜单的编排要注意眼光集中点的推销效应,可将重点推销的菜肴列在每页菜单醒目之处。有些重点推销的菜、名牌菜、高价菜和特色菜或套菜可以单独制作菜单进行推销。

4. 临时推销菜肴的编排

可将临时推销菜肴用小卡片的形式附在菜单(里页有小夹子,用来展示当日特别推销的菜肴)上引起客人的注意。

(三)菜单设计的基本要求

1. 菜单封面艺术美观

封面是菜单的门面,设计精良、色彩丰富、漂亮美观的封面可体现出餐饮企业的主题创意和经营理念,并达到艺术形式和经营内容的完美统一。封面的图案要体现餐厅经营的特色和特点,如果是古典式餐厅,菜单封面的设计要体现古典色彩,而现代风格的餐厅的菜单封面则应突出表现明快的气息。菜单封面是餐厅内部环境的点缀之一,其色彩应当与餐厅环境色调相匹配和协调。颜色要么跟餐厅色彩相近,形成一个体系;要么互成反差,相映成趣,犹如万绿丛中的花朵,增加色彩。

2. 菜单用纸要适宜

如何选择菜单的制作材料,取决于餐厅菜单的种类或使用方式。比如:如果是固定菜单,要在一定时期内保持良好状态,就要尽量选择品质高、耐磨损的材料制作;如为即时菜单,因其使用时效短,则选择经济实用的材质即可。常见的菜单用纸有:

(1)胶版纸。旧称"道林纸",适于印制单色或多色的菜单封面、正文、插页,画报,宣传品和各种包装品。胶版纸有不同的型号,有单面和双面之分,还有超级压光与普通压光两个等级。

(2)铜版纸。又称涂布印刷纸,在香港等地区被称为粉纸。它是以原纸涂布白色涂料制成的高级印刷纸。主要用于印刷高级书刊的封面、各种精美的广告、包装等。铜版纸覆膜后非常光滑,看起来很精致,但铜版纸覆膜会增加制作成本。

(3)哑粉纸。用哑粉纸印刷的图案,虽没有铜版纸色彩鲜艳,但比铜版纸更细腻,更高档。价格和铜版纸覆膜相似,不耐油污,适于印制各种宣传品。

(4)特种纸。一般以进口纸为常见,主要用于封面、装饰品、工艺品、精品等印刷。特种纸有各种各样的颜色,成本非常高昂,但效果典雅。许多高档饭店选用此种纸张印制菜单。

3. 菜单的尺寸大小应适宜

菜单尺寸大小应根据餐饮产品数量的多少、餐厅规模大小和座位空间而定。

通常可选用28cm×40cm的单页菜单、25cm×35cm的双页对折菜单、18cm×35cm的三折菜单。美国餐厅协会对顾客调查表明，菜单最理想的尺寸为23cm×30cm，这样的尺寸顾客拿起来舒服。尺寸太大，顾客拿起来不方便；尺寸太小会因篇幅过小而页数过多、文字过密。菜单在篇幅上应留有一定的空白，这样会使文字突出、易读，并避免杂乱。如果菜单的文字所占篇幅多于50%，会使菜单看上去又挤又乱，妨碍顾客阅读菜单和挑选菜肴。菜单四边的空白应宽度相等，给人以匀称之感，左边字首上下应排齐。

4.菜单的字体选择要合适

菜单字体选择是决定菜单可读性和清晰度的一个重要方面。使用令人容易辨认的字体，能使顾客感到餐厅的餐饮产品和服务质量具有一定的水准，进而留下深刻印象。菜单字体选择应注意以下几个方面：

(1)字体类型的选择。①中国字体。隶书、草书艺术性见长，实用性不佳，应慎用；楷书工整端庄，行书行云流水，可作为选用参考字体。②英文字体。罗马体书写十分正规，线条粗细相同，看起来清楚秀丽，读起来则一目了然，因此是菜单所用的最基本字体。手写体流畅自如，线条有粗有细，设计适合作美术体，在菜单上常用于书写菜肴类别的标题，一则可区分普通菜名的字体，二则可起到美化点缀的作用。③中英文斜体字。中英文字体都有斜体。斜体排印的文字，久视眼睛容易疲劳，而且难以快读。在菜单设计中，只有需要做特殊推销或强调时才使用斜体字，使它与其他字体明显区分开来。

(2)字号大小的选择。菜单的字号起码要使人易于辨认。排字时行距要慎重处理，两行文字之间的间隙不能太小，字的周围要有些字空，才能使人读起来舒服。

(3)字体粗细的选择。字体的粗细体现不同的格调。粗厚的字体给人厚实、沉稳的感觉，但这种字体排得太密的话容易显得黑乎乎的；细字体令人有轻松的感觉，但太细太淡的话会不易辨认。

5.恰当运用色彩和照片

在菜单上使用色彩和照片是当今餐厅的一种潮流，可以增加菜单美观度，使之更生动、更直观。适当在菜单上运用色彩和照片有以下作用。

(1)菜单运用色彩和照片可以产生装饰作用。色彩和照片能显示餐厅的风格和气氛，可使菜单更具吸引力，更令人产生兴趣。

(2)菜单运用色彩和照片可以产生推销作用。彩色照片能直接展示餐厅所提供的食品和饮料。一张菜肴的彩色照片胜于千句文字说明，它显示了真实菜肴的样子，可使菜单更加诱人食欲，提升推销效果。

(3)菜单运用色彩和照片可以加快顾客订菜的速度。印上彩色照片的菜肴应该是餐厅最愿意销售的、并希望顾客最能注意并决定购买的菜肴。顾客看到菜肴诱人的照片很快就能决定选择的菜肴,这样能提高座位周转率。

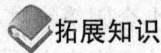拓展知识

特色菜的推销

许多餐厅都需要推销自己那些具特色、价格不贵又能使餐厅出名的菜肴。价格高、毛利大、容易烹调的菜都可作为特色菜。这些特色菜可以分为以下四大类:

(1)特殊的菜肴。指畅销或高利润的菜。

(2)特殊套餐。指为提高餐饮销售额,满足顾客特殊需求,增强推销效果而设计编排的套餐,如商务套餐、情侣套餐等。

(3)每日时菜。有的菜单上留上空间列上每日的特色菜和时令菜,以增加菜单的新鲜感。

(4)特色烹调菜。以独特烹调方法烹制的特殊菜。

重点推销菜肴的菜单处理方法

(1)用粗字体、大号字体或特殊字体列出菜名。

(2)增加对特殊菜肴的介绍内容,对特殊菜进行较为详细的推销性介绍。

(3)采用方框、线条或其他图形标注特色菜,使之更为令人注目。

(4)放在菜单的显著的位置。

(5)附上菜肴漂亮的彩色照片。

另外,菜单设计中菜单式样选择除可以依据餐厅的特色、菜肴数量的多少外,还可以根据主要客人的审美特点而定。

第二节 菜肴选择与定价

选择菜肴及合理定价是菜单管理工作的重点。菜肴选择是否合理、所定价位是否适当,对餐饮企业在市场中的获利水平、社会声望、市场占有率等都会产生极大的影响。如果它能够满足餐饮企业目标市场顾客需求,并能够使企业获利的话,那么无疑是成功的。

一、菜肴选择

菜单上列出的菜肴就是顾客就餐时购买的对象,菜肴选择合理会促使顾客购买,并吸引顾客再次光临,从而提高餐厅的营业收入和经营利润。

（一）菜肴选择的原则

菜肴的选择要能反映出餐饮企业的经营特色和风格，要能满足目标市场顾客的需求。选择菜肴要注意遵循以下原则：

1. 利润原则

餐饮企业要遵循利润原则，首先要选择毛利较大的菜肴。由于餐饮产品价格形成的特殊性，即菜肴价格＝原料成本＋毛利，因此，毛利与售价和原料成本相关。在原料成本不变的情况下，提高菜肴的售价会使毛利提高；在价格确定之后，降低原料成本，同样会使毛利提高。如果用提高价格来提高毛利，会因菜肴的价格过高而难以出售。提高毛利较好办法就是降低原料成本，因此我们要选择原料成本较低的菜肴。控制原料的成本不仅要考虑原料的进价，还要考虑加工和切配的折损率的高低。因为有些原料进价较低，但经过初加工后，所剩净料的成本却很高，不能达到提高毛利的目的。

2. 需求原则

餐饮企业要遵循需求原则，要选择适应目标顾客需求的知名菜肴。在目标顾客有需求的菜肴中，少不了要选择知名菜肴。因为知名菜肴是各个菜系经过时间的沉积和烹饪技术的演变而产生的，在一定的区域范围内具有极高的知名度，并且很多目标顾客就是因为这些菜肴而来就餐的。如以经营川菜风味为主的餐厅，菜单上要有麻婆豆腐、水煮鱼；以经营粤菜为主的餐厅，菜单上要有荔枝虾球；经营苏菜为主的餐厅，菜单上要有松鼠鳜鱼等。各菜系中的知名菜肴可以大大增强顾客的购买欲望，从而使企业的收入和利润得以提高。

3. 特色原则

餐饮企业要遵循特色原则，要选择体现企业实力的招牌菜。招牌菜是餐饮企业为了招徕和稳定顾客群体所独创的具有特色的拳头菜肴。招牌菜需要餐饮企业管理者和生产者具有良好的创造力和想象力，把握流行趋势、结合自身特点进行开发设计，并且要体现企业的实力，使之与众不同从而吸引顾客。

4. 平衡原则

餐饮企业要遵循平衡原则，选择能促使菜单品种与价格平衡的菜肴。无论是零点菜单还是套餐菜单，应尽量满足顾客对营养、价格及口味等的多层次需要。因此，选择菜肴时要考虑以下因素：

（1）菜肴价格平衡。菜单上的价格是针对一定消费档次的顾客的，但是同一消费档次的顾客又有愿意多支付和少支付之分，因此每一类菜肴价格应尽量在一定范围内有高、中、低档之分，以满足顾客对价格的不同需求。

（2）原料组合平衡。各类菜肴应该由使用不同原料的菜肴所组成，以适应不同口味顾客的饮食需要，可使更多的顾客能选择到自己喜欢的菜肴。

(3)烹调方法平衡。在各类菜肴中应有使用不同烹调方法制作的菜肴,如炸、炒、煮、蒸、炖等。

(4)口味质地平衡。菜肴成品的口味要咸、甜、清淡、辛辣搭配;成品的质地要生、老、嫩、脆搭配。

(5)营养搭配平衡。选择菜肴时要注意各种营养成分的合理搭配。例如不能只选蛋白质丰富的肉菜,还应搭配些具有各种维生素的蔬菜。在选择菜肴时,还要注意使节食者有营养丰富的菜肴可选,使素食者可选的菜肴也具有丰富的营养。

(二)菜肴分析

菜单在使用一段时间后,要对所选择的菜肴进行科学分析,然后根据分析结果对菜肴进行调整。将那些顾客喜欢并给餐饮企业带来利润的菜肴保留下来,对那些顾客不满意或销售不好的菜肴进行调整、完善或删除,以保证菜单始终处于较好的状态。下面介绍两种菜肴分析方法:

1.ABC分析法

(1)ABC分析法的基本内容。菜单ABC分析法是对菜单品目、销售额进行分析的一种方法。它根据每种菜肴销售额的多少,将其划分为A、B、C三组。

A组:是现在的主力菜肴,可称为"重点菜肴"。

B组:可能是过去,也可能是未来的重点菜肴,可称为"调节菜肴"。

C组:销售额低的菜肴,一般包括滞销的菜肴、新开发但尚未打开销路的菜肴,或某些低价促销的招牌菜肴。这一部分菜肴又可称为"裁减菜肴"或"灰姑娘菜肴"。

根据国际饭店界惯例,A组菜肴销售额占所有菜肴总销售额的70%,B组占20%,C组占10%。A组菜肴品目越少,主力菜肴越突出,就越能强化餐厅的个性,同时也可以对A组菜肴进行集中管理。

(2)ABC分析法的步骤:①选择菜单分析的原始数据。数据可来自点菜单,汇总点菜单上某类菜肴的销售份数和价格。②统计每种菜肴的销售份数,乘以单价,计算出每种菜肴的总销售额。公式表示为:每种菜肴总销售额=每种菜肴销售份数×单价。③计算每种菜肴的销售额在餐厅菜肴总销售额中所占的百分比。公式表示为:每种菜肴销售额构成比=该菜肴的总销售额÷本次统计的所有菜肴总销售额×100%。④按每种菜肴销售额构成比大小,由高到低排列。⑤按序列号,由小到大求出累计百分比。⑥按上面的比例将菜肴划分为A、B、C三组。

(3)通过对菜单进行分析,可以达到以下目的:首先,确定今后销售中应当加强推销的菜肴以及应当裁减的菜肴;其次,通过对菜单的整理分析,调整厨房烹调作业,使之更加合理化;最后,研究如何开发新菜肴。

实例介绍

天都酒店中餐厅根据统计资料对菜单进行ABC分析,见表7-1。

表 7-1　ABC 分析法实例

存号	品名	单价(元)	销售份数	总销售额(元)	销售额构成比	序列号	累计百分比	分类
a	天都小炒	13.00	200	2600	4.07%	8	95.37%	C
b	滑炒肉丝	12.50	1100	13 750	21.51%	1	21.51%	A
c	软炸里脊	13.50	910	12 285	19.22%	2	40.73%	A
d	盐水笨鸡	16.00	50	800	1.24%	10	99.02%	C
e	叫花子鸡	22.00	70	1540	2.41%	9	97.78%	C
f	麻婆豆腐	12.00	400	4800	7.51%	5	77.96%	B
g	野味素烧	12.50	800	10 000	15.64%	3	56.37%	A
h	葱烧海螺	12.00	360	4320	6.77%	6	84.73%	B
i	干煎黄鱼	18.00	500	9000	14.08%	4	70.45%	B
j	绣球全鱼	21.00	30	630	0.98%	11	100.00%	C
k	清炒虾仁	20.00	210	4200	6.57%	7	91.30%	C
小计	—	—	—	63 925				

实例分析

从表 7-1 中数据计算得出：bcg 属于主力菜肴为 A 组；fhi 属于可调节菜肴为 B 组；adejk 属于裁减菜肴为 C 组。根据表 7-1 及参考以前的分析资料，餐厅应密切注意 B 组调节菜肴的发展趋势，对处于上升趋势的菜肴应加强推销，为替补 A 组菜肴做好准备。而在 C 组菜肴除招牌菜肴外，那些由于季节、味道、颜色、价格及营养搭配等因素销路不畅的菜肴都应给予果断淘汰，并对顾客的需求状况进行充分的研究，开发新的菜肴品种；对于尚处在 C 组中的新开发菜肴则应加强宣传推销，加速顾客对其认识和接受。

2.ME 分析法

（1）ME 分析法的基本内容：同类菜肴之间是相互竞争的，往往一种菜的畅销会夺走其他菜的销售额。因此对同类菜肴进行菜单分析十分必要。ME 分析法就是适合同类菜肴分析的一种方法，主要从顾客对菜肴的喜好程度、菜肴给饭店带来的赢利程度两个方面进行分析，将菜肴划分为畅销高利润、畅销低利润、不畅销高利润、不畅销低利润四类菜肴。

（2）ME 分析法的步骤如下：①选择菜单分析的原始数据。数据可来自点菜单,汇总点菜单上某类菜肴的销售份数和价格。②计算某一菜肴的销售额。统计该菜肴的销售份数,乘以单价,计算出该菜肴的销售额。公式:某一菜肴的销售额=该菜肴销售份数×单价。③计算某一菜肴销售额构成比。即该菜肴的销售额在所有被分析菜肴总销售额中所占的百分比。公式:某一菜肴销售额构成比=该菜肴的销售额÷所有被分析菜肴总销售额×100%。④计算饭店赢利程度。饭店的赢利程度通常用销售额指数表示,即某一菜肴的销售额在总销售额中的份额。销售额指数的计算公式:销售额指数=某一菜肴销售额构成比÷每份菜肴应售额百分比。每份菜肴应售额百分比=1÷本次分析的菜肴数量×100%。⑤计算某一菜肴销售数构成比。即该菜肴的销售数量在所有被分析菜肴总销售数量中所占的百分比。公式:某一菜肴销售数构成比=该菜肴的销售数÷所有被分析菜肴总销售数×100%。⑥计算顾客喜好程度。顾客对某一菜肴的喜好程度通常用欢迎指数表示,依据顾客对各种菜肴的购买数量计算。顾客欢迎指数的计算公式:顾客欢迎指数=某一菜肴销售数构成比÷每份菜肴应售份数百分比。每份菜肴应售份数百分比=1÷本次分析的菜肴数量×100%。⑦根据计算数据对菜肴进行分类。不管被分析的菜品项目有多少,理论上的菜肴顾客欢迎指数和销售额指数均为1。若顾客欢迎指数超过1,说明该菜肴是顾客喜欢的菜肴,即为畅销菜,反之为不畅销菜肴;若销售额指数超过1,说明该菜肴是可为餐厅带来高收入的菜肴,即为高利润菜肴,反之为低利润菜肴。

实例介绍

某西餐厅菜单上的汤类有五种,菜品的销售份数、顾客欢迎指数和销售额指数如表7-2所示。

表7-2 ME分析表实例

菜单	销售份数	销售数百分比	顾客欢迎指数	单价(元)	销售额	销售额百分比	销售额指数
法式洋葱汤	60	26%	1.3	5	300	16.1%	0.8
新鲜蔬菜汤	30	13%	0.65	4	120	6.5%	0.3
牛尾清汤	20	9%	0.45	8	160	8.6%	0.4
奶油鸡汤	80	35%	1.75	10	800	4.3%	2.2
酸辣牛肉汤	40	17%	0.85	12	480	25.8%	1.3
总计/平均值	230	20%	1	—	1860	20%	1

实例分析

通过计算可以得出:法式洋葱汤为畅销低利润菜肴,考虑到其销售额指数为

0.8，可起到薄利多销的作用，故保留。新鲜蔬菜汤为不畅销低利润菜肴，故在菜单上取消该菜，或设计开发新菜品。牛尾清汤为不畅销低利润菜肴，故在菜单上取消该菜，或设计开发新菜品。奶油鸡汤为畅销高利润菜肴，故保留该菜，并加强宣传促销。酸辣牛肉汤为不畅销高利润菜肴，可保留该菜，但需加强宣传促销。

(3)菜肴分析及产品策略。根据顾客欢迎指数和销售额指数可以将菜肴划分为以下4类，如图7-1所示。

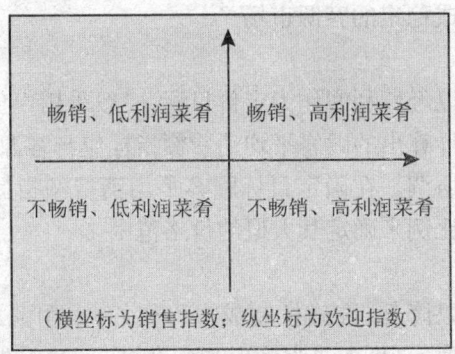

（横坐标为销售指数；纵坐标为欢迎指数）

图7-1 菜肴分析图

①畅销、高利润菜肴。既受顾客欢迎又可带来高赢利，是餐厅的赢利产品，在计划菜品时应保留。②畅销、低利润菜肴。一般可用于薄利多销的低档餐厅中，如果价格和利润不太低而顾客又比较欢迎则可以保留，以起到吸引顾客的作用，顾客进餐厅后还可选用其他菜肴，因此有时这样的畅销菜甚至赔一点也值得。但此类菜肴也可能会转移顾客的注意力，挤掉那些高赢利菜品的生意，如果这些菜肴明显地影响高赢利菜品的销售，就应果断地将其去掉。③不畅销、高利润菜肴。可用来迎合一些愿意支付高价的客人。高价菜肴毛利额大，如果不是太畅销也可以考虑保留。但是如果销售量太少，这类菜较多的话又会使菜单失去吸引力。因此在较长时间内销售量一直很少的菜肴应该去除。④不畅销、低利润菜肴。一般应去除，但如果有的菜肴顾客欢迎指数和销售额指数都不是太低，接近0.8左右，又可起到营养平衡、原料平衡和价格平衡的作用，则仍可保留。

二、菜单定价策略

菜单定价是菜单管理工作的一个重要方面。菜单上的菜肴价格直接影响顾客的购买行为，影响菜单的吸引力和餐厅的客源。菜肴价格高低还决定了菜单产品的成本结构和成本的控制，因此菜单定价将直接影响餐饮企业的经营效益。

（一）菜单定价的目标

菜单定价目标必须与餐饮企业经营的总体目标相协调，菜单价格的制定必须以餐饮企业选择的定价目标为指导思想,使餐饮产品价格与市场需求相适应,既满足顾客的需求,又保证企业的自身利益不受损害。目前餐饮企业通常采用以下几种菜单定价目标:

1. 市场导向目标

采用市场导向目标的餐饮企业通常强调要实现某一营业目标。一般以增加营业收入、保持市场份额作为定价目标。采用市场渗透策略定价,逐步扩大市场占有率,吸引回头客,以形成稳定的客源市场。

2. 利润导向目标

利润导向目标是以经营利润作为定价目标,一般采用声望定价策略进行定价。经营者根据目标利润计算出的顾客平均消费额指标应与客源市场的需求和顾客愿意支付的价格水平相协调。在确定目标顾客平均消费额指标后,就可以根据各类菜肴所占营业收入的比例来确定其大概的价格范围。

3. 保本导向目标

保本导向目标是以降低、准确控制成本为核心,采用薄利多销的策略进行定价。餐饮企业竞争激烈,一些企业为确保其生存,定价时首先考虑保本,待稳定后再适时进行价格调整;或者在确保成本的前提下,微利经营,以吸引更多的顾客。

4. 竞争导向目标

当餐饮企业面对竞争时,通常采用竞争导向定价目标,以积极态势参与市场竞争、以增强企业产品竞争力为目标制定菜肴价格,采用低价促销策略定价。采用这种定价目标的企业一般有两种情况:一是知名度不高的餐饮企业,为了吸引顾客或扩大知名度,菜肴价格制定得相对较低;二是在激烈的竞争中为了保持或扩大市场占有率,通过较低的价格来争取客源。但是,采用此种定价目标可能会造成餐饮企业经营的表面繁荣,而实际获利较少,甚至不能产生利润。

5. 享受导向目标

享受导向目标是以满足顾客物质和精神享受为重点,采用高价促销策略定价。采用这种定价目标的餐饮企业一般档次较高,并且有固定的消费水平较高的客源,餐厅装潢、菜肴出品以及服务水准等都追求尽善尽美,给人以豪华典雅、舒适愉悦之感,甚至一些餐厅还增加一些娱乐节目为就餐的顾客助兴,使顾客得到物质和精神等多方面的享受。

(二)菜单定价的方法

菜单定价是否合理不仅关系到餐饮企业能否最大程度吸引顾客,还影响到餐饮企业的赢利水平。菜单定价方法多样,不同餐饮企业应根据自身的特色和经营思路选择适当的定价方法,也可以将几种方法相结合,灵活运用。常见的菜单定价方法有:

1.随行就市定价法

随行就市定价法是一种比较简单、容易操作的定价方法。定价时一般以同类同档次餐饮企业的产品价格作为依据。这种定价方法,在实际经营中经常被一些餐饮企业采用,但使用该方法定价时必须注意要以成功的菜单为依据,避免将不成功的菜单用于本企业的餐饮经营之中。

随行就市定价法还适用于季节性产品定价。餐饮企业一般会根据生产原料的自然生长规律,在不同的季节使用不同的生产原料,制定不同的产品价格,如清明前长江中下游的刀鱼、金秋十月江南的大闸蟹等,由于原料稀少,质量上乘,价格自然就会比其他季节高出很多。此外,餐饮企业为了刺激消费、吸引客人,还会在不同的经营时间推出不同的销售价格,如周末特价、节假日酬宾价等。

2.毛利率定价法

由于毛利率有销售毛利率和成本毛利率之分,因此,毛利率定价法又可分为两种不同的方法。

(1)销售毛利率法是根据菜肴原材料成本和销售毛利率来计算菜肴销售价格的一种定价方法。计算公式是:

菜肴价格 = 原料成本 ÷ (1 - 销售毛利率)

例:某餐厅的特色水煮鱼,主料成本18元,各种配料成本为1.5元,调料3.5元,销售毛利率为50%,计算其售价。

水煮鱼的价格 = (18+1.5+3.5) ÷ (1-50%) = 23 ÷ 50% = 46(元)

(2)成本毛利法是根据菜肴原材料成本和成本毛利率来计算菜肴销售价格的一种定价方法。其计算公式是:

菜肴价格 = 原料成本 × (1 + 成本毛利率)

例:仍以上述水煮鱼为例,原料成本不变,外加成本毛利率为100%,计算其价格。

水煮鱼的价格 = (18+1.5+3.5) × (1+100%) = 23 × 2 = 46(元)

两种毛利率的定价方法各有利弊,但目前国内大多数餐饮企业基本上采用销售毛利率法给菜单定价,因为财务核算中许多计算内容都是以销售价格为基础的,如费用率、利润率等,与销售毛利率的计算方法相一致,这有利于财务核算和分析。而成本毛利率定价法在计算上则比销售毛利率法简单得多,两者可以进行换算,换算公式为:

销售毛利率 = 成本毛利率 ÷ (1 + 成本毛利率)

成本毛利率 = 销售毛利率 ÷ (1 - 销售毛利率)

3.系数定价法

菜肴的成本除食品原料成本外,还包括菜肴生产所需的人工成本。不同的菜肴由于其制作方法和生产时间不同,其人工成本也不相同,上述的定价方法在定价时往往对这一类成本考虑较少,而系数定价法却有这方面的优势。采用价格系数定价法定价时不但考虑菜肴原材料成本,而且还兼顾到人工成本、费用等诸多因素。

一般来说,餐厅的菜肴通常根据制作的难易程度,可分为三大类,见表7-3。采用系数定价法进行定价,首先要将所有菜肴按照加工制作的难易程度进行分类,因为不同加工难度的菜肴所耗费的人工成本不同;其次,确定每类菜肴的定价系数;最后,只需将其标准食品成本乘以该类菜肴的定价系数便可计算出菜肴的价格。

表7-3　菜肴加工难易度分类

分类	难易程度	加工特点	所占比例
第一类	深度制作类菜肴	生产过程时间长 环节多 制作工艺比较复杂	较多
第二类	中度制作类菜肴	生产工艺相对比较简单 容易加工烹制	较小
第三类	轻度制作类菜肴	极少需要再加工制作	极小

采用系数定价法虽然会导致部分菜肴的成本率高于标准成本率,但一份菜单的总成本却仍可以达到预算目标。同时由于采用了不同的定价系数,使得菜肴价格之间会出现明显的差异,这样既可以满足不同层次客人的需求,又有利于参与市场竞争,占领更大的市场份额。

实例介绍

某餐厅系数定价法的具体运用,见表7-4。

表7-4　系数定价法实例

项　目	第一类	第二类	第三类	合计	占营业收入比例
食品成本	168 000	48 000	24 000	240 000	40%
烹调制作人工成本	34 560	8640	—	43 200	7.2%
加工、服务人工成本	45 360	12 960	6480	64 800	10.8%
其他营业费用	126 000	36 000	18 000	180 000	30%
经营毛利	50 400	14 400	7200	72 000	12%
营业收入	424 320	120 000	55 680	600 000	100%
定价系数	2.53	2.50	2.32	—	—

如表7-4所示,该餐厅预算食品成本总额为240 000元,占营业收入的40%,其中第一类菜肴占70%,合计168 000元;第二类菜肴占20%,合计48 000元;第三类菜肴占10%,为24 000元。计算各类菜肴的定价系数时只需将各类菜肴的营业收入除以该类原料成本即可,由此可以计算出表7-4中各类菜肴的定价系数:

第一类菜肴的定价系数:424 320÷168 000 = 2.53

第二类菜肴的定价系数:120 000÷48 000 = 2.50

第三类菜肴的定价系数:55 680÷24 000 = 2.32

利用系数定价法给各类菜肴定价时,只需将其标准食品成本乘以该类菜肴的定价系数便可计算出菜肴的价格。

该餐厅一份干煸牛肉的成本为16.50元,大地回春的成本为2.20元,水果拼盘的成本为5.50元,按上述系数分别计算出三道菜肴的销售价格。

干煸牛肉的售价:16.50×2.53 = 41.75(元)

大地回春的售价:2.20×2.50 = 5.50(元)

水果拼盘的售价:5.50×2.32 = 12.76(元)

(三)菜单定价的策略

在餐饮企业经营中,价格策略是一项重要决策。因为只有适当的菜肴价格才会给餐饮企业带来营业收入并赢得利润。只有确定正确的定价策略,才能使企业获得尽可能最大化的营业收入,避免因价格低而造成损失,或因价格高而使顾客望而却步。菜单定价策略主要分以下四种。

1.心理定价策略

顾客对菜肴满意程度的高低,直接影响餐饮企业的菜单定价。心理定价策略是指从顾客的心理反应出发,满足其心理需求、激发其购买欲的一种菜单定价策略。

(1)尾数定价策略。首先,采用尾数定价策略要注意定价中的第一位数字。顾客通常会根据餐饮产品价格的第一位数字来做出消费决策,他们认为菜肴价格中的第一位数字要比其他位数字更重要。其次,应尽量让菜单上的价格保持在一定范围内,这有利于让顾客接受。反之,菜单上的价格如果起伏较大则不利于顾客选取菜肴。再次,菜单上菜肴的价格不宜频繁调整。调整过于频繁或幅度过大,很容易引起顾客的反感。因此,餐饮企业通常每次调价的幅度不宜过大,调价次数也不宜过于频繁。最后,应注意对餐饮产品的价格尾数的设定中西方有所不同。西式宜为奇数,价格尾数一般应为5或9;中式宜为偶数,尾数宜为6或8等吉利数字。

(2)整数定价策略。一般的顾客在购买餐饮产品时,往往以价格来衡量产品质量,抱持"一分价钱一分货"的价值观念。因此,餐饮企业在制定餐饮产品价格时应将产品的价格调整到代表产品价值附近的整数,以使顾客比较容易接受。

(3)声望定价策略。顾客经常把价格看作是产品质量的标志,知名度较高的餐饮企业或普通餐饮企业的高档餐饮产品在定价时可适当高一点,适当的高价既可提高企业餐饮产品的身价,又可衬托出顾客的身份、地位和消费能力,给顾客以心理上的满足。如一次宴会套菜菜单的成本为1600元,按声望定价法,其价格可定为1800元。如果面对的顾客为高端商务客人,则可定价为1888元,以迎合他们求吉利的消费心理;如果面对的顾客较追求实惠,则应定价为1688元,既实惠又吉利。

2. 折扣定价策略

在实际的定价工作中,餐饮企业会通过给予顾客各种优惠或折扣,以鼓励顾客光临该企业,并达到消费餐饮产品的目的。折扣定价策略又可分为三种:

(1)数量折扣策略。数量折扣策略是指给予消费达到一定金额的顾客以某种折扣优惠的一种折扣定价策略。主要有以下两种形式:①一次性消费折扣。当顾客一次性消费的金额达到餐饮企业规定的标准时,就可得到某种折扣优惠,购买数量越多,折扣也就越大,以此鼓励并刺激顾客一次性大量消费该企业的餐饮产品。②累计折扣。累计折扣应用于多次性消费。对于顾客来说,累计折扣更有吸引力;对于餐饮企业来说,累计折扣可使顾客重复、多次购买本企业的产品,更可起到促销的作用。

(2)时段折扣策略。时段折扣策略是指给予在非营业高峰时间就餐的顾客以消费折扣优惠的一种折扣定价策略。餐饮经营受就餐时间的限制,餐饮企业为扩大餐饮销售,通常会采用此种策略吸引顾客。这在星级饭店的咖啡厅、酒吧等处十分常见。

(3)实物折扣策略。实物折扣策略是指餐饮企业向就餐顾客赠送纪念品、小礼品等实物优惠的一种折扣定价策略。如高星级饭店的西餐厅向就餐的客人赠送自制的巧克力,餐饮企业向来就餐的外国客人赠送筷子、中式点心、当地的小纪念品,向国内的餐饮顾客赠送菜肴、茶点、水果及纪念品等。

3. 招徕定价策略

招徕定价策略是餐饮企业又一种为促进销售而制定的价格策略,其中包括亏损招徕、特价招徕等策略。

(1)亏损招徕策略。亏损招徕即是指餐饮企业将某种或某几种餐饮产品的价格制定得特别低,甚至低于成本,从而以低廉的价格招徕顾客,并给他们留下一个价廉物美的印象。采用这种定价策略,可在吸引顾客购买廉价餐饮产品的同时,刺激顾客购买或消费其他正常定价的餐饮产品。餐饮企业廉价销售这些餐饮产品,从表面上看无利可图,但从整体考虑,顾客在消费这些廉价产品时也必然会消费其他餐饮产品,餐饮企业不仅能借此收回这些亏损产品所失去的利润,而且还可提高总的营业收入和利润。

(2)特价招徕策略。特价招徕即餐饮企业在某些节日或营业淡季时,特别降低某种餐饮产品的价格,以招徕更多的顾客。餐饮企业在采用这种策略时,应与相应的广告宣传活动相配合,通过提高总的餐饮产品的销售量来降低食品成本,从而增加利润额。

4. 新产品定价策略

餐饮行业是一个没有专利的行业,任何一种餐饮产品在推出不久以后便有其他餐饮企业仿效生产。因此,餐饮企业在进行新产品定价时必须考虑到产品的生命周期。新产品定价策略具体有以下三种形式:

(1)撇脂定价策略。撇脂的原意是将牛奶上面的那层奶油撇出来。撇脂定价策略是指餐饮企业在新产品刚推出时采用制定高价的策略,以便使企业迅速赢利,因为顾客对新产品总有一种求新的消费心理,他们愿意支付较高的价格先尝为快。当竞争对手推出同样的产品时,企业马上降低价格,以吸引更多的对价格较为敏感的顾客,同时也可应付竞争对手的挑战。

(2)渗透定价策略。与撇脂定价策略相反,渗透定价策略是指餐饮企业将创新的餐饮产品以较低的价格投放市场的策略。餐饮企业把新产品的价格定得较低,目的是迅速占领市场,增加该产品的销售量,并刺激其他产品的销售,从而使企业尽快获得较好的经济效益。

(3)满意价格策略。这是一种介于撇脂定价策略与渗透定价策略之间的折中定价策略,它汲取上述两种定价策略的优点,采取两种价格之间的适中水平来确定创新产品的价格,既能保证餐饮企业获得较为合理的利润,又能为顾客所接受,从而使双方都满意。

☞ 案例分享

一份扇形菜单

金秋十月,上海市市长将在新锦江大酒店白玉兰宴会厅设宴欢迎日本天皇夫妇访沪。接到这项重大任务后,酒店上下动员,开展了大量接待贵宾的准备工作。其中公关部接到的一项不寻常的任务,就是制作盛宴的菜单。

菜单虽小,却事关重大。为此,餐饮部的工作人员群策群力,开动脑筋,推陈出新,大胆摒弃那种翻页的老款式,从日本人喜爱小折扇的文化传统出发,结合天皇夫妇的皇室身份,设计了一把集中国书法、绘画技艺与精美菜肴名称于一体的新颖独特的扇形菜单。

设计构思出来了,还须加工制作成成品。餐饮部经与各方积极联系,在苏州一家专业厂家定做了100把精巧的鎏金小折扇;著名画家蔡大雄先生欣然应允为100把折扇绘制以春竹为主题的扇面;书法名家也饱蘸浓墨,挥毫书就一道道菜名。好马须配好鞍,公关部又从上海红木厂配置了洋溢着中华民族气息的红木小托架。这样,一份别具一格、极富特色的菜单诞生了。

在欢迎日本天皇夫妇的宴会上,这份新颖奇妙的菜单引起了嘉宾们极为强烈的反响:出席宴会的日方政要餐毕纷纷将小折扇轻轻收起,带回珍藏,而收不到小折扇的客人就只能"望扇兴叹"了。

思考:客人将折扇带回珍藏,你认为客人珍藏的是什么?谈谈你对菜单设计的理解。

思考与练习

一、名词解释
1.菜单
2.零点菜单
3.折扣定价策略

二、论述题
1.试述固定菜单的优缺点。
2.菜单设计需经过哪些环节(步骤)?
3.菜单定价的策略有哪些?

三、计算分析题
用ABC分析法对下表中的菜肴进行分析。
某餐厅的围碟销售情况如下:

存号	品名	单价	销售份数	总销售额(元)	销售额构成比	序列号	累计百分比	分类
a	酱牛肉	3.00	200					
b	朝鲜泡菜	3.00	1100					
c	老醋萝卜皮	3.50	910					
d	山楂蜜饯	6.00	50					
e	五彩凉皮	12.00	70					
f	清凉三丝	2.00	400					

续表

存号	品名	单价	销售份数	总销售额(元)	销售额构成比	序列号	累计百分比	分类
g	花生脆果	2.50	800					
h	腌青虾	2.00	360					
i	杂果拼盘	8.00	500					
j	白菜大拌	11.00	30					
k	拌蚕蛹	10.00	210					
小计								

请做出评析：_____
_____
_____

第八章 餐饮成本控制

引 言

餐饮成本控制既是餐饮市场激烈竞争的必然要求,同时也是餐饮经营管理工作的重要组成部分,提高经济效益的重要途径。以最小的成本支出生产出顾客最为满意的餐饮产品,是餐饮成本控制的宗旨。餐饮成本控制是餐饮部门在保证餐饮出品和服务质量及其数量的前提下,根据成本预算,将实际成本与标准成本进行比较分析,找出发生差异的因素和原因,进而对餐饮经营过程和方式采取指导、干预和调整,以实现成本在规定的范围内波动的管理活动。

学习目标

1. 根据餐饮企业实际情况设计各式成本报表及进行餐饮成本核算。
2. 根据不同餐饮企业经营发展特点进行餐饮成本分析控制。

第一节 餐饮成本概述

餐饮成本是指餐饮部门出售餐饮食品、饮料和服务的支出,即餐饮销售额减去利润的所有支出。餐饮成本有狭义和广义之分,狭义的成本仅指餐饮产品的成本,即指餐饮企业在生产餐饮产品时所占用和耗费的资金。广义的餐饮成本指餐饮企业在经营餐饮业务时的各项消耗,既包括生产餐饮产品时所占用和耗费的资金,也包括经营餐饮业务的其他营业和管理等费用。在进行成本管理时一般指广义的成本概念,在提及产品成本时一般指狭义的成本概念。

一、餐饮成本类型

餐饮成本与其他成本一样,可以按多种标准进行分类,分类的目的在于针对不同成本采取不同的控制策略。

(一) 固定成本与变动成本

从与业务量的关系角度进行分类,餐饮成本可分为固定成本和变动成本。

1. 固定成本

固定成本是指在餐饮产品销售量发生变动时并不随着增减变动的成本,即当餐饮产品销售量有较大变化时,成本开支的绝对额一般相对稳定。在餐饮企业中,固定员工的工资、设施设备折旧费等,均属于固定成本。这些成本即使在餐饮企业没有销售量的情况下也会照样发生。

2. 变动成本

变动成本是指随着餐饮产品销售量的变动而相应变动的成本,即当餐饮产品销售量增加时,其成本发生额同方向、成比例地增大;反之,随着销售量的减少,成本发生额便会同方向、成比例地减少。餐饮企业中的食品成本、饮料成本、洗涤费等均属于变动成本。

除此之外,餐饮企业还存在一部分随着产品销售量的变动而部分变动的成本,它与销售量不完全成比例发生变动,它由固定的和变动的两部分成本组成。如人工总成本、水电费等。以人工总成本为例,餐饮企业员工可分为两类,一类员工属固定员工,另一类员工属临时员工,其人数不确定,随业务量的变化而变化,如传菜员、清洁工等。第一类员工工资总额不随业务量的变动而变动,而第二类员工的工资总额随着业务量的变动而变动。

(二) 可控成本和不可控成本

从成本管理角度进行分类,餐饮成本可以分为可控成本和不可控成本。

1. 可控成本

可控成本是指在短期内管理人员能够改变或控制的成本。餐饮变动成本基本上为可控成本。如餐饮产品的原料成本,管理人员可通过对原料的采购、验收、贮存、生产等环节的有效控制,使其原料成本数额发生变化。同时一些固定成本也属可控成本,如办公费、差旅费、推销广告费等。

2. 不可控成本

不可控成本是管理人员在短期内无法改变的成本。餐饮固定成本一般是不可控成本,如设备设施折旧费、大修理费、房屋租金以及正式职工的固定工资费用等。

(三) 标准成本和实际成本

从成本计划与实际发生角度进行分类,餐饮成本可以分为标准成本和实际成本。

1. 标准成本

标准成本是指在正常和高效率经营情况下,餐饮生产和服务应占用的成本指标。标准成本是进行餐饮成本控制工作的依据,通常作为目标成本或计划成本使用。为了有效地控制成本,餐饮企业通常要确定单位标准成本,例如每份菜的标准成本、分摊到每位客人的平均标准成本、标准成本率、标准成本总额等。

2. 实际成本

实际成本是餐饮经营过程中实际消耗的成本。标准成本和实际成本之间的差额称为成本差异。

实际成本与标准成本相比较,能评估管理人员控制成本的好坏。实际成本超过标准成本的差额为逆差,表示存在成本控制问题;反之为顺差,表示经营成绩优于计划。

在管理上,将成本分为固定成本与变动成本,有助于餐饮经营者做好餐饮成本的预算、价格决策,进而做出利润预测;将成本分为可控成本和不可控成本,便于企业管理者把握关键问题,减少不必要的时间、精力上的浪费;将成本分为标准成本和实际成本,有利于对成本进行全方位控制,保持企业竞争优势,提升企业竞争力。

二、餐饮成本的构成

(一)原料成本

原料成本是餐饮成本的主要组成部分,餐饮企业通常需要确定每份菜品的标准成本、每份酒水饮料的标准成本,以此来进行成本控制。餐饮产品原料成本是变动成本,与销售量的大小成正比例变化,确定这部分成本要考虑到食品的加工切配折损率、烧煮切割折损率以及饮料配制时的流失量等因素,通常使用标准成本率来计算会更加科学。目前,餐饮业的食品成本率一般为30%~50%,个别企业因经营的项目不同会有所差异。

(二)人工成本

人工成本是指餐饮企业在生产经营活动中因使用劳动力而支付的所有直接费用和间接费用的总和。人工成本主要包括:职工工资总额、社会保险费用、职工福利费用、职工教育经费、劳动保护费用、职工住房费用和其他人工成本支出。其中,职工工资总额是人工成本的主要组成部分。人工成本一般占营业收入的7%~8%以上,一些高档餐饮企业的人工成本可能会达到营业收入的16%,整个营业费用的49%。

(三)营业费用

营业费用包括餐饮企业经营中所消耗的一切费用,见表8-1。

表 8-1　营业费用比例参考表

费用项目	所占份额
店面租金	一般占营业费用的 12% 左右
水电燃料费	随季节有所不同,平均占营业费用的 5% 左右
消耗品费用	包括餐纸、湿巾、餐具、酒具、包装袋、餐盒等餐饮服务所需用品,以及餐具损坏补充等消耗品,占营业费用的 5% 左右
杂费	包括消防费、广告费、保险费、报纸杂志、录音带、唱片、盆栽、清洁服务费等,占营业费用的 8% 左右
设备与装潢的折旧费	一般占营业费用的 5% 左右
借贷利息	无论是投入设备的借贷,还是房屋租金的借贷,其本金所产生的借贷利息也列入成本中。所以要合理利用借贷,控制贷款数额,减轻利息

三、餐饮成本控制的特点

根据餐饮企业生产运作规律,结合以上成本构成和类型,餐饮成本控制具有以下特点:

(一)变动成本比例大

餐饮企业本身的变动成本所占比例较大,既包括食品饮料的原材料成本,还包括营业费用中的消耗品、杂费等一部分变动成本。同时这些成本和费用还随着餐饮产品销售数量的增加成正比例地增加。

(二)可控制成本比重大

除营业费用中的设备设施折旧、大修理费、维修费等不可控的费用外,食品原料成本以及其他大部分成本费用都是餐饮管理人员能控制的费用。这些成本发生额的多少直接与管理人员对成本控制的好坏相关,并且这些成本和费用占营业收入的很大比例。这个特点说明餐饮成本的控制十分必要。

(三)成本控制环节多

餐饮成本的大小受经营管理的影响很大。在菜单的计划、食品及饮料的成本控制、餐饮的营销和销售控制以及成本核算的过程中涉及许多环节:菜单计划→食品采保→加工生产→餐饮服务→餐饮推销→销售控制→成本核算。这些环节都需要加强控制,否则每个环节都可能造成成本流失,餐饮成本会随处增大,成本的无限膨胀是在所难免的。

(四)对设备依赖性强

生产餐饮产品对设备依赖性很强。如烹制菜肴需要各式炉具及器械,一些鲜活原料的活养需要循环水及温控设备,一些食品原料的储存需要冷藏和冷冻设备等,这些设备的性能和完好状态有的直接影响餐饮成本,有的间接波及餐饮成本。要对成本进行有效控制,对餐饮相关设备进行良好管理是必不可少的工作。

(五)部门间协调监控作用大

餐饮的生产运作需要采购部门提供原料,同时还需要财务部门配合进行成本计算和反馈,甚至还少不了企业保安部门对员工进出企业大门的统一管理(防止原料流失),因此餐饮成本控制需要餐饮企业若干部门通力协作才能发挥应有效果。

(六)受技术因素影响大

餐饮成本控制的重要方法之一是综合利用原料,同时干货原料的涨发率和鲜活原料的出净率等技术因素,都对原料成本产生直接影响。餐饮产品生产人员技术娴熟稳定将大大有利于餐饮的成本控制。

第二节 餐饮成本控制

餐饮成本控制是对餐饮经营过程中发生的各项成本所进行的严格的计量、检查、监督和指导,使成本开支在满足业务活动需要的前提下,不超过事先设定的标准或预算。如果发生偏差,应及时查明原因,采取调控措施。

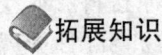拓展知识

餐饮成本控制的工作步骤

餐饮成本控制是一个复杂的过程,其工作步骤主要包括四个阶段:

1.制定标准成本,提供控制依据。成本控制是以制定标准成本为起点的。标准成本的制定要针对成本控制的各个环节,分析成本对象的特点与构成,确定各个成本项目的标准成本数额。

2.加强实际控制,掌握成本消耗。标准成本制定后,要确实用来约束食品饮料等原材料采购成本、生产加工中各种菜点的成本、餐茶用品成本、水电燃料费用等的消耗。加强对这些成本的统计比对及时发现问题并采取措施。

3.分析成本差额,评价控制绩效。在餐饮业务运行过程中,各项实际成本消耗不可能与标准成本完全一致。这时,管理人员要根据各项成本的实际发生额,同标准成本比较,分析成本差额。通过成本差额分析,管理人员即可发现有关部门或事项成本管理的好坏,对成本控制做出业绩评价。

4.结合实际业务,提出改进措施。成本差额分析对成本控制业绩做出了评价,但对造成成本差额的原因还要结合实际业务进行具体分析。如价格差是市场物价变动造成的,还是采购价格控制不当造成的;数量差是标准成本制定不合理造成的,还是实际消耗数量不遵守标准成本规定造成的。只有结合实际,分析具体原因,才能有针对性地提出改进措施,不断做好餐饮成本控制工作。

餐饮成本控制的工作步骤是一个不断循环的过程。餐饮成本控制流程如图8-1所示。

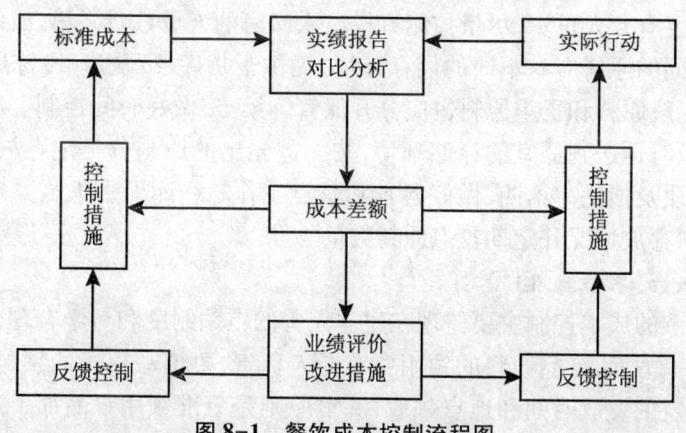

图8-1 餐饮成本控制流程图

一、食品成本控制

由于食品生产过程复杂,其成本控制贯穿于餐饮业务活动的全过程,主要包括采购、验收、库存、发放、加工烹调、销售六个环节。

(一)采购环节控制

采购控制是食品成本控制的首要环节。在采购环节,食品成本控制的要求主要有:一是制定符合餐饮企业需要的原材料采购质量标准,保证购入的原料能够满足食品的烹调加工需要。二是严格控制采购数量,确定食品采购最佳经济订货量。采购数量过多,会占用大量资金,影响资金周转,增加存储成本,导致原料质量下降和损耗;采购数量过少,会增加订货和验收的费用,失去大批量采购所享受的折扣和优惠。三是加强采购价格控制,在保证质量的前提下,尽量降低食品原料的采购价格,做到货比三家,择优选取。

(二)验收环节控制

验收环节控制主要包括以下几项内容:第一,要做好数量控制。要逐一点数、逐件过秤,检查是否同请购单、发票上的数量一致。第二,要做好质量控制。验收人员应对照原料采购规格标准仔细检查原料质量,如合格证明、规格、等级、商标、产地、性能、有效期等。对箱装原料应进行抽样检查。第三,要做好价格控制。检查原料发票价格与供货商、订货单的报价是否一致,是否高于市场价。凡发现原料数量、质量、价格不符合要求的,应及时查明原因,按企业规定处理或拒收。

(三)库存环节控制

为了保证库存食品原料的质量,延长有效使用期,减少和避免因原料腐败变质引起食品成本增高,杜绝偷盗损失,原料储存应着重以下四方面的控制:第一,做好人员控制。要有专人负责,尽量控制有权出入库房的人员数量。第二,做好环境控制。根据不同的原料应有不同的储存环境,提供干货库、冷藏库、冷冻库等不同的存储环境,一般原料和贵重原料也应分开保管。第三,做好时间控制。原料在验收合格后,要及时运送到适宜的存储环境,按先进先出的原则分类定点放置,尽量减少原料的变质及损耗。第四,做好检查和盘点工作。仓库保管人员要定期检查仓库环境、原料存放情况并定期盘点原料数量。

(四)发放环节控制

发放环节的成本控制主要体现在建立完善的申领制度和科学合理的发放程序两个方面。一方面,食品原料的领用要有专人负责,要填写正式的领料单,经审批合格后在规定的发放时间和地点领取,基本原则是只准领用食品加工烹制所需实际数量的原料,若未经批准,不得领用。另一方面,仓库保管员核查领料单,严格按企业规定及领料单发放原料。

(五)加工烹调控制

在生产过程中,成本控制要注意:食品原料的初步加工、切配、烹调、装盘等生产环节的成本控制对餐饮企业的食品成本有着很大影响。

1.食品初加工环节

初加工环节要严格按规定的操作程序和要求进行,达到并保持食品原料应有的净料率;对于成本较高的食品原料,应进行加工试验,以确定最佳的加工方法;对于初步加工过程中的下脚料,应尽量回收利用。

2.食品切配环节

切配环节是决定食品主、配料成本的关键。切配时应根据原料的实际情况,遵循整料整用、大料大用、小料小用、下脚料综合利用的原则,合理利用原料,以尽量降低食品成本;在切配过程中,应按标准菜谱中规定的投料量进行切配,严禁发生用量不足或过量或以次充好等情况;可采取主料过秤的方法,不能凭经验随手抓,保证食品的成本及质量。

3.食品烹调环节

首先,要做好调味品用量的控制,严格执行调味品用量控制,这不仅会使菜点质量稳定,还可较好地控制食品成本;其次,做好食品质量的控制,严格按标准菜谱的规定要求进行操作,掌握好烹调时间及温度,力求不出或少出废品,以有效地控制烹调过程中的食品成本。

4. 装盘环节控制

餐饮企业中有不少菜点是成批烹制生产出来的,这就要求在成品装盘时应按标准菜谱规定的份数进行,以控制食品成本。

(六) 销售环节成本控制

销售过程中的任何差错或漏洞都会引起食品成本的上升,因此,销售环节的成本控制必须引起管理人员的高度重视。

1. 点菜单控制

在接受客人点菜时,应要求所有服务人员必须严格按规定填写点菜单,充分利用点菜单来控制成本,避免因服务人员的贪污而造成的成本增加。点菜单必须编号并保存好,以便出现问题后可立即查明原因,并采取相应的措施。

2. 服务过程控制

餐饮企业应建立并健全各项管理制度,以防止或减少由员工工作失误、贪污、盗窃等引起的成本上升。要开展经常性的业务培训及加强对员工的职业道德教育,使他们端正服务态度,树立良好的服务意识,提高餐饮服务技能,力求不出或少出差错,尽量降低食品成本。

3. 收款控制

餐饮企业应健全各项财务管理制度,并严格执行,严防收款员和其他工作人员的贪污、舞弊行为。要加强对收款员的业务培训,提高其业务能力和工作责任心,以防止收款员漏记或少记点菜单上的菜点价格。在给客人结账时要做到核算准确。餐饮企业的财务部门应每天审核账台的"营业日报表"和各种原始凭证,以确保餐饮企业的利益。

二、酒水饮料成本控制

酒水饮料成本控制以酒吧为基础,除了遵循食品成本的六个环节控制之外,根据酒吧销售方式不同,其成本控制方法又分两种情况。

(一) 鸡尾酒销售成本控制

鸡尾酒是酒吧销售的主要产品,各种鸡尾酒的用料配方和比例不同,其标准成本也不一样。在酒吧销售过程中,调酒员尽管都按标准配方调制鸡尾酒,但实际成本往往和标准成本不完全一致,由此也会形成成本差额。鸡尾酒销售成本控制就是要在分析成本差额的基础上来发现成本消耗中存在的问题,从而有针对性地采取控制措施,提高成本管理水平。酒吧鸡尾酒成本控制报告见表8-2。

表8-2 酒吧鸡尾酒成本控制报告

酒吧：　　　　　　　　　　报告期：　　　　　　　　　　制表人：

鸡尾酒名	标准成本		实际成本		标准成本	实际成本	成本差额	标准成本率	实际成本率	成本率差额
	杯酒成本	酒单售价	销售量	杯酒成本						

（二）瓶装和杯装酒水销售成本控制

酒吧烈性酒、啤酒和软饮料常常不经过调制，直接以瓶装或杯装方式销售，价格通常比鸡尾酒低。其成本控制方法是由管理人员事先核定瓶装和杯装酒水单位成本并制定售价，酒吧服务人员按瓶装或杯装标准规格与价格销售，由此控制成本消耗。在整装拆零销售时，要特别注意杯装配量，防止实际成本消耗超过事先规定的标准。酒吧瓶酒和杯酒销售成本控制报告如表8-3和表8-4所示。

表8-3 酒吧瓶酒销售成本控制报告

酒吧：　　　　　报告期：　　　　　制表人：　　　　　日期：

酒水名称	标准成本		实际成本		标准成本	实际成本	成本差额	成本率差额
	成本率	每瓶售价	销售量	每瓶成本				

表8-4 酒吧杯酒销售成本控制报告

酒吧：　　　　　报告期：　　　　　制表人：　　　　　日期：

酒水名称	标准成本		实际成本		标准成本	实际成本	成本差额	成本率差额
	成本率	每杯售价	销售量	每杯成本				

三、餐饮费用控制

餐饮费用控制主要包括餐茶用品、水电燃料、人力成本三个方面。

(一)餐茶用品费用消耗控制

餐茶用品包括茶叶、咖啡以及餐具、茶具、酒具、台布、口布、清洁用品和服务用品等,这些用品有的属于一次性消耗,大多数属于多次性消耗。其费用控制是逐月进行的,控制方法是根据餐茶费用计划安排,确定标准预算,然后根据月度耗损确定实际费用消耗,同标准费用预算比较,分析费用差额,由此发现餐茶用品费用消耗中存在的问题,查明原因,提出改进措施。餐茶用品费用消耗控制报告见表8-5。

表 8-5 餐厅餐茶用品费用消耗控制报告

报告部门: 月度: 制表人:

餐茶用品	当月预算	当月费用					费用差额
		当月耗用量	单价	报损	费用	费用合计	
合计							

(二)水电燃料费用消耗控制

水电燃料费用是餐饮成本费用的重要组成部分。其费用价格日趋上涨,消耗的合理程度直接影响餐饮经营利润水平。在餐饮计划管理中,水电燃料消耗要事先做出费用预算,由此形成标准费用。随着餐饮业务管理的进行,水电燃料费用不断发生,形成实际费用消耗额。其费用控制方法是以月度为基础,分析预算标准费用和实际费用差额,进而降低费用消耗,提高餐饮利润水平。水电燃料费用控制报告可参阅表 8-6。

表 8-6 餐厅水电燃料费用控制报告表

报告部门: 月度: 制表人:

费用项目	当月预算	当月费用			费用差额
		耗用量	单价(分摊)价	费用发生额	
水费					
电费					
燃油					
酒精					
木炭					
其他					
合计					

(三) 人力成本控制

人力成本是餐饮成本重要的组成部分,随着社会经济的发展,人力成本在餐饮总成本中所占的比重越来越大,人力成本控制越显重要。人力成本控制工作主要包括以下几方面的内容:

1. 劳动定额科学有效

劳动定额是指餐饮企业员工在一定营业时间内应提供的服务或应生产制作的餐饮产品数量。科学的劳动定额应根据餐饮企业确定的服务或产品质量标准,并分析各项工作的特点、难度及所需时间等内容来制定。不同餐饮企业具体情况不同,劳动定额也有所不同。餐饮企业制定自己的劳动定额时,可参照旅游饭店各类服务人员的劳动定额表,如表8-7所示。

表8-7 旅游饭店各类服务人员的劳动定额表

工种	定额指标	工作时间
咖啡厅服务员	40人~55人	3小时
正餐厅服务员	25人~30人	3小时
酒吧服务员	300美元	8小时
厨师	90份~120份	8小时
洗碗工	150套~200套	8小时

2. 员工配备准确适宜

在科学制定各岗位的劳动定额的基础上,餐饮企业应根据自身的规模、营业时间、营业的季节性等因素来配备适量的固定员工。此类员工的需要量与营业量的关系较小、比较稳定,如餐厅经理、会计、采购员、验收员等,通常是餐饮实体运转经营所需的最低劳动力数量。而变动员工的需要量则与餐厅的销售量有关,当销售量增加到一定限度时,就必须增加变动员工,如餐厅的服务员、厨房的加工人员等。因此,餐饮企业可以按每月、每周或每天的营业量来配备员工,但应经过一定时间的试验期以使员工的配备更具有准确性。在试验期内,企业应记录每天或每餐的营业量,以判断各岗位员工的实际生产效率是否符合预先规定的劳动定额,从而做出增减员工的决定。

3. 控制工时合理排班

根据各餐厅的营业量及操作标准、工作效率等指标,管理人员应确定各餐厅的标准工时数。餐厅的经营要将实际工时数控制在允许的范围内。员工实际工时数超过劳动力安排的标准工时数时,餐饮就要承担不必要的额外工时工资成本,这些不必要的开支是潜在的浪费。当然,不能机械地看待餐厅的工时指标。如果餐厅的工时数经常超过标准工时,既要考虑是否存在劳动力成本浪费,也要分析是否营业量已超过现有员工的负荷量,如果营业量的增长已超过一定限度,就应增加员工人数,增加标准工时数。

餐饮企业的工作岗位较多,且工作性质各异,因此,员工的班次安排必须适应餐饮经营的需要,应根据企业的营业量及相关人员工作时间的法律规定灵活、合理地排定班次。餐饮企业的常见班次有一班制、两班制、三班制及间隔班(跳班)等。企业管理人员在排班时,应在满足餐饮经营需要的前提下,既要发挥员工的潜力,又要考虑员工的承受能力和实际困难,还需符合《中华人民共和国劳动法》的有关规定,尽力提高员工的工作效率,并保障员工的身心健康。

思考与练习

一、简答题
1.餐饮成本
2.餐饮成本控制
二、论述题
1.论述餐饮成本控制的工作步骤。
2.论述食品成本控制的六大环节。
三、案例分析

餐饮成本日报表中的偏差

某饭店餐饮成本日报表的编制依据为当日营业收入及当日原材料实际领用量,结果报表中每日成本率均较高,使成本率无法反映正常的情况,而到每月末成本率调整后,却下降到正常水平。经过分析,发现成本日报表中收入为当日净收入,即当日销售收入扣除不属于销售的部分,如酒店宴请、内部部门公关等,而当日成本实际发生额却包含了以上已扣除部分的成本。因此,导致成本日报表中平时成本率过高,而每到月末,重新调整后方能较为真实反映成本情况。

通过以上剖析,该酒店财务部决定重新调整成本日报表格式与计算方法,将每日成本发生额按收入与成本配比原则进行调整,结果成本日报表中成本率与每月末调整后的成本率偏差不大。

思考:以上案例中改进前与改进后,对成本日报表的功用有何影响?改进后,成本日报表中成本率还包括哪些未扣除?

第九章 餐饮服务质量控制

引言

饭店餐饮经营活动主要表现在两个方面：一是为宾客提供食品、饮料等有形产品；二是在提供有形产品的同时，为宾客提供面对面的餐饮服务。有形产品通过餐饮产品的形状、质量、装饰及食用价值，使顾客获得物质上的满足；无形产品则是通过餐饮工作人员的热情、周到的服务态度和娴熟的服务技巧，使顾客获得精神上的满足。

随着现代饭店管理科学的发展，服务质量管理已成为饭店经营管理的核心内容之一，并与饭店人力资源管理、饭店市场营销管理、饭店战略管理等紧密地融为一体，相互依存，不可分割。饭店服务质量管理的目标是通过全体员工提供的卓越服务不断满足甚至超越顾客的期望，同时使饭店受益。

学习目标

1. 掌握餐饮服务质量的含义与内容。
2. 理解餐饮服务质量控制的基础。
3. 掌握餐饮服务质量管理的主要措施。

第一节 餐饮服务质量

一、餐饮服务质量的含义

（一）餐饮服务质量的概念

1. 服务的概念

服务质量是指满足宾客服务需求的服务特性的总和。这里所指的"服务"包含为顾客所提供的有形产品和无形产品,而"服务需求"是指被服务者——顾客的需求。

2.餐饮服务的概念

餐饮服务是指餐饮工作人员为就餐宾客提供食品、酒水饮料和一系列劳务服务行为的总和。只有精美的菜点,没有高质量的服务不行;只有高质量的服务,没有精美的食品也不行。美味佳肴加上热情、礼貌和周到的服务,才会受到宾客的欢迎。对于餐饮企业来说,服务就是指为宾客而做的一切工作。

3.餐饮服务质量的概念

餐饮服务质量是指饭店餐饮部以其所拥有的设备设施和实物产品为依托,为客人所提供的服务,适合和满足客人生理和心理需求的程度。适合和满足客人需求的程度越高,服务质量越好,反之服务质量就越差。

(1)广义上的餐饮服务质量,包含着组成餐饮服务的三要素的质量,即设施设备、实物产品和劳务服务的质量,是一个完整的服务质量的概念。

拓展知识

设施设备质量指饭店用于生产的设施设备(例如烤箱等)和直接供顾客使用并发挥服务功能的设施设备(如房间的电吹风等)的质量。

实物产品质量指饭店的饮食产品以及满足顾客购买需要的商品的质量。

劳务服务质量是指服务人员的服务水平,它包括服务的时间性(包括适时、省时、准时、及时等)、服务的经济性和服务的安全性以及服务的文明性等。

(2)狭义上的餐饮服务质量,指的是餐饮劳务服务的质量,纯粹指由餐厅服务员所提供的服务劳动,不包括实物形态部分所提供的价值。

(二)提高餐饮服务质量的重要意义

1.提高服务质量是饭店餐饮业赖以生存和发展的生命线

所谓服务水准包括设备设施水准、服务水准和管理水准。这三个水准的高低与服务质量的优劣相一致。事实上,国内外许多饭店的良好声誉与经营成功,无一不是靠饭店自身的服务质量所创造出来的。服务质量关系到国家和餐饮企业的声誉,关系到客源,关系到企业的经济效益和经营的成功。

2.提高服务质量是饭店餐饮业竞争的需要

对顾客消费心理的研究表明,餐饮服务质量起着顾客消费导向的作用。因此,不断提高服务质量,不仅是竞争的需要,更是在激烈的竞争中取胜所必备的重要条件。

3.服务质量是判断餐饮企业管理水平的重要标志

餐饮经营管理是一项复杂细致的工作,餐饮工作最终是人对人的服务。有良好的服务才能招徕并留住顾客,而顾客是餐饮企业生存与发展的基础和条件。能为顾客提供优质服务的餐饮企业是成功的。可以说,从服务质量的优劣表现,可以判断出餐饮企业经营管理水平的高低。

二、餐饮服务质量的内容

餐饮服务质量包含三方面的内容,即设施设备、实物产品和劳务服务的质量。也即有形质量和无形质量。这里着重探讨服务质量的无形内容。

劳务服务的质量主要体现在服务水平,而服务水平又是检验服务质量的重要内容。餐饮服务水平主要包括礼节礼貌、服务态度、清洁卫生、服务技能技巧、服务效率等方面。

(一)礼节礼貌

礼节礼貌在整个服务工作中是很重要的。礼貌是人与人之间在接触交往中,相互表示敬重和友好的行为规范,它体现了道德品质与时代风貌。礼节是人们在日常生活和交际场合中,相互问候、致意、祝愿、慰问以及给予必要的协助与照料的惯用形式。礼节是礼貌的具体表现。

饭店中的礼节礼貌,则是通过服务人员的语言、行动或仪式来表达对宾客的尊重、欢迎、感谢或表示谦逊、和气、崇敬的态度和意愿。一个优秀的餐厅服务员要注重仪容仪表、服装发型,使用敬语,举止合乎规范。要时时、事事、处处表现出彬彬有礼、和蔼可亲、友好好客的态度,给顾客一种宾至如归的感觉。

(二)服务态度

整个餐饮销售过程中,从迎宾到开餐,直到送走宾客,自始至终伴随着服务员的服务性劳动。作为服务员,不仅要担当出售食品的技术性劳动,还要把服务性劳动作为主要职责。

服务员为顾客服务是从接待开始的。通常,顾客对服务员的印象首先来自服务员的外表,其次来自服务员的语言、举止等。服务员要用良好的服务态度去取得顾客的信任与好感,从双方开始接触时就能建立起友善的关系。因此,良好的服务态度是进一步做好服务工作的基础,是贯彻"宾客第一"的服务宗旨和员工具备服务意识的具体体现。

在饭店管理中要特别注重服务意识,并且不断地灌输给所有员工,使之形成一种思想,一种下意识,融入职业习惯,成为服务工作中的指南。服务人员要遵循顾客的心理规律,采取相应的服务措施,从而保证服务质量的不断提高。在餐厅工作中,要体现良好的服务态度应做到以下几点:

(1) 向客人微笑、问好,最好能重复宾客的名字。

(2) 主动接近宾客,但要保持适当距离。

(3) 含蓄、冷静,在任何情况下都不急躁。

(4) 遇到宾客投诉时,让其发泄。最好是请其填写宾客意见书。如果事实证明是服务人员错了,应立即向宾客道歉并改正。

(5) 遇有宾客提出无理要求或宾客错了,只需向宾客解释明白,不应要求宾客认错,要坚持体现"宾客总是对的"。

(6) 了解各国各阶层人士的不同心理特征,提供针对性服务。

(7) 在时间上、服务方式上处处方便宾客,并在细节上下功夫,让宾客感到服务周到。

希尔顿酒店联号的创始人希尔顿先生有治业三训——勤奋、自信、微笑。可见,其对服务态度是十分重视的。而驰名世界的麦当劳快餐联号的总裁克拉克先生,把"微笑、热情、干净"看作是"达到企业旺盛的诀窍"。这些成功者的经验,应该给我们以深刻的启迪。

(三) 清洁卫生

餐饮部门的清洁卫生工作要求高,体现着企业经营管理水平,是服务质量的重要内容,必须认真对待。

首先,要制定严格的清洁卫生标准,这些卫生标准包括:

(1) 在厨房生产布局方面,应有保证所有工艺流程符合法定要求的卫生标准。

(2) 餐厅及整个就餐环境的卫生标准。

(3) 各工作岗位的卫生标准。

(4) 餐饮工作人员个人卫生标准。

其次,要制定明确的清洁卫生规程和检查保证制度。清洁卫生规程要具体地规定设施、用品、服务人员、膳食饮料等在整个生产、服务操作程序中各个环节上为达到清洁卫生标准而在方法、时间上的具体要求。另外,要坚持经常和突击相结合的原则,做到清洁卫生工作制度化、标准化、经常化。

(四) 服务技能技巧与服务效率

服务员的服务技能和服务技巧是服务水平的基本保证和重要标志。如果服务人员没有过硬的基本功,服务技能技巧不高,那么,既使你的服务态度再好、微笑再甜美,宾客也只会有礼貌地拒绝。因为,顾客对这种没有服务水准和实际内容的空洞服务是不需要的。

服务效率是服务工作的时间概念,是提供某种服务的时限。它不但反映了服务水平,而且反映了管理的水平和服务人员的素质。它是服务技能的体现与必然结果。

有关消费心理的研究表明,就餐顾客对等待是最头痛的了。等待会抵消服务人员在其他服务方面所做出的努力。稍长时间的等待,甚至会使其他服务前功尽弃。为此,在服务中一定要讲究效率,尽量缩短就餐宾客的等候时间。缩短候餐时间,是于客我两便的事情,顾客高兴而来,满意而去,餐厅的餐位利用率提高,营业收入增加。餐饮部门有必要对菜食烹制时间、翻台作业时间、顾客候餐时间做出明确的要求和规定,并将其纳入服务规程之中。在服务人员达到一定的服务效率时限标准后,再制定新的、先进合理的效率标准。餐厅应该把尽量减少甚至消灭等候现象作为服务质量的一个目标。

第二节 餐饮服务质量的控制

餐饮企业进行餐饮服务质量控制的目的是使该餐饮企业的每一项工作都围绕着"为顾客提供满意的服务"这个中心展开。

一、餐饮服务质量控制的基础

要进行有效的餐饮服务质量控制,必须具备以下几项基本条件。

(一)必须建立服务规程

餐饮服务质量的标准,就是服务过程的标准。服务规程即是餐饮服务所应达到的规格、程序和标准。为了提高和保证服务质量,我们应把服务规程视作工作人员应该遵守的准则,视作内部服务工作的法规。

餐饮企业的餐饮服务规程,必须根据消费者的生活水平和服务需求的特点来制定。例如西餐厅的服务规程应适应欧美宾客的生活习惯。另外还要考虑到市场需求、饭店等级风格、国内外先进服务水平等因素,结合具体服务项目的目的、内容和服务过程,来制定出适合本饭店的标准服务规程和程序。

餐厅的工种很多,各岗位的服务内容和操作要求都不同。为了检查和控制服务质量,餐厅必须分别对散餐、团体餐和宴会以及咖啡厅、酒吧等的整个服务过程制定出迎宾、引座、点菜、走菜、酒水服务等全套的服务规程。

制定服务规程时,首先确定服务的环节程序,再确定在每个环节对服务人员的动作、语言、姿态、时间的要求,以及用具、程序、意外处理、临时要求等。每套规程在首尾处要有和上套服务过程以及下套服务过程相联系、相衔接的规定。

在制定服务规程时,不要照搬其他饭店的服务规程,而应在广泛吸收国内外先进管理经验、接待方式的基础上,紧密结合本店大多数顾客的饮食习惯和本地的风味特点,推出全新的服务规程。

管理人员的任务,主要是执行和控制服务规程。特别要注意抓好各套规程及各个服务过程之间的薄弱环节。一定要用服务规程来统一规范各项服务工作,使之达到服务质量的标准化、服务过程的程序化和服务方式的规范化。

1. 服务质量标准化

标准化是指在向宾客提供各种具体服务时所必须达到的标准。制定服务质量标准是一项非常复杂的工作,主要有以下8个方面内容:

(1)设备、设施质量标准;
(2)产品质量标准;
(3)接待服务标准;
(4)安全卫生标准;
(5)服务操作标准;
(6)礼节、仪容标准;
(7)语言、动作标准;
(8)工作效率标准。

2. 服务过程程序化

程序化是指服务工作的先后次序,以标准化为基础,通过制定服务程序使各项服务工作有条不紊的进行。服务程序的制定要以宾客感到舒适、方便、满意为原则,而不能仅以服务人员自己的方便、轻松为目的。服务程序要经试行,并逐步修改加以完善,最后达到科学合理、提高服务质量的目的。

3. 服务方式的规范化

规范化强调的是在管理的过程中,要充分体现人的价值,而不是把人当作一个机器上的螺丝钉和齿轮,是在对人的本质特性准确把握的基础上,通过确立一套价值观念体系来引导下属员工的意志行为选择。

通常规范化的行为标准体现如下:决策程序化、考核定量化、组织系统化、权责明晰化、奖惩有据化、目标计划化、业务流程化、措施具体化、行为标准化、控制过程化。

(二)必须收集质量信息

餐厅管理人员应该知道服务的结果如何,即宾客是否满意,从而采取改进服务、提高质量的措施。同时,餐厅管理人员也应该根据餐饮服务的目标和服务规程,通过巡视、定量抽查、统计报表、听取顾客意见等方式来收集服务质量信息。

(三)必须抓好员工培训

企业之间服务质量的竞争主要是人才的竞争、员工素质的竞争。很难想象,没有经过良好训练的员工能有高质量的服务。因此,新员工上岗前,必须进行严格的基本功训练和业务知识培训,不允许未经职业技术培训、没有取得一定资格的人上岗操作。在职员工也必须利用营业淡季和空闲时间参与培训,以提高业务技术水平,丰富业务知识。

(四) 必须建立餐饮服务质量控制的保证体系

餐饮服务质量控制的保证体系是以提高餐厅服务质量为目标,具有明确的任务、职责、权限的一个有机整体。建立服务质量保证体系有三个层次:

第一层次:应设立以总经理为首的服务质量管理领导机构,建立服务质量监督网,负责确立餐厅服务质量管理目标,研究制订服务质量管理计划,并负责组织、协调、督促、检查各部门服务质量管理动态。

第二层次:各部门根据业务范围设立服务质量管理小组,主要负责本部门服务质量管理计划的制订和落实。

第三层次:以班组为单位开展服务质量小组活动,重点是根据服务质量管理工作的要求,抓好标准化、程序化、制度化、原始记录等各项工作的具体落实,及时收集和解决服务质量管理工作中的问题。

二、餐饮服务质量控制的阶段

餐饮服务可分为三个阶段,即准备阶段、执行阶段和结果阶段。餐饮服务质量可相应地分为预先控制、现场控制和反馈控制。

(一) 餐饮服务质量的预先控制

所谓预先控制,就是为使服务结果达到预定的目标,在开餐前所做的一切管理上的努力。预先控制的目的是防止开餐服务中所使用的各种资源在质和量上产生偏差。预先控制的主要内容有以下四方面:

1. 人力资源的预先控制

餐厅应根据自身特点,灵活安排人员班次,以保证足够的人力资源。"闲时无事干,忙时疲劳战",或者餐厅中顾客多服务员少,顾客少而服务员多的现象,都是人力资源使用不当的不正常现象。

开餐前,必须对员工的仪容仪表作一次检查。开餐前数分钟,所有员工必须进入各自指定的岗位,姿势端正地站在最有利于服务的位置上。女服务员双手自然叠放于腹前或自然下垂于身体两侧,男服务员双手背后或贴近裤缝线。全体服务员应面向餐厅入口等候宾客的到来,给宾客留下良好的第一印象。

2. 物资资源的预先控制

开餐前,必须按规格摆好餐台;准备好餐车、托盘、菜单、点菜单、订单、开瓶工具及工作台小物件等。另外,还必须备足相当数量的"翻台"用品如桌布、口布、餐纸、刀叉、调料、火柴、牙签、烟灰缸等。

3. 卫生质量的预先控制

开餐前半小时,要从墙壁、天花板、灯具、通风口、地毯到餐具、转台、台布、台料、餐椅等对餐厅卫生做最后一遍检查。一旦发现不符合要求的，要安排人员迅速返工。

4. 事故的预先控制

开餐前，餐厅主管必须与厨师长联系，核对前后台所接到的客情预报或宴会通知单是否一致，以避免因信息的传递失误而引起事故。另外，还要了解当天的菜肴供应情况，如个别菜肴缺货，应让全体服务员知道。这样，一旦宾客点到该菜，服务员就可以及时让宾客知道并致以歉意，避免事后引起宾客不满。

（二）餐饮服务质量的现场控制

所谓现场控制，是指监督现场正在进行的餐饮服务，使其规范化、程序化，并迅速妥善地处理意外事件。这是餐厅主管的主要职责之一。餐饮部经理也应将现场控制作为管理工作的重要内容。现场控制的主要内容有以下四方面：

1. 服务程序的控制

开餐期间，餐厅主管应始终站在第一线，通过亲自观察、判断、监督，指挥服务员按标准服务程序服务，发现偏差，及时纠正。

2. 上菜时机的控制

要根据宾客用餐的速度、菜肴烹制的时间等掌握上菜时间，做到恰到好处，既不让宾客等待太久，也不应将所有菜肴一下子全端上去。餐厅主管应时常注意并提醒服务员把握好上菜时间，尤其是大型宴会，上菜的时机应由餐厅主管掌握。

3. 意外事件的控制

餐饮服务是面对面的直接服务，容易引起宾客的投诉。一旦引起投诉，餐厅主管一定要迅速采取弥补措施，以防止事态扩大，影响其他宾客的用餐情绪。如果是由服务员服务态度引起的，主管除向宾客道歉外，还应替宾客换一道菜。发现有醉酒或将要醉酒的宾客，应告诫服务员停止添加酒精性饮料。对已经醉酒的宾客，要设法使其尽早离开，以保护餐厅正常的就餐气氛。

4. 人力控制

开餐期间，服务员虽然实行分区看台负责制，在固定区域服务（一般可按照每位服务员每小时能接待20名散客的工作量来安排服务区域），但是，餐厅主管仍应根据客情变化，进行第二次分工、第三次分工……如果某一个区域的宾客突然来得太多，就应从另外区域抽调员工支援，等情况正常后再调回原服务区域。

当用餐高潮已经过去，则应让一部分员工先去休息一下，留下一部分人工作，到了一定的时间再交换，以提高工作效率。这种方法对于营业时间长的餐厅如咖啡厅等特别必要。

（三）餐饮服务质量的反馈控制

所谓反馈控制，就是通过质量信息的反馈，找出服务工作在准备阶段和执行阶段的不足,采取措施加强预先控制和现场控制,提高服务质量,使宾客更加满意。

信息反馈系统由内部系统和外部系统构成。信息反馈的内部系统是指信息来自服务员、厨师和中高层管理人员等。信息反馈的外部系统,是指信息来自宾客和友人。根据信息反馈系统的构成,服务质量的反馈控制可以从以下两方面着手。

1. 向顾客学习

向顾客学习主要包括市场调查、产品质量保证与承诺、顾客沟通三个方面。

首先,市场调查的目的是了解和掌握目标市场顾客和消费者对饭店服务产品质量的需求与期望,市场调查是饭店有计划地对市场信息进行收集、整理和分析的活动过程。

其次,产品质量保证与承诺是根据市场调查中的顾客质量需求和期望,制定出一套保证服务提供和服务运作过程质量的标准和规范,以保证饭店服务产品的质量。

最后,顾客沟通是饭店应建立一个连续的质量信息监视和反馈系统,确定并实施与顾客沟通的有效方法,对饭店服务产品的质量信息、顾客需求反应、顾客意见反馈等问题制定质量信息收集、分析、归类和传递的程序,并按程序对顾客需求信息、竞争对手的质量信息、市场环境信息进行整理、分析与说明,以保证能及时根据顾客的需求和期望来确定质量改进措施。

2. 与员工交流

首先要从员工中获取信息。管理者可以通过向员工收集意见与建议的方式,来增进与员工之间的相互理解,进而相互支持,一起努力来提升饭店服务质量。研究表明,饭店等服务行业的管理者因为远离服务第一线,并不直接接触顾客,所以,他们对服务质量的评估与顾客对服务质量的评估,往往存在着明显的差别。而员工因长期与顾客接触,有机会感知顾客对服务效果的真实反应,并且,有些顾客还会直接向员工提意见或建议,所以,员工一般比管理者要更了解顾客对服务质量的期望和评价,也更懂得要怎么做才能使顾客满意。

其次要向员工提供相关信息。管理者要注意向每位员工及时提供与饭店服务质量管理相关的各种信息。餐饮企业的每位员工,尤其是一线部门的员工,应该都是服务现场的"决策人员",餐饮企业有责任让他们学会正确地做事,而这必须植根于他们对各种服务质量信息的充分把握。所以,管理者应该将顾客对餐饮服务质量的期望与评价、竞争对手的服务方式、本企业在服务质量管理方面将采取的举措等信息向员工通报。只有这样,才能使员工更好地为顾客服务,使整个组织变成一个学习型的组织。

要建立和健全两个信息反馈系统,餐饮企业高层管理者必须亲自或安排人员,对每一个反馈信息做好记录,这样才有利于服务质量的改进和不断提高,更好地满足宾客的需求。

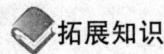拓展知识

餐饮服务质量分析的主要方法

1. ABC 分析法

ABC 分析法的步骤:

(1)确定分析对象,如原始记录中的服务员工作记录、顾客意见记录、质量检查记录、顾客投诉记录等如实反映服务质量问题的数据;

(2)根据质量问题分类画出统计图;

(3)通过各类问题所占比例找出主要问题;

(4)将分析结果总结出的问题分别采取措施加以解决。

2. 因果分析图法

因果分析图法是利用因果分析图对产生服务质量问题的原因进行分析的图解法,其主要步骤是:

(1)确定要分析的质量问题,即通过 ABC 法找出 A 类问题;

(2)分析 A 类质量问题产生的原因,找出质量问题产生的各种原因是用好此方法的关键;

(3)将找出的原因进行整理,按结果与原因之间的关系画出因果分析图。

3. PDCA 循环法

(1)Plan(计划)阶段:分析现状,找出存在的问题;分析产生问题的原因(人员、设施、环境、商品);找出主要影响因素;制订解决问题的计划措施。

(2)Do(执行)阶段:严格执行预订计划。

(3)Check(检查)阶段:检查计划执行情况。

(4)Action(总结)阶段:总结经验教训,实行标准化;提出遗留问题,转入下一个循环。

案例分享

叫出客人的名字

一位美国客人住进了北京建国饭店。中午在餐厅进餐,接待他的是一位刚上岗不久的男服务员。这位服务员一边问候客人一边心中暗暗着急,他怎么也想不起这位客人的名字。他仔细观察,忽然看到客人放在桌边的房间钥匙牌,想出了办法。当他去取热水时,利用这个空隙向总台查询了客人姓名,等回到桌前为客人服

务时,就亲切称呼客人姓氏尊称了。因为客人是第一次住进这家饭店因而十分惊讶。当客人得知了服务员的用心后,非常高兴,倍感亲切和温馨。

补偿服务

某酒店,几位客人在就餐,餐厅服务员正在为客人服务。宴请快结束时,服务员为客人上汤。恰巧就餐的张先生突然一回身,将汤碰洒,把张先生的西服弄脏了。张先生非常生气,质问服务员怎么把汤往客人身上洒。服务员没有争辩,连声道歉:"实在对不起,先生,是我不小心把汤洒在您身上,把您的西服弄脏了,请您脱下来,我去给您干洗。另外我再重新给您换一份汤,耽误各位用餐了。请原谅"。随后,服务员将西服送洗衣房干洗,其后又对几位先生服务十分周到。当客人用餐完毕后,服务员将洗得干干净净、叠得整整齐齐的衣服双手捧给了张先生。客人们十分满意,张先生也诚恳道歉:"是我不小心碰洒了汤,你的服务非常好。"事后,客人主动付了两份汤钱,张先生还给了服务员小费,而且不久又带着一批客人来饭店就餐。

思考:此案例中服务员的做法体现了餐饮服务质量控制的哪些内容?值得我们借鉴的地方有哪些?

思考与练习

一、名词解释
1. 服务
2. 服务质量

二、论述题
1. 试论述提高餐饮服务质量的重要意义。
2. 服务态度是餐饮服务质量内容很重要的一个方面,餐饮服务人员怎样做才能实现其服务质量效果?

三、案例分析

服务落后,百年老店易主

某市有一家号称百年品牌历史的国营体制餐饮老店,以经营当地特色面点而闻名省内外。但这家餐饮店是国营体制,在计划经济时代缺乏竞争,一直是当地餐饮业的龙头。而进入市场经济时代,尤其是进入21世纪后,落后的体制造成了管理理念和管理水平的落后,依然以老大自居,不重视服务水平的管理。

笔者曾有一次随朋友光临,亲身体验了这家餐饮店的服务水平。由于是中午就餐高峰期,加上是名店,门外一派车水马龙的繁荣景象,店内人声鼎沸。我们进店后,没有服务员引导,只好自己找位置,但找了一圈没有位置了,就问传菜的服务员,让帮找个位置,没有想到服务员竟然说,没有看见我正忙着嘛,自己找吧,找不到就等吧。还没有吃饭就被气饱了。正好这时有位消费者要走,有空位了,我们只好将就坐下来,桌椅破旧,桌布上还有许多污点和个别的破洞,室内装修陈旧,老式的空调没有太多的凉意,但只好将就一下了。半天才有服务员前来用脏兮兮的抹布胡乱擦了几下桌子,随后用油腻腻的手端来餐具,白色筷子已经用得有些发黑还是刚洗过还滴水的,小碗上面有打破的小口,不小心还会划破嘴呢,玻璃杯上也是油渍上贴着手印,让人顿时一下没有了食欲。服务员拿上有些破旧的菜单,冷冷地说,点菜吧。虽然菜价格并不贵,但我却没有一点便宜的感觉,因为服务质量的低劣让我感到饭菜价格再低也不值。整个吃饭的时间我认真地观察,每一个服务员都是表情麻木、严肃、冰冷,服装没有一个整洁如新的,除了上衣是一致的外,下衣和鞋子五花八门。

　　后来没有几年这家百年老店生意逐渐萧条,加上人员众多,还有退休人员的包袱,就在市场竞争的大浪的冲击下破产了,最后落得个百年品牌被一家餐饮公司低价收购的结局。

　　思考:百年老店应如何发挥优势,与时俱进,立于不败之地?

第十章 客户关系管理

引言

在餐饮业竞争日益激烈的今天，除了必须有良好的就餐环境、可口的菜肴外，良好的客户服务和客户关系已成为企业在竞争中获胜的关键因素，酒店餐饮的竞争最终体现在客户的竞争。酒店餐饮客户服务就是满足每一位顾客的需要，并且在满足的基础上再超出一点点。VIP服务就是在这"一点点"上下足功夫，让每一位VIP满意而归。

学习目标

1. 掌握客户关系管理的概念、内容。
2. 掌握VIP概念、分类及VIP顾客的特征。
3. 掌握餐饮VIP服务的业务操作流程。

第一节 客户及客户关系管理

一、客户

（一）客户的概念

客户是餐饮企业生存与发展的基础，市场竞争的实质就是获取更多的客户资源。客户关系管理作为一种先进的管理方法，在餐饮企业应用推广有着十分重要的意义。

《新华字典》对于"客户"的解释是：顾客，商客，买货的一方。从一般意义上说，客户指任何接受或可能接受商品或服务的对象。也就是说，对于那些现在还没有购买，但可能购买的人群，即潜在客户，也可以认为是客户中的一部分，对于此部分顾客关系的管理被称为潜在客户关系管理，也属于客户关系管理的范畴。

企业的客户既可以是自然人也可以是法人组织，即普通消费者与组织消费者。两类消费者的消费行为在许多方面是不同的，应采取不同的客户关系策略。从企业与客户的接触方式来分，客户可以分为直接客户和间接客户。一些企业采取同价值链的各个环节都接触的策略，于是其中间客户与最终客户都是其直接客户；而另一些企业实施只同特定的中间商接触的策略，于是其他中间商与最终客户都成为其间接客户。

在管理学中，经常会提到"内部客户"这个名词，那么"内部客户"究竟是指哪些人，是否也属于客户的范畴呢？

一般而言，内部客户和外部客户的区别在于企业同其客户之间关系的紧密程度不同。企业内部客户，即处于价值链中下游方向而与企业有着紧密联系的客户；外部客户，则是同企业没有深入的联系的客户群，目前企业的中间商与最终消费者都属于外部客户。

当企业同外部客户建立战略联盟，通过资产联结、知识联结等各种方式形成比较稳固的关系时，外部客户就转化为内部客户。成为企业的内部客户的标志是实现其与企业的共同的目标客户信息与知识的共享，企业对其内部客户实施统一的客户关系管理战略，两者在客户关系管理方面成为一个整体。企业进行客户关系管理的最终目的是实现与企业的最终客户的良好关系，企业应使处于同一价值链上的其他企业达成共识，将中间客户都转化为内部客户，将目标都指向于最终客户，从而实现价值链上运作目标的统一。

另外，在一些场合，"内部客户"也指企业内部的部门或员工，而"外部客户"则指供应链上有业务关系的下游企业，或为之提供产品或服务的客户。在企业内部的各部门，各职能、工序和流程间也同样存在着提供产品和服务的关系，因而也应该存在客户关系管理。

综上所述，我们认为客户是任何接受或可接受商品或服务的对象。同时客户也不仅仅指外部客户，内部客户也需要企业更多的关注。

（二）客户的分类

客户关系管理的对象无疑就是企业的客户，因此，首先我们要搞清楚客户包括哪些以及如何进行分类。对于餐饮企业而言，客户分类可根据市场营销管理的需要选取不同的分类依据。主要有以下几种划分方式：

1. 按客户的性质划分

可划分为政府机构（国家各级政府机构）、特殊公司（如与本企业有特殊业务的公司等）、普通公司、顾客个人和交易伙伴等。

2. 按客户消费次数或时间序列划分

可划分为老客户、新客户和潜在客户。

3.按交易数量和市场地位划分

可划分为主力客户、一般客户和零散客户。主力客户指与餐饮企业交易时间长、次数多、消费金额大的客户。对企业而言,这类客户往往属于贵宾客户,需要填写贵宾档案卡。一般客户则指与企业曾经有过交易,但次数和消费金额一般,或虽第一次来餐厅消费,但消费金额较大,对这类顾客一般都经过市场营销人员的访问填写顾客登记卡及原始资料卡。而零散客户则是偶尔来餐厅消费过,消费金额小,这类客户有的经过访问填写顾客登记卡及原始资料卡,有的则由于消费时间短或顾客主观原因没有填写。

按照不同的方式划分出的不同类型的客户,其需求特点、需求方式、需求量等不同,所以对其的管理也要采取不同的方法。

二、客户关系管理

(一)客户关系管理起源

客户关系管理(Customer Relationship Management,简称 CRM)的理论基础,是西方的市场营销理论。CRM 是市场经济不断深化,市场营销不断发展更新的产物。

回顾商业发展的历史,客户关系对我们来说似乎并不陌生。实际上,自人类有商务活动以来,客户关系就一直是商务活动中的一个核心问题,也是商务活动成功与否的关键之一。世界级 CRM 专家 Swift 在 2001 年 NCR 公司的 Teradata 数据仓库年度大会中,谈到"CRM 在中国已经有 5000 年的历史了"。在五千年以前的中国,那些走街串巷的小商贩深谙客户关系管理的精髓,他们可以记住周围很多客户的需求与喜好,并依据此来给客户送上合乎他们心意的产品。随着科学的进步与发展,信息技术的发展帮助了这些从业人员,使其更省力地记录更多的客户信息,并能更快地处理它们,同时还可以挖掘出某些有用的隐含信息,来更有效率地服务于更多的客户。

实际上,客户关系管理是在早期数据库营销,以及后来的关系营销及一对一营销等基础之上发展起来的。在 20 世纪 80 年代的数据库营销阶段,企业意识到丰富的客户数据信息能为自己带来丰厚的收益,于是纷纷建立客户数据库,同时进行"接触管理"(Contact Management),即专门收集整理客户与公司联系的全部信息,并存储在客户数据库中,这就是最早期 CRM 的雏形。到 20 世纪 90 年代后,企业意识到营销的关键在于通过长期引导客户行为,强化企业与客户的联系,建立并有效地管理客户与企业的关系。越来越多的企业意识到,只有"以客户为中心"的发展战略才能顺应当前经济发展的要求。随着各种现代生产管理思想和生产技术的提升,产品同质化的现象越来越严重。毕竟,在技术文明高度发达、网络信息不断更新发展的今天,每个企业都能够快速地利用不断更新的技术知识。通过产品差别来塑造企业的核心竞争力,已经变得越来越困难。国际互联网的发展更是使市场营销得到了迅猛的发展。面对全球的产品过剩、产品同质化和产品的多样化,消费者有了更多的选择余地。这就形成了买方市场,也迫使企业的认识从产品价值转变到客户价值,开始意识到客户的个性化需求,从而真正赢得客户。在这样的需求下,CRM理论得到了进一步发展,并不断走向成熟。总体而言,客户关系管理(CRM)的产生和发展与客户价值选择的变迁、企业战略中心的转移、营销观念的发展和科学技术的进步有着密切的、不可分割的联系。

随着社会物质和财富的不断丰富,消费者消费价值选择的变迁经历了理性消费时代、感觉消费时代和感情消费时代三个阶段,消费者的价值选择标准也从"好"和"差"转变到"喜欢"与否,再到"满意"与否。

从企业管理的发展历程来看,其管理理念的变迁大致经历了产值中心论、销售中心论、利润中心论和客户中心论四个阶段,如表10-1所示。随着市场环境的变化,企业管理理念逐渐从单纯关注内部管理转向内外兼顾,管理的中心从企业内部生产逐渐向企业外部的市场和客户转移。满足客户个性化的需求、提高客户让渡价值以提升客户忠诚度,成为企业经营的新思路。"以客户为中心",成为当今企业管理的核心理念。

表10-1 企业管理理念的演变过程

演变阶段	企业关注的重点	企业采取的相应活动
产值中心论	产量	扩大生产规模
销售中心论	销售额	大型促销、质量控制
利润中心论	利润	成本控制
客户中心论	客户满意度、忠诚度	客户关系管理

(二)客户关系管理概念

客户关系管理(CRM),最早起源于美国。1980年初,美国人提出了"接触管理"的概念,它是指专门收集客户的所有信息。后来许多美国企业为了满足日益竞争的市场需要,开始研发销售自动化系统,随后又着手发展客户服务系统,1996年后一些公司把这两个系统合并起来,在此基础上再集成计算机电话集成技术,形成集销售、服务于一体,并含呼叫中心的客户关系管理雏形,后来逐步完善,形成现代的客户关系管理(CRM)。

餐饮企业中的客户关系管理是一种在餐饮企业和客户之间达到"双赢"的管

理意识,其核心就是发现客户的价值观念,满足客户的需要,通过开发客户的潜在价值实现客户利益和饭店利润的最大化。客户关系管理强调通过与客户的互动来减少销售环节,降低经营成本。由于受商圈的限制,对餐饮企业来说,客户是十分宝贵的战略资源,对这一资源的保护和利用,直接关系到企业的赢利水平甚至生存与发展。客户关系管理作为一种先进的管理思想,是现代企业通过计算机管理企业与客户之间的关系,以实现客户价值最大化的方法。因此,导入客户关系管理对餐饮企业来说,具有非常重要的意义。

(三)客户关系管理(CRM)的内涵

为了更清晰地表现 CRM 的内涵,可以通过图示反映 CRM 的全貌,如图 10-1 所示。CRM 管理理念、CRM 实现途径与 CRM 技术支持三部分构成 CRM 内涵稳固的三角。从图 10-1 可以看出,CRM 的核心是"以客户为中心",显然这是 CRM 的精髓所在,体现在 CRM 的方方面面。

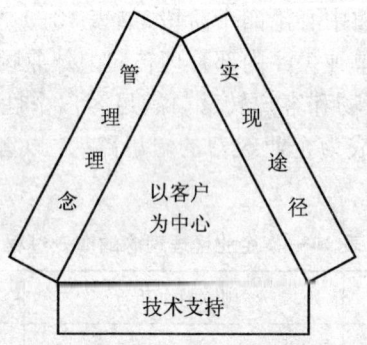

图 10-1　CRM 内涵

CRM 理念主要来自关系营销学,其核心思想可以归纳为:"企业根据客户终生贡献利润能力的大小,充分调配可用资源以有效地建立、维护和发展同客户的长期互利合作关系。"客户关系管理的目的是实现客户价值最大化与企业价值最大化之间的平衡。任何企业实施客户关系管理的出发点都是为客户提供更多的价值,实现企业与客户的双赢。为客户创造的价值越多,越有助于提高客户满意度及忠诚度,从而达到维系客户关系的目的,最终为企业创造更多利润,使得企业收益达到最大化。

图 10-1 中 CRM 的实现途径,也可认为是企业实现"以客户为中心"的转变方式,其内涵是通过按照"以客户为中心"的原则对企业组织内部的业务流程进行重组,同时在此基础上应用相应的 CRM 软件系统。CRM 的软件应用系统,是计算机软件人员针对"营销、销售、客户服务、客户交互和客户分析"等面向客户的业务领域而设计出的各种软件功能模块的组合,最大限度地支持 CRM 经营理念在企业范

围内具体实践。CRM 理念通过 CRM 软件具体贯彻到企业。我们必须要了解,企业所购买的某 CRM 软件提供的功能模块不一定都用到,或者也还需要其他软件、平台的集成,同时 CRM 的实施也是非常复杂的,要求企业按照"以客户为中心"的原则对原来的一系列流程进行变革和改造,此过程需要企业高层支持、上下通力合作,只有在取得各种支持之后,才能按照一定的步骤,一步一步地进行,从而取得成功。

图 10-1 中 CRM 的技术支持即信息技术支持。信息技术已经成为当代社会进步的推动力之一。对于客户关系管理而言,信息技术也是关键因素之一,如果没有信息技术的发展与应用,CRM 可能还停留在早期关系营销与管理的理论阶段,无法将管理思想真正落实到实际应用中。CRM 系统实施的实质就是将 CRM 的管理理念通过信息技术的手段集成在软件里,继而应用到企业的日常运作中。信息技术的发展与使用,使得企业能够大量收集信息、分析信息,并形成知识,也使得这些信息与知识在企业内部共享成为现实。通过对客户行为和特征的分析,企业能够形成对客户及其消费倾向、偏好、需求等的完整和统一的认识,同时还能辅助企业识别具有不同特征的客户关系,并针对不同的客户采取不同的策略,提供有个性的服务,从而提升客户价值。信息技术的应用还同时简化了企业的各项业务功能,促进了企业与客户的动态响应。CRM 应用系统中,集合了许多最新的 IT 技术,包括:互联网技术、多媒体技术、数据仓库和数据挖掘、专家系统和人工智能、呼叫中心等。

CRM 的最终目标是提高客户的满意度与忠诚度,实现客户价值与企业收益最大化的平衡。在现实生活中,客户价值和企业收益是一对矛盾体,客户价值的提高意味着企业会增加各方面的支出成本,带来公司短期利润的下降。CRM 则是缓解这种矛盾的有效途径之一,它针对不同客户的需求特征,分别地提供对客户来说效用最大的产品或服务来提高客户的价值,同时缩减销售周期和销售成本,增加企业收入,在为企业扩展市场的同时提高客户价值、客户满意度、客户忠诚度和赢利性。

三、客户关系管理的作用

客户关系管理的作用从实质上讲就是帮助餐饮企业在不同阶段围绕企业核心力做文章,其根本目的在于让企业进一步适应市场变化,增强自身的竞争力。市场的变化随时都在发生,企业竞争也在不断升级,竞争的每一次升级,都迫使企业强化自身的管理能力。从企业的整个发展过程来看,评价企业竞争力强弱的指标是不断发生变化的,早期主要是看它在生产制造方面的能力,后来逐渐过渡到看它分销和物流等方面的能力,目前其重点就转移到了客户服务,客户端的服务成为企业竞争的焦点,也成为评价企业竞争力强弱的重要指标。客户关系管理的作用主要体现在以下几个方面：

（一）了解最有价值的顾客

客户关系管理的首要任务是进行顾客分析，理解顾客的基本类型、不同客户群的不同需求特征和购买行为，以及顾客差异对企业利润的影响等。客户关系管理系统通过对不同顾客的分析，得出哪些顾客对于餐厅来说是至关重要的，因为餐厅有80%的利润来自于20%的顾客。同时，经过细致的分析，可以对顾客的信誉度有清晰的了解，这样在顾客有赊账要求的时候，服务人员可以现场做出判断。

（二）吸引和保持更多的顾客

利用客户关系管理系统，餐饮企业能够从顾客数据库中了解他们的姓名、年龄、家庭状况、工作性质、收入水平、通信地址、个人喜好及消费习惯等信息，并在此基础上进行"一对一"的服务，从而使服务人员尽早熟悉客人，并提供个性化的服务。根据数据库资料追踪和分析每一位客户的信息，知道他们喜欢哪些菜品和服务，并以此为依据，对菜肴进行多层次和灵活地组合，以便更好地满足客人要求。这就是随着市场不断细分而最终出现的大规模定制的市场营销原则的精髓，即根据不同的客户建立不同的联系，并根据其特点和需求提供不同的服务，从而真正做到"以客户为中心"，赢得客户的"忠诚"，从根本上提高餐饮企业服务水平，以此建立企业的核心服务竞争力。

（三）精简成本增加营业额

客户关系管理因为包含了技术与商业流程的整合，透过资讯分享可以精简商业流程，从而达到节省成本的目的。举例来说，企业能够依据不同客户过去的消费行为，分析他们的不同偏好，预测他们未来的消费意向，据此分别对他们实施不同的营销活动，避免大规模广告的高额投入，从而使企业的营销成本降到最低，而营销的成功率最高。唯有了解客户需要，才能提高客户满意度，进而发挥最大的促销效益，达到增加营业额的目的。

（四）营造双赢的效果

客户关系管理系统之所以受到餐饮企业的广泛青睐，是因为良好的客户关系管理对顾客和餐饮企业均有利，是一种双赢的策略。对顾客来说，客户关系管理的建立能够为其提供更好的信息，更优质的菜品和服务；对于餐饮企业来说通过客户关系管理可以随时了解顾客的构成及需求变化情况，并由此制定企业的营销方向。

总之，通过客户关系管理系统，一方面能提高客户的忠诚度，让客户有宾至如归的感觉，并能挖掘潜在的客户；另一方面能增加企业的营业额和精简成本，为企业的促销和行销打下良好的客户关系基础，使企业做到其他企业做不到的事情。菜式品种可以模仿，管理模式却无法模仿。

四、客户关系管理的内容

由于餐饮企业所处地理位置、区域环境及企业本身规模、档次、实力不同,销售员及服务员的工作作风与能力不同,决定了企业可以拥有区别于其他同类企业的客户群,客户关系管理的方法会存在差异。但就客户关系管理的内容而言,大多餐饮企业主要包括以下几方面:

(一)基础资料管理

基础资料即客户的最基本的原始资料,主要包括客户的基本情况及个性偏好。

客户的基本情况主要包括顾客的姓名、年龄、学历、民族、国别、社会地位、职业、职务、工作单位、通信地址、电话、出生年月、消费次数及消费金额等。可能的话,企业还应进一步了解顾客的家庭成员的基本情况。

客户的个性偏好即顾客的外貌特征、消费方式、性格脾气、兴趣爱好、言谈举止、需要特别留意之处、曾经提出的特殊要求等情况。如条件许可,这类信息记录应尽可能详细。这些个性信息往往需要有关人员经过细心的观察才能获得,同时,企业初步获得这些基本信息评价后,还应追踪了解,以确认这些个性特征是否准确。对客户而言,这些特殊需求往往是他们认为最有价值、最重要的信息,对餐饮企业而言,根据客户特殊的个性偏好提供各类服务也反映了企业超越同行的能力和质量。而如果饭店消费者是政府机构和公司,那么不仅要收集主要消费者的上述个人资料,而且还要了解单位所有者、经营管理者、法人代表及创业时间、组织形式等。这些资料是客户关系管理的起点和基础,它们主要是通过推销员进行的客户访问搜集来的。酒店餐饮部顾客登记表就是酒店登记的客人基础信息资料,如表10-2所示。

表10-2 酒店餐饮部顾客登记表

编号:

姓名:	出生年月:
单位:	职务:
电话:	邮箱:
消费时间:	就餐区域:
人数:	消费金额:
就餐菜谱:	
意见和建议:	
备注:	

(二)顾客满意度管理

1. 顾客满意和顾客满意度概念

满意是指一个人对一个产品和服务的可感知的效果与他的期望值相比较所形成的感觉状态。而满意水平可用感知效果和期望值之间的差异函数表示。

顾客满意是指餐饮顾客在消费餐饮产品之后感到满足的一种心理体验。这种体验可以是综合的、模糊的,也可以是分化的、具体的。作为餐饮企业,就是通过顾客满意指标来了解顾客的需求,来设定产品的满意项目。

顾客满意度表示的是餐饮顾客在每一个满意属性上的满意程度,是对满意进行量化的一种方法。顾客满意度被用来评价餐饮企业业绩,通过使用以顾客为导向的一整套指标,综合反映在餐饮企业所服务的市场上,顾客对其消费经历所做的实际效果和心理预期的总体评价,是企业经营质量的衡量方式。在实践过程中,不同的行业、不同的产业链,它的顾客满意指标的内容、范围、计算方法是不尽相同的,唯一相同的,就是每个企业都必须了解和掌握顾客满意度。

2. 顾客满意的形成原理

一般而言,餐饮顾客在购买产品之前,都会对餐饮企业所提供的餐饮产品有所期待。这种期待可能是顾客心中清晰的概念,也可能是顾客潜意识中不自觉的期望,但这种购买前的期望是客观存在的。

当顾客从餐饮企业那里实际获得了餐饮产品后,会对实际的获得产生一个评价。根据弗鲁姆的期望理论,如果这一评价超过了其购买前的期望,则结果是满意的;反之则会带来不满。当购买前的期望与实际的获得大体持平时,其结果可能是满意或不确定的。餐饮顾客的实际评价、购买预期和购后反应之间的关系如下:

购买预期<实际评价…超过传闻——成为常客…满意

购买预期>实际评价…不再光顾——失去顾客…不满意

购买预期=实际评价…印象薄弱——若无竞争对手…满意或不确定

由此看来,顾客满意与否实际上取决于顾客在购买前的期待与实际获得之间的比较,其差距的程度就是顾客满意度。也就是说,餐饮顾客满意度是由餐饮企业所提供的产品水准与顾客购买前期望值之间的关系所决定的。但是,顾客的购买行为日趋复杂,要确实掌握顾客心理不是一件简单的事,尤其是"购买前期望"更难以把握。随着信息爆炸和消费者需求的急剧变化,消费者期待也随时改变。人本身的多样性和多变性决定了期待的差异性和不稳定性。

在研究餐饮顾客满意的形成原理时,有两个问题值得注意:

(1)质量和顾客满意的关系。许多餐饮企业的经营者把餐饮产品的质量和顾客满意度等同起来,认为只要提供高质量的餐饮产品,就意味着顾客的满意度高。殊不知,消费者对产品质量的要求是根据顾客自身需求而变化的,一旦服务质量提高或降低到一定限度,顾客的赞誉或抱怨就会呈指数倍增大,这都直接影响企业的经济效益。

消费者从自身需求出发,建立"顾客期望",并与实际情况进行比较,而不是用企业制定的产品质量标准与实际产品质量比较。以顾客的经济型便餐消费为例,顾客对餐饮产品的质量期望值与高档餐饮消费时的质量期望值相比,永远不会处于同一水平,这是因为其在不同时间或场合的消费需要不同。同时,顾客并不知道餐饮企业对产品的质量标准规定,更不会去关心企业质量标准和实际质量之间的关系。他们只会用在特定需要条件下建立的质量期望与实际感受相比,获得满意与否的评价。由此可见,经济型餐厅菜品质量的小幅度提高与高档餐厅菜品质量的同幅度提升相比,前者对顾客满意度的影响更大,它的市场营销努力显得更有意义。

(2)顾客满意与不满意有显现和潜在两种表现形式。顾客满意度不仅仅是顾客显现的满意或不满意,同时也是顾客潜在的满意与不满意的反映。

显现的满意是指顾客明确感知的满意,如顾客反映的"这道菜的色、香、味、形都很好"。相对地,顾客本身无法明确感知的满意,称为潜在的满意。餐饮企业应努力创造顾客感知的满意,并引导顾客将潜在的满意变成显现的满意,提高顾客的满意水平。比如对餐饮产品给顾客带来的附加利益,应暗示顾客他们的所得,以便顾客感知满意。

顾客明确表示的不满意,就是显现的不满意。顾客的投诉都是显现的不满意的表现。在顾客满意度调查中,常会发现顾客的满意度集中在"一般""普通"的水平。这一现象的背后,可能隐含着顾客潜在的不满意,由于它没有明确地表现出来,因而也不像显现的不满意那样容易掌握,但无论是潜在的满意还是潜在不满意实际上都会对顾客的行为产生重大影响。

因此,在了解顾客满意度的过程中,既要客观地评价顾客显现的满意和不满意,又要善于发掘出顾客潜在的满意和不满意,这样企业得到的顾客满意度才符合实际,对企业经营决策才能起到更大的作用。

3.餐饮顾客满意度的影响因素

顾客经历的产品质量、顾客预期的产品质量和顾客感知价值三个因素,影响餐饮顾客满意的评价过程。

(1)餐饮顾客经历的产品质量是通过顾客对近期消费经验的评价来体现的,对顾客满意具有直接的影响。顾客是从两个方面来对所经历的产品质量进行评价的。一是餐饮企业向顾客所提供个性化、特色化菜品和服务的情况;二是餐饮企业向顾客所提供充足的、可靠的、规范化的菜品和服务情况。

这两个方面在一定程度上说是对立的,顾客在不同的场合或不同的消费目的下,需要不同的产品消费经历,同样他们会根据其消费需要来评价购买后感受。饭店餐厅通常提供的是可靠的规范化产品,而特色餐馆提供的多为个性化、特色化的产品,消费者并非总是认为饭店餐厅的菜品和服务更令其满意,他们常常会放弃规范的饭店餐厅,去体会餐馆给人带来的清新与独特。

(2)顾客预期的餐饮产品质量。顾客曾经购买餐饮企业产品所获得的消费经验(其中包括通过广告和口头宣传获得的非亲身经历的信息)会影响他们对产品质量的预期水平。在产品质量既定的条件下,顾客对产品质量预期的高低,决定了顾客满意程度。预期质量高,则满意度低;反之,则满意度高。因此,适当地降低顾客对产品质量的预期,有利于提高他们的满意度。过分的广告和口头宣传都是不明智的,这样只会对消费者的购买后满意程度带来不利影响,导致企业长期利益受到损害。餐饮消费者以往的消费经验、餐饮企业的品牌形象定位、服务口碑以及顾客自身的消费层次、习惯、要求,都会影响顾客对企业产品质量的预期。

(3)顾客感知价值是指顾客感受到的相对于所付出价格而言的产品质量水平。感知价值的增长与顾客满意度之间呈正相关关系。餐饮企业的顾客从打电话订餐开始,与企业接触的所有环节,都会影响其对所经历的产品质量水平及感知价值的评价。这些环节包括:企业服务人员在迎宾、引座、上茶、点单、上菜、收银、送客和餐后联系等各个方面的服务标准化、规范化程度或服务的个性化、定制化表现;菜品、酒水等餐饮产品实体部分的质量情况;餐厅建筑、装修、装饰、器皿、音响等所营造的就餐氛围;以及从所有可视、可听媒介体所感知到的视觉形象识别系统和行为识别系统所反映出来的企业文化等。

(二)客户投诉管理

1.顾客投诉的内容

餐饮顾客投诉的内容主要集中在菜品质量、原料质量、成品数量、上菜准确率、上菜及时程度、宴席菜肴与预订菜肴的相符状况、服务质量、服务态度、服务方式、服务技巧等方面。归纳起来,主要有以下几个方向:

(1)由食品或饮料质量问题而引起的投诉。对于某些特殊顾客而言,要求食物质量完美无缺,如所有配料必须新鲜,而不可以是罐头或冷冻食品,汤必须是新鲜汤料所做,蔬菜只能炒到嫩绿等。而绝大多数顾客对产品质量的要求没有这样严格,其要求一般会根据菜肴的价格而变化,他们要求菜肴的色、香、味、形俱全,且食物原料新鲜。对于绝大多数顾客,只有当这些基本的要求达不到,客人才会提出投诉。此外,菜肴的分量过多或过少,也会引发客人投诉。分量太少,违背顾客追求实惠的消费心理;分量太多,客人也未必满意,如会投诉菜肴的装盘不美观、另一个菜比这个菜少等。

酒和饮料的质量不佳也是引起投诉一个重要原因。例如,葡萄酒由于储存不当而变质,鸡尾酒因调制比例不当而口味不佳等。通常处理这类投诉,只要更换新的酒水并令顾客满意,投诉就解决了。但如果更换后酒水仍有质量问题,顾客就会很失望,甚至不再点用此种酒或饮料。

(2)由服务方法(如食品或饮料服务不及时或过快)而引起的投诉。因服务方法欠妥,而使客人感到没有受到尊重或蒙受损失也是引发顾客投诉的一个非常重要的原因。如热菜没上完就上甜点,堆摞菜盘等。无论是单独就餐还是款待亲朋的客人,都不愿等餐时间过长。根据国际标准,客人点单后10分钟内上第一道菜,国内则一般应在15分钟内上第一道菜,以后每道菜的服务,间隔也不应超过2分钟~3分钟。根据顾客消费心理,客人的等待超过5分钟,性情急躁的顾客就会提出投诉,而绝大多数顾客如果等待达10分钟,还没有服务员来关照,就会提出投诉。

同样,客人既不愿长时间等待,也不愿被催促着用餐,特别是在西餐的宴会上。客人喜欢用完一道菜肴后,下一道菜肴刚好制作完毕奉上,这样既可保持菜肴热度,又可保持菜肴的新鲜。如果一道菜刚开始享用,下一道菜就已摆在服务台上,客人会非常反感,可能会挑剔菜的热度或质量,而提出投诉。为此,厨房应和服务员一起与客人之间保持联系与默契。

(3)对服务员服务态度的投诉。虽然不同消费经验、不同个性、不同心境的顾客对服务态度的敏感度不同,但对服务态度的评价标准不会有太大差异。受尊重需求强烈的顾客往往以服务态度欠佳作为投诉内容,如服务员待客不主动、不热情,表情生硬、呆滞甚至冷淡,言语不亲切;服务员缺乏修养,动作语言粗俗、无礼,在大庭广众下态度咄咄逼人,使客人感到难堪;服务员无根据地怀疑客人行为不轨等。

而从餐饮企业服务人员角度看,员工之所以在有意、无意中制造这种对餐饮企业不利的行为可能有以下三方面的原因:

第一,员工们没有意识到自己的行为是错误的。

第二,可能没有认识到该行为的危害本质,也没有得到管理人员的正确指导所致。

第三,对企业不满的员工故意伤害企业。

(4)由服务设施而引起的投诉。宾客希望餐厅设施尽善尽美,如果设施损坏、不能正常使用或不配套,会使客人感到不便,从而引起心理上的不快。例如,餐厅的桌椅残破,茶杯、酒器、餐具破损或肮脏,餐厅布局不合理、过于拥挤,卫生间堆放杂物、肮脏有异味等。如果这些设施、用具没有定期修理或更换,就可能引起宾客投诉甚至要求赔偿损失。

(5)由其他方面引起的投诉。例如:服务员行为不检、违反有关规定(如向客人索要小费);服务员不熟悉业务,一问三不知;服务技能差,造成对客人的伤害;客人对价格有争议;客人对周围环境、治安保卫工作不满意;客人对管理人员的投诉处理有异议;客人觉得服务收费不合理;宾客在结账时,发现应付款项有出入;菜品在餐厅菜单上有而厨房里已经没有原料,但客人点菜时服务员没有及时告知;宾客要的某种饮料餐厅里没有准备等。以上方面,都有可能引起顾客的投诉。

2. 顾客投诉处理的原则

在顾客投诉处理上,餐饮企业通常遵循"有章可循、及时处理、分清责任、留档分析"的原则。

(1)有章可循。要有专门的制度和人员来管理客户投诉问题,另外要做好各种预防,使客户投诉防患于未然。为此需要经常不断地提高全体员工的素质和业务能力,树立全心全意为客户服务的思想,加强企业内外部的信息交流。

(2)及时处理。对于客户投诉,各部门应通力合作全面解决问题,给客户一个圆满的答复。否则,拖延时间或推卸责任,会进一步激怒投诉者,使事态更复杂。

(3)分清责任。不仅要查清造成客户投诉的责任部门和责任人,而且需要明确处理投诉的各部门、各类人员的具体责任与权限以及客户投诉得不到及时圆满解决的责任。

(4)留档分析。处理投诉不仅要重视对客人的安抚,更要对内落实引起投诉人员的相关责任,每次投诉处理不只要解决一个投诉,而是要解决一类投诉,杜绝重复性的投诉发生。因此,必须对客户投诉及处理做出详细的记录,包括投诉内容、处理过程、处理结果、客户满意程度等。通过记录,吸取教训,总结经验,为以后更好地处理客户投诉提供参考。

3. 处理投诉的程序

(1)倾听客人诉说,不要打断,并适时记录。

(2)迅速做出判断,若属客人原因,应耐心解释;若属饭店责任,立即致歉并对客人的抱怨表示理解。

(3)观察客人的反映,并设法尽快解决。如问题多,一时难以解决,应告知客人要等待的时间;如餐厅无法解决,应给客人以适当的补偿。

(4)监督解决的过程。

(5)记录在案,作为借鉴。

第二节　VIP 界定与管理

一、80/20 法则

(一) 80/20 法则概念

1897 年,意大利经济学学者帕累托偶然注意到 19 世纪英国人的财富和收益模式。在调查取样中,他发现大部分的财富流向了少数人手里,同时,他还发现了一个非常重要的事实,即某一类人群占总人口数的百分比和前者所享有的总收入占总人口收入的百分比之间有一种微妙的关系。他在不同时期、不同国度都发现了这种现象的存在。不论是在英国,还是在其他国家,甚至从早期的资料中,他都发现这种微妙关系的一再出现,并且其在数学上呈现出一种稳定的比例关系。于是,帕累托从大量相关事实中发现:社会上20%的人占有80%的社会财富,即财富在人口中的分配是不平衡的。后来,人们还由此发现生活中也存在许多不平衡的现象。因此,"二八定律"成了这种不平等关系的简称,无论结果是否恰好为80%和20%(从统计学上讲,精确的80%和20%不太可能出现)。习惯上,二八定律讨论的是顶端的20%,而非底部的20%。后人对于帕累托的这项发现给予了各种命名,例如,帕累托法则、帕累托定律、80/20定律、最省力的法则、不平衡原则等。以上这些名称,在本书中统称为80/20法则。今天人们所采用的80/20法则,是一种量化的实证法,用以计量投入和产出之间可能存在的关系。

社会约80%的财富集中在20%的人手里,而80%的人只拥有20%的社会财富。这种统计的不平衡性在社会、经济及生活中无处不在,这就是80/20法则。二八法则告诉我们:不要平均地分析、处理和看待问题,在企业经营和管理中要抓住关键的少数;要找出那些能给企业带来80%利润、总量却仅占20%的关键客户,加强服务,达到事半功倍的效果;企业领导人要对工作认真分类分析,把主要精力花在解决主要问题、抓主要项目上。

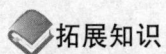 拓展知识

长尾理论(The Long Tail)

"长尾理论"被认为是对"二八定律"的彻底叛逆。

长尾理论(The Long Tail)是网络时代兴起的一种新理论,由美国人克里斯·安德森提出。长尾理论认为,由于成本和效率的因素,当商品储存流通展示的场地和渠道足够宽广,商品生产成本急剧下降以至于个人都可以进行生产,并且商品的销售成本急剧降低时,几乎任何以前看似需求极低的产品,只要有卖,都会有人买。这些需求和销量不高的产品所占据的共同市场份额,可以和主流产品的市场份额相比,甚至更大。

过去人们只能关注重要的人或重要的事,如果用正态分布曲线来描绘这些人或事,人们只能关注曲线的"头部",而将处于曲线"尾部",需要更多的精力和成本才能关注到的大多数人或事忽略。例如,在销售产品时,厂商关注的是少数几个所谓"VIP"客户,"无暇"顾及在人数上居于大多数的普通消费者。而在网络时代,由

于关注的成本大大降低，人们有可能以很低的成本关注正态分布曲线的"尾部"，关注"尾部"产生的总体效益甚至会超过"头部"。例如，某著名网站是世界上最大的网络广告商，它没有一个大客户，收入完全来自被其他广告商忽略的中小企业。安德森认为，网络时代是关注"长尾"、发挥"长尾"效益的时代。

(二) 80/20 法则在餐饮企业的运用

"80/20"法则是相当实用的工具，它能帮餐饮企业清楚地区分顾客价值，避免将费用花在那些不容易产生利润的顾客身上。为此，餐饮企业应使用"80/20"法则区分顾客，根据顾客购买行为给企业带来的营业收入或利润的不同，把顾客群分为 VIP 顾客、主要顾客、普通顾客与小顾客四种类别。餐饮企业顾客的层次分类如图 10-2 所示。

VIP 顾客是金字塔中最上层的顾客，是在过去特定的时间内，购买金额最多的前 1% 顾客。若顾客数为 1000 位，则 VIP 顾客所指的是花钱最多的前 10 位顾客。

主要顾客即顾客金字塔中，除了 VIP 顾客外，在特定时间内，消费金额最多的前 5% 顾客。若所有顾客数为 1000 位，则主要顾客是扣除 VIP 顾客外，花钱最多的 40 位顾客。

普通顾客即除了 VIP 与主要顾客，购买金额最多的 20% 顾客。若所有顾客数为 1000 位，则普通顾客是扣除 VIP 顾客与主要顾客之外，花钱最多的 150 位顾客。

小顾客即除了上述三种顾客外，剩下的 80% 顾客。

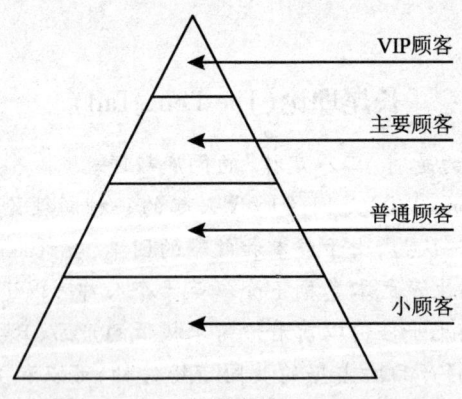

图 10-2 餐饮企业顾客的层次分类图

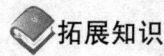拓展知识

帕累托定律(Pareto Principle)

国际上有一种公认的企业定律,叫"帕累托定律"(Pareto Principle),又称"二八定律"。其基本内容如下:

一是"二八管理定律"。企业主要抓好20%的骨干力量的管理,再以20%的少数带动80%的多数员工,以提高企业效率。

二是"二八决策定律"。抓住企业普遍问题中的最关键的问题进行决策,以达到纲举目张的效应。

三是"二八融资定律"。管理者要将有限的资金投入到经营的重点项目,以此不断优化资金投向,提高资金使用效率。

四是"二八营销定律"。经营者要抓住20%的重点商品与重点用户,渗透营销,牵一发而动全身。

总之,"二八定律"要求管理者在工作中不能"胡子眉毛一把抓",而是要抓关键人员、关键环节、关键用户、关键项目、关键岗位。

二、VIP界定

(一)VIP概念

VIP,是 Very Important People 的缩写,其直译的中文意思是"要人"。我国自古以来有"宾至如归"的名言,所以对VIP的含义并不陌生。现代国际酒店指的VIP,从广义来说是指社会地位高、能给酒店带来生意、多次住店及和酒店业务员关系密切的客人。

(二)VIP服务的发展历程

最初在古代的 VIP 服务,是指当皇亲国戚外出游访时,当地的接待者会把一些豪华的宅院按照宫廷的要求打扫、整理,以迎接他们的到来。20世纪初,西方酒店业在瑞士最早产生了 VIP 服务项目,那时的瑞士酒店要求提供优质 VIP 服务的服务者必须具有同时讲几种流利外语的能力,并且可以灵活采取各种举措满足不同 VIP 的需求。后来,这种当时被称为"瑞士式服务"的理念开始在欧洲推广,进而遍及世界各地。随着欧洲 VIP 服务的发展,服务者精湛的服务为 VIP 客人带来了舒适的享受,也为酒店餐饮的 VIP 服务的发展奠定了基础。

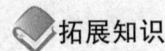 拓展知识

VIP 起源的不同说法

VIP 的说法起源于 20 世纪 80 年代,使用这一说法的缘由有几种传说。

1. 据说在第二次世界大战中,英国的运输部队用飞机运载许多重要人物前往中东时,基地的指挥官为了不泄露他们的身份而创造了 VIP 这个简称。

2. 当时电子邮件在美国一些发达地区很流行,人们没事就发一封快捷简单便宜的邮件向朋友问候,一次一个人在发送邮件的时候不想让其他人知道邮件的内容,所以就把邮件标名为 Very Important Person,后来 VIP 这个词被沿用到现在。

3. Very Important Person 是二战时英国皇家空军用来运送高级人物的代码,最早是用于运送蒙哥马利(非本人而是替身克利夫顿·詹姆斯)到非洲去。此计划阶段性影响了诺曼底登陆和盟军展开反攻。

(三) VIP 顾客的分类

1. VIP 的等级分类

如果将 VIP 顾客细分的话,大致可以分四个等级。

(1) V1 级,指的是国家元首、党、政、军现任、前任首脑等政府官员,特别是外国政府的高级官员及驻京的外国使节、领馆的高级员工。为了谋求居住的安全、宁静和方便,或者为了表明一个国家的经济实力以及政府形象,或者为了与其国内时刻保持紧密的联系等,这些官员通常都愿意租用高档、豪华的酒店 VIP 套间,包括总统套间和高级套间。如北京长城饭店就曾接待过美国前总统卡特,北京建国饭店公寓式酒店套间也曾被美国大使馆全部承租作为其外交人员的公寓等。另外,有时出于政治上或其他方面的需要,我国政府也特意安排一些政府官员入住这些酒店 VIP 房,如中国大饭店就曾接待不少来中国参加各种国际性会议的外国政府高官等。

(2) V2 级,通常指部长级及以上的党、政、军官员,世界著名大企业总裁,国际名人等知名人士,酒店也把接待此类 VIP 视为要事,在其下榻前都要悬挂或张贴敬辞以表达恭迎,同时也借此体现酒店的档次。

(3) V3 级,指政府高级官员、国内外社会名流、企业总经理等。对这类 VIP 的入住,迎接的方式随机而定。

以上三类 VIP 的接待,虽然会给酒店带来许多额外的赢利,但酒店对这类接待,通常不是把赢利作为第一考虑因素,而是把服务质量作为第一追求、第一目标。

(4) V4 级,是酒店服务量大而面广的 VIP 客人,也是酒店创造赢利的重要来源。这部分顾客以高级商务人士为主,如:外企驻华员工、带家属来京的外籍人士和外地人士、来华的专家或经理、公司驻华首席代表之类的高级职员等。当前随着

中国经济的健康发展、对外商务活动的增多,国内各大城市均已形成了高级商务人士阶层,这一阶层拥有非常可观的收入水平和消费能力,同时也具有较高的生活和工作的特殊要求(如带孩子,与外国人接触较多等),这些高级商务人士希望入住的酒店提供高水平的环境设施以及相适应的专业 VIP 服务。就 V4 级的 VIP 而言,不同的酒店,通常是根据自身的特点和顾客群的范围来确定自己的 VIP 对象,并采取不同的接待形式和服务规格,制定相应的服务方式和规范。

2.VIP 宾客资格审批

浙江省某星级酒店 VIP 宾客资格审批标准,见表 10-3 所示。

表 10-3　VIP 资格审批标准

等级	资格	申请人	批准人
V1	国家元首、国家部委领导;省市主要负责人	酒店总经理 营销部经理	集团董事长 酒店总经理
V2	浙江省各政府部门领导;杭州市、绍兴市、诸暨市主要领导;企业高层管理者,同星级酒店董事长、总经理;省级中国国旅、国际旅、青旅总经理;对酒店有过重大贡献的人士;酒店邀请的宾客(核心业务客户)	营销部经理	酒店总经理
V3	社会名流(演艺界、体育界、文化界);酒店邀请的宾客(重要业务客户)	各部门经理以上	酒店总经理
V4	个人全价入住酒店豪华客房 3 次以上的客人;个人全价入住酒店客房 10 次以上的客人;酒店邀请的宾客	前台主管以上管理人员	营销部经理

(四)VIP 顾客的特征

VIP 顾客一般都具有"四高"的特征,即身份、地位、素质高;服务质量要求高;个性化服务需求高;消费档次高。他们对居住文化、办公或商务环境有着独特的理解与需求,对反映酒店档次的装修装饰、外部环境、配套设施、管理服务水平等要求也较高。

1.身份、地位、素质高

VIP 往往具有较高的社会地位,并且可以给酒店带来荣誉和财富。为此,在酒店服务中,我们必须像对待贵宾一样对待 VIP。首先,必须表现尊重,关注 VIP,主动向 VIP 打招呼,主动礼让。其次,必须表现出服从,乐于服务 VIP。要始终记住这样一个信条:再忙也不能怠慢你的 VIP,忽视 VIP,等于忽视自己的收入、忽视酒店的利润,更是忽视酒店的声誉。最后,必须尽力、用心服务,注重细节,追求完美,达到最佳的效果。

2. 服务质量要求高

来酒店的顾客都会对服务提出各项要求,因为顾客购买了这个服务,而酒店的 VIP,更是如此。VIP 们希望被特别关注,给以特殊待遇。对此,酒店必须给 VIP 提供充分的享受空间,让 VIP 在酒店多一份优越和自豪感。因此,酒店必须给 VIP 营造一种高雅的环境气氛和浓厚的服务氛围,使其感到亲切又不失其身份和地位。为此,酒店必须努力做到设计合理、装修精致、布置典雅、店容整洁、秩序井然、服务亲切。VIP 对服务质量的要求还表现在要求享受全方位、细致入微的服务及方便的交通、浓厚的政治或商务氛围等方面。

3. 个性化服务需求高

酒店 VIP 有一部分是外籍人士,而不同国家的 VIP,由于文化背景、生活习惯不同,对酒店的服务要求就会有很大区别,因此酒店对 VIP 必须了解、理解和设身处地为其着想,提供人性化的服务,如提供多种语言的贴身翻译服务等。酒店必须充分理解 VIP 的需求。因为,VIP 的需求是多种多样、瞬息万变的,具有多样性、多变性、突发性的特点,不同的 VIP 又有不同的需求层次,其主导需求也不尽相同,所以酒店要下足功夫了解 VIP 的需求,以提供更好、更有针对性的服务。

4. 消费档次高

VIP 往往代表着某个企业、地区甚至国家,所以作为消费者,VIP 往往会对消费的档次具有相当高的要求。他们具有固定的消费心理和消费习惯,不会因为服务价格高昂而不去消费,也不会因为大众的流行趋势而改变自己的消费需求。因此,除了保证服务所提供的所有物品都是"最好的、最棒的"外,餐饮服务必须环环紧扣,根据 VIP 的消费习惯,提供步步到位的最舒适和最舒心的服务。也就是说酒店必须向 VIP 提供最佳的服务。要做到:凡是 VIP 见到的都要整洁美观;凡是提供给 VIP 使用的都要安全有效;凡是酒店员工对待 VIP 都要亲切礼貌。

三、VIP 管理

(一)餐饮 VIP 服务组织

餐饮 VIP 服务组织机构的设置要按照各酒店的餐饮服务接待方向来确定,要根据 VIP 的需求安排、制订餐饮服务方案,分成联络组、采购组、厨房和餐厅四个部门。

1. 联络组

(1)收集 VIP 餐饮需求信息;

(2)和厨房共同商定 VIP 餐饮菜单；
(3)联络、协调、检查对口联络部门工作。
2.采购组
(1)按照联络组的信息进行采购；
(2)对相关物品进行食品质量监督；
(3)库存整理。
3.厨房
(1)根据与联络组共同商定的 VIP 餐饮菜单准备；
(2)严格控制食品质量,保证有效使用；
(3)安排好 VIP 来宾用菜当日的值班工作人员名单。
4.餐厅
(1)确定并安排在酒店各餐厅内举行的各类 VIP 餐饮服务方案；
(2)根据 VIP 贵宾资料和要求对餐厅、餐位进行摆台设计；
(3)制订具体服务方案,并确定具体值班人员名单。

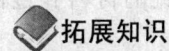
拓展知识

酒店餐饮部客人档案登记表

表10-4 客人档案登记表

编号：

姓　名		国　籍		职　务		联系电话	
房　号		从何处来		去何处		抵离时间	
其他房号							
接待单位		接待人		联系电话			
餐厅布置							
活动内容							
接待情况							
生活习惯							
特殊要求							
备　注							

填表日期： 　　　　　　　　　　　　　　　　　　填表人：

（二）餐饮 VIP 服务流程

酒店餐饮部 VIP 服务流程，是由相互连接的环节组成的。归纳起来主要有以下几个方面。

1. VIP 服务的组织决策

餐饮 VIP 服务组织决策是最重要的工作，在于根据 VIP 的个别需求和个别情况安排一份科学合理的菜单和服务方式。因为菜单编制的好坏，实际上反映了管理者对 VIP 的了解程度，反映了餐厅的规格和档次，也反映了酒店餐饮 VIP 服务的风格和特色。餐饮 VIP 服务接待计划，应围绕菜单来体现 VIP 顾客的需求，合理安排工作进程。

2. 菜肴烹饪过程

菜肴烹饪过程是餐饮 VIP 服务的中心环节。这个业务过程包括原料的加工、切配、烹制、配份、装盘等业务环节。厨房要对 VIP 的口味、喜好等做详细的了解，并在菜系搭配、烹饪过程中充分考虑，以确保菜肴口味适合 VIP 顾客，达到满意效果。

结合 VIP 餐饮消费心理和习惯特点，总体来说，VIP 菜肴烹饪的材料和过程具有"新、奇、少、贵"的特点。

3. 餐厅 VIP 服务

餐厅 VIP 服务工作是直接为 VIP 顾客服务的业务过程，主要包括餐厅服务和结账收款等。它直接影响酒店 VIP 服务质量和专业声誉，也是扩大酒店餐饮市场和巩固市场的重要途径。餐厅 VIP 服务业务流程主要由专人负责，要求以 VIP 服务程序为标准，有针对性地为每一位 VIP 顾客提供服务，努力建立起餐厅的服务特色，以扩大餐饮产品的销售，保证预定营业指标的完成。

（三）餐饮 VIP 服务业务操作

1. VIP 餐前服务

（1）VIP 预订服务。VIP 顾客往往在光临某家酒店餐厅前会进行预订，订席要么在接待处、餐厅领班接待台或前台进行受理，要么通过电话进行。不管订席的过程如何，订席是餐厅给 VIP 留下优质服务印象的最初机会。

餐厅管理层有责任确保接听受理订席电话的服务员受过专业培训，这不仅反映在订席系统的使用方面，而且也反映在接待礼节和接听电话技巧方面。

此外，在接电话前，服务人员是不知道来电人的身份的，更不能确定其是否是 VIP。因此，餐厅领班应当定期和订席服务员碰面，重温 VIP 顾客的姓名和资料，以使客人能在电话里感受到对他的热情和欢迎。在电话订席者表明自己的身份之前，服务员可以通过电话订席客人身份卡辅助鉴别 VIP。通过搜寻 VIP 卡片档案或电脑存储的顾客数据库（尤其是 VIP 数据库），来准备好应对 VIP 的要求。通过利用数据库,服务员可以看到打电话订席的 VIP 上次光临本店的时间、最喜欢的菜肴、最欣赏的服务员等。

(2) VIP 餐前服务安排。在接到 VIP 将要光顾的通知后,餐厅应做好以下工作:

根据 VIP 要求对供其使用的用餐物品数量、质量进行反复检查。同时,对 VIP 即将使用的用品进行彻底消毒、检测,保证绝对安全,可以正常使用。

根据 VIP 的喜好对 VIP 包厢进行一定的装饰布置,如摆放闪亮的银器、水晶器皿、鲜花、名贵的酒品,播放轻柔的音乐,陈设古典家具。服务人员衣着讲究、服务周到。这些无疑能给 VIP 一种高贵、雅致的环境感受。

服务员在 VIP 到达前 30 分钟内换好工作服到达岗位,按照 VIP 需求准备和检查各项工作。

如遇闲杂人员进入餐厅应进行劝阻、使其离场。如不需清场,要对接待的所有宾客认真执行各种登记、记录、记账手续,注意各种单据的保存,以备需要时查找。

准备各项物品,做到所有物品擦洗明亮干净;酒水品种齐全,数量充足;调酒用具齐全卫生;酒品陈列整齐,同类酒品放在一起,所有酒标朝外。把服务用品按类别整齐摆放在服务台上。陈列杯具,做到杯具品种齐全,无缺损,所有杯具清洁光亮无斑点、无水渍。布置酒架,做到酒品陈列架干净,无水迹,并使所有酒标朝外。

(3) VIP 特殊要求安排。VIP 服务往往需要向 VIP 提供特殊的餐台、高椅子、蛋糕、香槟等,有时客人有饮食禁忌。这些特殊要求应当记录清楚,及时通知管理人员。这些特殊要求通常对客人来说意义重大,所以应当竭尽全力、诚心诚意地满足。如果要求极不寻常,或太难达到,订席服务员应当向客人解释,但这一要求仍须被记录下来,并努力做到。

餐厅可以添加些个性化的服务,如把标有 VIP 名字的桌牌摆放在餐桌上,为 VIP 客人配上他所喜爱的餐前酒等。这些服务项目都可作为酒店可以提供的服务内容在客人订席时由预订人员告知顾客。

尽管餐饮管理人员会针对 VIP 安排专门的 VIP 接待人员,但有时 VIP 还会提出由特定服务员服务的要求。尽管因为时间安排或岗位分派的原因,这种要求并不一定总能兑现,但是,一个好的餐厅经理会尽量满足这样的要求。

在酒店高级餐厅,VIP 要求预订特定的餐台是很常见的。订席处通常不能当场保证预留,但值班人员可以记下这一要求,留给餐厅领班处理。当 VIP 提出预订特定餐台时,订席服务员应该立即核对查看所订的餐台在订席人预订的就餐时间是否空余,或者是否已经被预订。优秀餐厅经理及领班应该尽力满足 VIP 这种特殊要求,并给予足够的关注。

餐厅也要善于利用那些景观别致的餐台,可以提前为 VIP 预订、安排来满足

VIP 的潜在需求。如杭州楼外楼饭店，在西湖博览会国际烟花节开幕前几个月，来店来函预约临湖餐位的预订就供不应求，但是，饭店还是会精心安排，为 VIP 顾客事先预留好座位，以备不时之需。

运用电脑订席系统，可以自动呈现 VIP 的生日和周年纪念日以及其他有关信息。订席服务员应当把这些信息传递给服务员和值班经理。除此以外，前台应熟悉订蛋糕的业务程序，以及针对不同 VIP 身份、需求所定制蛋糕的类型、款式等。

在 VIP 预订好了餐位后，餐厅就应着手安排。事先做好计划的好处在于有效地分布了整个餐厅的普通客人餐位和 VIP 餐位之间的距离，为 VIP 创造独立的活动空间，同时又不影响餐厅的总体氛围。管理人员应该为每一个岗位编制一份轮流表，表上需标注 VIP 餐台的号码和订席的数字等信息。通过注意餐厅就座客人的分布情况，餐厅餐位利用的百分比就可以知晓，也便于为每位客人（包括除 VIP 的其他普通顾客）提供舒适的用餐空间。服务员也能够在尽可能不打扰旁边客人的同时，为即将到来的 VIP 准备好 VIP 餐台。

此时，餐厅应尽可能事先安排好 VIP 的餐位，这样可以避免出现 VIP 到达后相互谦让从而拖延时间的情况出现。因此在安排座位时，餐厅应该按照宾客预订人数，男女比例（夫妻数）以及菜系内容安排。

2. VIP 餐中服务

服务员在服务 VIP 前，应该想象是他们自己在接受服务，让自己站在 VIP 的角度上，设想自己在就餐的过程中想要的每一阶段的服务。进而服务员可以严格按照事前安排，在为 VIP 服务的每一个阶段有条不紊地进行服务，这样不仅会使 VIP 就餐时留下深刻的印象，而且还会使服务更加简单化，更重要的是，服务员能够控制整个工作流程，而不至于使服务员在面对一些状况时措手不及。

服务员在为 VIP 服务时要严格遵守服务程序，如在给 VIP 上每道菜之前，每道菜所需要的器具都应该准备齐全。在端上主菜之前，服务员应该给客人斟好葡萄酒。另外，上菜的好时机意味着在食物处于最佳状态时送到客人的面前。如果是热的食物，服务员应该在 VIP 最适合食用热食时给客人送上；如果是冷食物，服务员应该在 VIP 最适合用冷食的时候，端到他们的面前。总之，时机的选择就意味着 VIP 在就餐过程中的每一个环节上服务员都能够轻松自如、举止适度、及时又不匆忙地为 VIP 服务，达到预期的效果。

因此，优质的 VIP 服务应在遵循服务规范的前提下善于捕捉信息，来解决问题，以创造具有个性和品牌的高水准 VIP 服务。

四、餐饮 VIP 服务发展趋势

（一）分析 VIP 最新需求，准备最周到服务

酒店餐饮部对于 VIP 这一群特殊消费群体，要有足够的了解与准备，才能推出

得到 VIP 认可的菜肴和服务。VIP 顾客的需求与普通消费者有较大区别，他们在消费价格、需求种类、服务档次上都会对酒店的 VIP 餐饮提出高要求。同时，不同背景、地位和身份的 VIP 顾客还会提出特殊要求。这就需要餐饮 VIP 服务部门对 VIP 的要求进行具体分析，并提出实施方案。

同时，VIP 群体的需求还有一些共同点，如对海鲜的需求量大、品种要求多。因此应通过周密、科学的市场调查以及 VIP 顾客投诉分析，摸清他们的各种需求，不仅要了解 VIP 的实际要求，还应了解他们的潜在需求。

例如到酒店餐厅用餐的 VIP 常常是出于各种各样的理由，如家庭聚会、生日聚会、商务宴请、朋友聚餐等。因此，餐饮管理者要能够主动根据 VIP 的需求和目的准备各具特色的包房(Private Dining Room)、观景座位(View Seat/Window Seats)、包厢座位(Booth Seats)、聚会台位(Party Tables)等。

同时，在为 VIP 预订餐位时应主动问清 VIP 需要什么样的餐位、有什么特殊的要求。如果 VIP 没有说明具体的要求，负责预订的服务人员应该问清是什么样的聚会，并在预订记录本的备注栏予以说明。举例来说，如果一位 VIP 在电话预订中不经意地提到他将约一位生意场上的朋友共进午餐，并商谈一些业务上的事情，但没有提出具体的要求。预订员可以在预订本上标注"二人工作午餐"。等到了这一天，当 VIP 由迎宾小姐带到一个专门为他们预留的较为僻静，同时有外加灯(为方便 VIP 看清文件)的角落位置时，这位 VIP 客人一定会为餐厅细心周到的服务折服。而对一些经常光顾的 VIP，餐饮管理者和服务人员更应该通过客史档案记录了解他们的喜好，并在他们来用餐时主动提供相关的服务。例如，有的 VIP 喜欢坐靠窗的座位，有的 VIP 在用餐时喜欢背对窗户的座位，有的 VIP 喜欢一个人坐包厢等，这些都应在每一次服务后详细记录在"VIP 服务信息表"中。

(二) 加强与 VIP 的沟通，增进彼此了解

只有通过沟通，才能更好地了解 VIP 的需求、市场形势、餐饮 VIP 服务及经营中存在的问题。所以，酒店餐饮部必须注重与 VIP 之间的沟通。酒店餐饮部门可以策划并利用各种方式、各种手段加强与 VIP 的沟通。如设计 VIP 餐饮反馈表，利用电话、广告宣传、公共关系等手段向 VIP 传递具有特定目的的信息等。西安有家酒店餐饮部门得知来自台湾的一个由老年人组成的旅行团客人要到黄帝陵祭祖，事先打听到他们都是浙江宁波人。当这些客人到来时，就特地为他们准备了一桌地道的宁波菜，使这些久别故乡的老人们大受感动。

(三) 提供个性化服务，超越 VIP 期望

酒店餐饮部门应深入了解每位 VIP 的需求和爱好，根据不同顾客的不同情况，灵活地提供个性化的服务。要了解顾客的需求，酒店餐饮部门可以利用电脑建立 VIP 客史档案，这样，当 VIP 再次来店时，服务人员就可以通过检索资料了解他们

的特殊要求和偏好,提供有针对性的服务,以赢得 VIP 的心。

酒店餐饮 VIP 服务要让 VIP 在享受餐饮服务的同时,感受到餐饮 VIP 服务的"想其所想,物超所值"。也就是说,服务自始至终要为 VIP 着想,想到、做到 VIP 想到的、没有想到的。

(四) VIP 服务不断创新

酒店 VIP 餐饮服务要能吸引住 VIP,使他们成为"忠实顾客"就必须要进行有独创性、灵活性的创新。因为长久不变的出品和服务会使人们感觉乏味。

餐厅的菜单内页要根据 VIP 的口味每天更新,尽管更换的内容只是一小部分,比如日期、星期、当日例汤(Daily Soup/Soup of the Day)、当日特菜(Chef's Special/Daily Special),但是把这些更新的内容加上为当天(比如某个节日)特别设计的问候语印在菜单第一页的顶部,会使 VIP 一打开菜单就能感受到他所享受的服务是最新的,并且产生一种亲切感。那些一份菜单用一年,里面的内容从来就不更换,甚至连不再推出的菜品也仍然留在菜单上的餐厅是难以留住 VIP 顾客的。

在出品创新方面,要经常不断地更换新菜品,时令菜更要随着季节的变化更新。菜品创新要实现原料创新、色彩创新、口味创新、烹调技术创新、器皿创新、菜单创新。同时,在提供的服务上也要不断创新。

案例分享

2014 年亚信峰会国宴菜品解析

2014 年 5 月 20 日,习近平夫妇在上海国际会议中心举行宴会,欢迎前来出席亚洲相互协作与信任措施会议第四次峰会的各国来宾。芋头雕刻的"长城",34m 长的黄沙色云锦桌旗,"海派"平民小吃……第四届亚信峰会的"国宴"受到外界的广泛关注。作为"美食王国",中国的国宴上都有什么菜品?细节又透露出哪些寓意?

1. 多道美味采用创新做法

距宴会举行半年前,国际会议中心总经理王济明和行政总厨苏德兴接到了这一艰巨的任务,由他俩按照外交部五菜一汤的要求进行菜单设计。毫不夸张地说,从第一份菜单出炉到最终确认菜单,期间经历了上百条的意见修改,其中当然少不了两位"食神"针对创新和细节的争论研究。"比如豉香比目鱼,正常的做法是清蒸,而王总要求先蒸再烤上色,经过尝试无法达成。再比如牛排,王总又要求中西合璧,先焖后煎,这也是以前从未有过的尝试,我们经过探讨研究,感觉可行,反复尝试 后最终确定了这一创新方案。再比如丝瓜,很可能翻炒后发黑,反复琢磨后发现可以先在丝瓜中放少许咸盐,腌制十分钟后清水漂尽,最终呈现出完美的色彩。"

苏德兴介绍,此次宴会的美食包括冷餐六味小碟,五道热菜,一例汤,加以中式点心和水果,共计十道。

2.菜肴款式百姓桌上常见

"最初的设想,考虑到峰会在上海召开,首选'江南风味'的菜品,保证所有食材选自国内,大多原产于上海本地。同时,大多数菜肴也是寻常百姓餐桌上常见常吃的菜品。"苏德兴特别提到了这次三款中式点心印糕、葛粉卷、四喜素饺,都是上海本地的特色点心。一道素菜"丝瓜青豆瓣",蚕豆和丝瓜在种植过程中不需要喷洒农药,是立夏后最好的时令蔬菜。"丝瓜的挑选也肯定是上海本地丝瓜,保证口感糯滑细腻。"

当然,为了适应各国贵宾的口味,一些菜式烹调手法也是中西合璧。例如"煎焖雪花牛"这道菜,选用大连牛肉,前半段采用中式焖制,后半段采用西式的黑胡椒、白兰地煎烹,满足各国来宾的口味。

此外,考虑到本次国宴宾客大多来自亚洲地区,亚洲人偏好微辣带甜的口味,一道双味生虾球,既有干烧微辣又有荠菜鲜炒,满足不同的口感需求。同时,考虑到有些贵宾来自伊斯兰国家,熬汤食材特地选择了以清真食材为主。

虽说都是"家常"菜品,但作为最高规格的宴席,烹饪中尽显大厨功力。苏德兴告诉记者,国宴的特别之处,在于简单食材烹饪中的技术含量。"比如一道普通的糯米糕,要做到绝不粘牙;而煎焖雪花牛,必须做到入口即化,同时从营养角度配了秋葵、酸黄瓜和草莓三种蔬菜水果。"

3.芋头长城令各国元首惊奇

中餐讲究摆盘技巧,很多菜品周围配以萝卜雕花等手工艺展示,但如今这类习俗逐渐淡化,而讲究创意摆盘。比如取自成语"筑巢迎凤",将鲜带摆在土豆丝做成的"雀巢"上;三款中式点心用小蒸笼盛上,古香古色,其中印糕上还刻有亚信峰会的 logo;水果盘上圆形冰雕寓意团团圆圆……盛汤的"丝路宝船汤盅"设计灵感来源于海上丝绸之路的古船造型,汤盅的盖揪设计为一艘扬帆远航的古帆船,寓意着海上丝绸之路的历史文明。汤盅的整体造型设计既是一艘古船,也是一个金元宝的造型,寓意着"海上丝绸之路"的建设必将推动沿途经济更好地发展。

值得一提的是,本次主桌上的装饰点缀品争奇斗艳。在餐桌中央,铺有一条长达 34m、印有骆驼图案的黄沙色云锦桌旗,上面摆放着鲜花,寓意为"丝绸之路"上鲜花盛开。在餐桌主位的前方,有面泥捏出的和平鸽,有糖艺荷花,还有一段约1.2m 长、30cm 高用芋头雕刻的"长城",令各国元首啧啧称奇。

4.用餐 75 分钟,上菜精确到秒

当然,这些雕刻"功夫"对于掌厨 42 年的苏德兴来说,倒也不难,他说本次国宴的压力,主要来自对时间的要求。"规定1个小时15分钟的用餐时间,1分钟不得耽误,因为宴后各国元首要赶赴上海大剧院看演出。同时,菜选在演奏间隙上,时间精确到秒。"

国宴中对厨师来说难度最大的是对时间的把握。每一道菜都是现场制作,宾客们在吃前一道菜时,何时烹第二道,时间一定要严控。菜不能延迟上,否则耽搁国家元首们接下来的安排。要在规定时间里,把所有的凉菜、热菜都上齐,时间很紧凑,菜与菜之间的间隔也很短,但又不能太提前烧,普通的菜盘是凉的,菜放进去,可能很快会凉掉,味道也会变掉,必须保证菜"热乎乎"上桌。"这次,国际会议中心为了保持菜品的温度,特地在厨房及上菜通道装了188个可升降的吊灯来保温。"苏德兴说。

苏德兴说,昨天厨房用替代品进行了2次演练。330多位嘉宾,每人10道菜,加起来就是3000多盘,62名厨房工作人员中掌勺厨师只有9位。"当年APEC会议宴席虽然赴会宾客人数比这次多,但只有主桌设计所有的菜品人均一份,而这次主桌副桌都是人均一份,上菜的压力前所未有。所幸不辱使命,圆满完成任务。"

5. 绝对没有燕鲍翅

除了这次亚信峰会,上海在2000年以后还举办过两次多国元首齐聚一堂的大规模国宴,分别是2001年APEC会议,以及2010年世博会欢迎宴会,菜式均是一道冷盆、四道热菜和两道点心。"国宴并不像老百姓想象中那样"高大上",绝对没有燕鲍翅。"多次参与国宴烹饪的中国烹饪大师赵仁良告诉记者,国宴上几乎难见"山珍海味",都是百姓家中最常见的食材,比如此次菜单中出现的芋头、丝瓜以及上次世博会晚宴中的春笋豆苗、荠菜塘鲤鱼等。

选择食材有什么讲究?哪些食材能够进入国宴菜单?赵仁良告诉记者,具体选哪一样很讲究。宴请的贵宾都是来自不同国家,宗教信仰和生活习惯都不一样,不能有"忌讳"的食品端上桌,比如不能出现鸡爪、内脏等食材;英国人视山羊与孔雀为不祥之物,在食雕造型中就不能出现这两种动物;法国人不喜欢菊花;更不能有违背来访国宗教信仰的禁忌食物。一个国宴厨师堪称"百国大使",对世界各国的风土人情、食风食俗都要如数家珍。

因此国宴大多选用中性的食材,比如牛肉、深海鱼类、菌类等。菜品也以少油、清淡为主。

6. 每道菜都会量化

怎样将这些最普通的食材,烹饪出"最高"的规格,体现的是厨师功力。"家里烧的鱼都是整条鱼一起烧,而国宴上的鱼要去骨,在去骨后还能保持鱼的形状。"苏德兴说,"厨师的精湛技艺就体现在刀工和烹饪上。"烹饪行业有句行话,厨师要懂得主副搭配,油温掌握要恰到好处,芡粉不能太薄太厚。中国的厨师为什么能成为艺术家,就是在锅里的一霎那要完成出油、调味、勾芡,一气呵成,出来以后就不能改变了。

同时,每个人的食量有大有小,统一标准,是否会出现不够吃的情况。苏德兴说,一般参与国宴的都是国家元首,会有礼仪和风度,不可能猛吃。但是在制作前也有严格的标准。这次亚信国宴,每个人的份量都是1斤半。"我们做过调查,吃到这个量,基本饱了,不会有很多剩下。"于是,每一道菜都会进行量化,"比如汤是4两,厨师使用汤勺,以及汤盅都是有刻度的,不用厨师自己掂量。"

7.中西餐具皆有

如果有个别客人"重口味",在宴会餐台上还会配有各种调料,比如盐、胡椒粉等,客人可以根据自己的口味调节。餐具方面,除中餐所需餐具外,还应摆上刀叉,左手边放叉,右手边放刀。公筷、公勺还应备有筷、勺座,其中一套应摆放在主人面前。APEC晚宴时,为嘉宾准备的餐具是银质刀叉和筷子。

思考:
1.国宴菜单要注意哪些事项?
2.亚信峰会菜单有哪些成功之处值得推广学习?

 思考与练习

一、名词解释
1.客户关系管理
2.80/20法则
二、论述题
1.餐饮企业在进行客户关系管理时,可以从哪些方面来提高顾客的满意度?
2.分析引起客人在餐厅用餐过程中导致客人投诉的主要因素。
三、案例分析

化解冷漠的香蕉

某五星级饭店,有一位英国客人入住,预订了一个月的房间。他是单身、性格孤僻、不喜言笑的客人。在饭店住了近一周,几乎从不开口,不跟人打招呼,更难得让人看到一丝微笑。楼层服务员觉得这位客人极难伺候,任凭他们如何笑脸相待,主动招呼,所得到的总是一张铁板脸,天天如此。

每天早上,他爱去自助餐厅吃早饭。当他吃完自己挑选的食品后,便开始在台上面寻找什么东西,一连三天都是如此。第一天,服务员丁兰曾问过他要什么东西,他没吭一声,掉头便走出餐厅。第二天,丁兰又壮起胆问他,他还是一张冷峻的脸，丁兰窘得双颊发红。当这位英国客人正欲走出餐厅时，丁兰又一次笑容满面地问他是否需要帮助，也许是丁兰的诚意感动了他，他终于吐出了"banana（香蕉）"一词，这下丁兰明白了。第三天早上，那位沉默寡言的客人同平时一样又来到自助餐厅，左侧一盘黄灿灿的香蕉吸引了他的注意力，绷紧的脸第一次有了一丝微笑，站在一旁的丁兰也喜上眉梢。又一次领悟到了"精诚所至，金石为开"的道理。

在接下来几天，饭店每天早上都特地为他准备了香蕉。

几个月后，这位客人又来到该饭店。第二天一早他走入自助餐厅，原以为这次"突然袭击"，餐厅一定没有准备香蕉。孰料走进餐厅，迎面就是引人注目的一大盘香蕉。这位"金口难开"的客人看到丁兰，第一次主动询问是不是特意为他准备的香蕉。丁兰嫣然一笑，告诉他昨晚总台服务员已经给餐厅带来了他入住本店的信息。

"太感谢你们了！"英国客人向酒店表示了发自内心的感谢。

思考：以一家你熟悉的酒店为例，谈谈该酒店有没有针对VIP客人的个性化服务；以及酒店餐饮部可以从哪些方面掌握客人的资料，建立客户档案。

参考文献

[1] 万光玲.餐饮成本控制[M].广州:广东旅游出版社,2011.

[2] 马开良.餐饮管理与实务[M].北京:高等教育出版社,2003.

[3] 国家旅游局人教司.饭店餐饮部运行与管理[M].北京:旅游教育出版社,1994.

[4] 施涵蕴.餐饮管理[M].天津:南开大学出版社,1993.

[5] 孟庆杰,李正喜,刘颖.餐饮服务与管理[M].北京:首都经济贸易大学出版社,2011.

[6] 张延.酒店个性化服务与管理[M].北京:旅游教育出版社,2008.

[7] 张水芳.饭店餐饮管理[M].重庆:重庆大学出版社,2007.

[8] 李虹,王焕宇,程玉贤,等.餐饮管理[M].北京:中国旅游出版社,2009.

[9] 戴桂宝.现代餐饮管理[M].北京:北京大学出版社,2006.

[10] 王志民,吉根宝.餐饮服务与管理[M].南京:东南大学出版社,2007.

[11] 邹益民.现代饭店餐饮管理[M].北京:中国财政经济出版社,2005.

[12] 胡爱娟.餐饮运行与管理[M].杭州:浙江大学出版社,2010.

[13] 徐桥猛,李丽.酒店管理经典案例分析[M].广州:广东经济出版社,2007.

[14] 苏朝晖.客户关系管理——客户关系的建立与维护[M].北京:清华大学出版社,2010.

[15] 王广宇.客户关系管理[M].北京:清华大学出版社,2010.

[16] 周宇,颜醒华.宴席设计实务[M].北京:高等教育出版社,2003.

[17] 刘澜江,郑月红.主题宴会设计[M].北京:中国商业出版社,2005.

[18] 陈觉.餐饮服务要点及案例评析[M].沈阳:辽宁科学技术出版社,2003.

[19] 毛慎琦.餐饮服务技能实训[M].北京:机械工业出版社,2008.

[20] 万光玲,贾丽娟.宴会设计[M].沈阳:辽宁科学技术出版社,1996.

[21] 沈建龙.餐饮服务与管理实务[M].北京:中国人民大学出版社,2007.

[22] 徐红军.餐饮管理学[M].北京:经济科学出版社,2005.

[23] 吕建中,郭振刚,金虎儿.旅游饭店餐饮管理[M].杭州:浙江摄影出版

社,1991.

[24]赵玫.《红楼梦》中的饮食文化[D].中国优秀硕士学位论文全文数据库,2007,(6).

[25]刘凤玲.菜肴命名艺术与饮食文化[J].广州大学学报(社会科学版),2005,(2).

[26]Ray Pine.China's Hotel Industry: Serving a Massive Market, Cornell Hotel and Restaurant Administration Quarterly 43,2002(3):61-70.

责任编辑:刘彦会

图书在版编目(CIP)数据

餐饮服务与管理/张水芳主编.—北京:旅游教育出版社,2012.5(2016.10)
新编高职高专旅游管理类专业规划教材
ISBN 978-7-5637-2403-1

Ⅰ.①餐… Ⅱ.①张… Ⅲ.①饮食业—商业服务—高等职业教育—教材 ②饮食业—商业管理—高等职业教育—教材 Ⅳ.①F719.3

中国版本图书馆 CIP 数据核字(2012)第 087967 号

新编高职高专旅游管理类专业规划教材

餐饮服务与管理(第2版)

张水芳 主 编

王焕宇 副主编

出版单位	旅游教育出版社
地 址	北京市朝阳区定福庄南里1号
邮 编	100024
发行电话	(010)65778403 65728372 65767462(传真)
本社网址	www.tepcb.com
E-mail	tepfx@163.com
印刷单位	北京甜水彩色印刷有限公司
经销单位	新华书店
开 本	720毫米×960毫米 1/16
印 张	19.5
字 数	308千字
版 次	2016年10月第2版
印 次	2016年10月第1次印刷
定 价	35.00元

(图书如有装订差错请与发行部联系)